REMANDO CONTRA A MARÉ

Tais Romero (Org.)

REMANDO CONTRA A MARÉ

Fazer › Pensar › Aprender › Motivar › Criar › Acompanhar

Tradução dos textos em espanhol:
Anelize Rafaela de Souza

Phorte editora
São Paulo, 2022

Remando contra a maré: fazer, pensar, aprender, motivar, criar, acompanhar

Rua Rui Barbosa, 408
Bela Vista – São Paulo – SP
CEP: 01326-010
Tel.: (11) 3141-1033
Site: www.phorte.com.br
E-mail: phorte@phorte.com.br

CIP-BRASIL. CATALOGAÇÃO NA PUBLICAÇÃO
SINDICATO NACIONAL DOS EDITORES DE LIVROS, RJ

R322

Remando contra a maré : fazer, pensar, aprender, motivar, criar, acompanhar / organização Tais Romero ; tradução Anelize Rafaela de Souza. - 1. ed. - São Paulo : Phorte, 2022.
; 23 cm.

Inclui bibliografia
ISBN 978-65-88868-19-5

1. Educação básica. 2. Professores - Formação. 3. Prática de ensino. 4. Práticas pedagógicas. I. Romero, Tais.

22-77890 CDD: 370.71
CDU: 37.026

Gabriela Faray Ferreira Lopes - Bibliotecária - CRB-7/6643
ph2482.1

Este livro foi avaliado e aprovado pelo Conselho Editorial da Phorte Editora.

Impresso no Brasil
Printed in Brazil

A todas as pessoas
que estão a remar.

Apresentação

Betina é professora.

Quando perguntam qual a sua profissão, ela responde:

– Sou professora de crianças pequenas.

Betina é famosa entre os colegas por seu rigor na entrega dos planejamentos, dos relatórios, dos pareceres.

Organização é a sua marca registrada, gosta de antecipar, adiantar, prevenir.

Imagina como ela anda assustada com essa história de a escola ter saído do lugar.

Betina saiu do lugar.

Certa vez, escutou de alguém, que faltava coragem a ela.

Que precisava sair da zona de conforto.

Arriscar-se.

Movimentar-se.

Teve até quem falasse para ela estudar.

Ela nem ligava; sempre deu certo fazendo como fazia.

Betina fez o seu primeiro encontro *online* com as crianças na segunda-feira.

Nada saiu como ela planejou.

Não conseguiu seguir a ordem do planejamento que sempre entregou com antecedência: fazer o calendário, a chamada, a roda, cantar a música antes do lanche, propor a atividade e cantar a música do "tchau, tchau".

Ela saiu do encontro com as crianças com a impressão de que não conhecia aquelas crianças.

Depois, teve a impressão que não se conhecia fora do seu velho planejamento planejado.

Ligou para a amiga, que também é professora, e disse:

– Me ensina a aprender o novo?

Lá estava a Betina se permitindo viver o inédito.

A Betina não será a mesma, na escola que não será a mesma, com as crianças que não são as mesmas.

Tais Romero
Contos da quarentena

Em março de 2020, toda vez que eu escutava "*a escola vai fechar*", eu pensava: "impossível, porque escola não fecha; não existe escola de portas fechadas".

Não existia.

Lembro-me, como se fosse hoje, da porta fechando no dia 17 de março de 2020. Se fecho os olhos, escuto o barulho que ela fez ao ser trancada.

Depois de trancada, das luzes apagadas, da despedida sem data para o reencontro e do medo de que não houvesse reencontro, o tempo parou, o mundo parou.

As vozes foram silenciadas, e não era silêncio de quietude: era mudez, era medo, era o fim de uma vida aparentemente normal.

Nesse fim declarado por trancamentos impostos e ausências anunciadas, a força da escola foi abrindo frestas, e estas se transformaram em janelas. Muitas janelas.

As escolas foram para dentro das casas, que abriram suas janelas, e o inimaginável aconteceu: os encontros *online* entre crianças e professoras; entre professoras e professoras; entre professoras e famílias; entre famílias e famílias.

Se as portas estavam fechadas, as janelas estavam escancaradas: para o diálogo, para os encontros, para o outro, para nós. Através das janelas, ainda éramos o outro uns para os outros. Esse foi o jeito que a humanidade encontrou de manter o que sustenta a condição humana: as relações. Mesmo que virtuais, mesmo que superficiais, mesmo que artificiais, mesmo que a distância, ainda assim, relações humanas.

A janela aberta revelou segredos escondidos, práticas ultrapassadas, concepções dissimuladas, mas revelou, também, esperança, que alguns chamavam de "novo normal". Assim, por quase dois anos, a Educação foi vista pela janela, e, da janela, via-se o mar... O mar de pessoas conectadas, de redes concatenadas e de ideias transbordadas. E, lá longe, no meio desse mar infinito e revolto, avistava-se um barquinho de papel: era a escola, e, dentro dele, estavam os professores, *mareando contra a maré*.

De dentro desse barquinho, começamos a prosear, era o nosso *Dedo de Prosa*, o nosso jeito de sentir a brisa que vinha do mar, do mar em que, quase à deriva, estávamos.

Começou com um encontro entre mim e as Alês, do Jardín Fabulinus; depois, entre mim e a Gilvania Porto, do Sesc Nacional; entre mim e a Patrícia Romeu, do Colégio Interativa, de Londrina; entre mim, as Alês e as irmãs Abelleira, autoras dos livros *Os fios da infância* e *O pulsar do cotidiano de uma escola da infância*, e, quando nos demos conta, éramos muitos, de tantos lugares diferentes, com realidades diferentes, dentro do mesmo barquinho de papel, *remando contra a maré*.

Os encontros *Dedo de Prosa* tiveram início em abril de 2020 e se seguiram até julho do mesmo ano. A cada encontro, que acontecia uma vez por semana, juntavam-se a nós mais de duas mil pessoas, dentro de um barquinho de papel, que se transformou em um projeto lindo e sustentado por muitas vozes: Tais Romero, como mediadora, Rodrigo Saballa de Carvalho, Cristiano Rogério Alcântara, Gilvania Ferreira Porto e Patrícia Romeu (Brasil); Alejandra Dubovik e Alejandra Cippitelli (Argentina); Ángeles e Isabel Abelleira Bardanca, Beatriz Trueba Marcano, José Luis Rodríguez de La Flor Adánez, Mari Carmen Díez Navarro, Tona Castell, David Altimir, Javier Francisco Rouco Ferreiro, Montserrat Pedreira Álvarez, Vicente Blanco e Salvador Cidrás (Espanha); Maritza Díaz Barón (Colômbia), entre tantos outros, que, por motivos diferentes, não estão neste livro, mas que também são parte deste projeto, como Daniel Calmels e Erika Chokler (Argentina); Alfredo Hoyelos, Vicenç Arnaiz, Ana Torres Jack, Javier Abad e Angeles Ruiz de Velasco (Espanha); Suzy Fortis e Wagner Rengel (Brasil).

Remando contra a maré, contra a correnteza, contra a tempestade, chegamos até aqui.

A prosa virou um livro que reúne as ideias, as manifestações de afeto, as expressões de contestações e a esperança em forma de palavras.

Desejamos que a leitura proposta neste livro seja um convite para navegar em mar mais calmo, mesmo contra a maré.

Que a gente não perca a coragem para continuar *remando, remando, remando*...

Tais Romero
(Organizadora)
Pedagoga e Mestra em Educação: Formação de Formadores
pela Pontifícia Universidade Católica de São Paulo (PUC-SP).

Sumário

1

A escuta nos jogos de construção

Alejandra Dubovik | Alejandra Cippitelli

Para visualizar em cores as imagens deste capítulo, acesse o *QR code*:

Entre temas de importância, ao tratarmos a *qualidade pedagógica* em nossa escola, consideramos crucial o valor que atribuímos à *organização do espaço*, ao *trabalho em pequeno grupo*, à *observação*, à *escuta* e à *documentação pedagógica* como ferramenta de reflexão e de investigação formativa.

Vemos essa ideia não como um valor em si, mas como um instrumento a ser utilizado de forma consciente, que garanta a qualidade das experiências que oferecemos às crianças. Essa perspectiva educacional nos faz refletir: *que tipo de experiências devemos propor a grupos de crianças para que se desenvolvam como contextos relacionais que promovam aprendizagens cognitivas, sociais e afetivas?*

Nesse ponto, a organização dos espaços, as várias situações do cotidiano, a disposição dos materiais e os contextos elaborados pela professora, cujo propósito é proporcionar uma pluralidade de experiências lúdicas e de aprendizagem, estão diretamente relacionadas com o modelo pedagógico organizativo que caracteriza a nossa proposta de escola.

Uma escola vista como um ambiente de vida, tanto para as crianças como para os adultos que a frequentam. Nos últimos anos, como grupo de professores, temos crescido e melhorado muito as nossas práticas de observação e de *escuta*, em que, sem dúvida, a organização dos espaços de reflexão que temos e o trabalho coletivo dos professores têm sido fundamentais na construção de uma cultura institucional reflexiva de suas práticas. Essas reflexões se materializam mediante uma ferramenta fundamental como é a *documentação pedagógica*.

Ter consciência do caráter subjetivo da observação e da *escuta* para a construção da documentação pedagógica faz que essa prática leve professores a criarem sentidos, o que, por sua vez, permite-nos tomar decisões sobre as propostas que fazemos aos alunos e refletir sobre nossas ações pedagógicas.

A observação, a *escuta* e a reflexão nos levaram a pensar em uma série de ideias com base nas quais começamos um projeto concreto voltado para a prática. Foi um projeto muito aberto, no qual nos propusemos priorizar os jogos de construção como vivências do cotidiano escolar. Desde o início, dedicamo-nos a promover mudanças em relação às experiências de construção que propusemos às crianças na escola. Essas mudanças ocorreram tanto na seleção dos materiais a serem construídos quanto na organização dos contextos criados pelo professor.

Também foi importante, no início do projeto, o relacionamento próximo e a colaboração das famílias, que tiveram grande impacto com a contribuição de ideias e de materiais. Havia esboços previamente traçados do *design* e da organização desse projeto, mas foram evoluindo ao longo dos anos. Esse trabalho pedagógico teve como objetivo melhorar os contextos e as nossas práticas, o que nos levou a construir *novos significados* e *novas interpretações*, não só do que as crianças aprendiam, mas do que nós mesmos aprendíamos como professores.

Os jogos de construção como linguagem

Uma das questões de investigação que nos propusemos como equipe docente em relação aos jogos de construção foi a que se referia à observação e à *escuta* que neles ocorre.

Sempre partimos da premissa de concebê-los como um tipo de linguagem e, como tal, dá às crianças a possibilidade de criar, de comunicar, de expressar ideias, de relacionar, de conquistar espaços, de refletir e de analisar.

Entendê-los dessa forma nos leva a pensar em todas as *oportunidades expressivas* que os jogos de construção oferecem, bem como nos *processos de aprendizagem* que neles ocorrem.

Os jogos de construção, como qualquer outra linguagem, têm *gramática própria* e *peculiaridades comunicativas*. A linguagem da construção se apresenta como um sistema combinatório que comunica; a criança pensa, cria, monta, compõe, levanta, constrói; ela não produz uma obra feita de palavras, mas, sim, de formas materiais. A construção transmite uma mensagem própria e particular, que, em grande medida, não admite ser traduzida em palavras.

O que é a *escuta* nos jogos de construção?

É importante ter em mente que, quando decidimos agir com base nessa premissa, surgirão como fantasmas para desmascarar questões como:

> *O que podemos escutar nos jogos de construção?*
> *Observar?*
> *Escutar?*

Podemos começar dizendo que a gramática criada nos jogos de construção é produzida pelas próprias crianças com base na utilização de diversos materiais e em suas ações nos contextos elaborados pelo professor. Pensamos que suas ações, suas formas de se relacionar com os materiais, a escolha que fazem deles, suas formas de combiná-los, de montá-los nos dizem muito sobre o que investigam, as suas curiosidades, as suas teorias e são pistas ou indicadores que, se soubermos *escutar*, permitem a nós, professores, fazer propostas adequadas aos seus interesses e às suas formas de aprendizagem.

É com essa ideia em mente que acreditamos que a ação mais importante de qualquer ato educativo, como propor contextos de jogos de construção, é *escutar*, esperar, pensar, refletir, observar os processos, não é falar, não é explicar, não é transmitir, não é dar instruções, não é dizer como e o que fazer. Não é uma tarefa fácil, pois os professores estão acostumados a atuar, a propor, e não a *escutar*. Ter uma atitude de *escuta* permanente nos transforma como professores e nos dá um *feedback*. Um professor que *escuta* é um professor que investiga, que valoriza as relações, que respeita sua complexidade e o local em que as ideias e as teorias das crianças podem se legitimar.

Como *escutar* nos jogos de construção

Nos jogos de construção, como em qualquer outro tipo de experiência que propomos aos pequenos na escola, é importante pensar um projeto de *escuta* e, ao mesmo tempo, de observação como ferramenta que permite a nós, professores, rever e melhorar continuamente as nossas intervenções como forma de poder acompanhar as crianças em suas ideias.

Sabemos que as crianças nessa faixa etária têm uma forma própria de aprender: ensaiam, erram, experimentam sozinhas e com outros, imitam, exploram. Portanto, os professores devem preparar contextos, situações problemáticas, materiais que os levem a aprender por si próprios ou com outros, com seus pares.

Ter um projeto de *escuta* e de observação é uma estratégia valiosa que nos ajuda a estarmos atentos às propostas feitas pelas crianças, às ideias que elas têm e que podem surgir a qualquer momento. O projeto de *escuta* e de observação permite-nos seguir o fio condutor do que as crianças dizem e fazem, em que o papel do professor não é ir atrás de todas as ideias sem rumo fixo, mas, sim, conduzir as ideias dessas crianças, reuni-las e devolvê-las como situações problemáticas que elas têm que resolver e cuja resolução as leva além do que já sabem.

O propósito da *escuta* e da observação nos jogos de construção é ser uma ação ativa do professor. *Escutar* implica prestar atenção, examinar com cuidado e com respeito o que as crianças dizem e fazem quando constroem, ou seja: *Como constroem? Que estratégia construtiva usam? Como desenvolvem a gramática da construção? Como se relacionam com os materiais? Como se relacionam com seus pares?* E, com todos estes dados, poder fazer interpretações para acompanhá-las em seus projetos.

A *escuta*, como atitude de reflexão, a qual coloca o professor na condição de observador, pressupõe uma mente aberta e uma vontade de interpretar a complexidade das relações entre todos os elementos que entram em jogo num contexto de aprendizagem.

A observação e a *escuta* não são improvisadas, mas, sim, envolvem uma escolha prévia do que observar e *escutar*. Neste caso, "escolher" e "delimitar" o campo de observação, como a observação de jogos de construção nos quais a intenção foi observar e *escutar* a interação dinâmica que se estabelece entre a organização do contexto, a proposta que oferecemos e as ações inteligentes das crianças ao construir.

Atitudes de um professor *ouvinte*

Um professor *ouvinte* deve estar atento ao conjunto de ações que as crianças produzem enquanto constroem, escolhem materiais, falam, tomam decisões, projetam, chegam a acordos. Essas ações, por sua vez, agregam informações à nossa *escuta*, por isso, acreditamos que ouvir as crianças quando estão em um experiência de construção requer uma *escuta* com todos os sentidos, em que entra em jogo a atitude de um professor com uma *escuta* ativa e respeitosa, com uma presença disponível e com o reconhecimento das potencialidades das crianças.

Algumas considerações que levamos em conta como professores *ouvintes* nas experiências de construção que observamos:

- *Empatia*: uma atitude imprescindível que o professor deve ter tanto com a experiência que vai observar como com as crianças (como indivíduos ou como grupo) que a constroem, entendendo a empatia como uma habilidade não só cognitiva, mas também emocional e afetiva, que conduz o professor a compreender o que as crianças estão fazendo e, assim, solidarizar-se com elas. Só é possível ter uma boa *escuta* se houver empatia com as crianças e com o que elas estão realizando.

- *Atenção*: rigorosa, mas, ao mesmo tempo, flutuante. Termo que vem da psicanálise e que indica *escutar* sem privilegiar nenhum elemento, isto é, não dar particular importância a nada do que ouvimos e dar a mesma atenção flutuante a tudo.
- *Tempo*: é importante organizar o tempo de *escuta* (entendendo que não há um específico, mas que se *escuta* o tempo todo), mas quando você decide fazer uma *escuta* sistemática e rigorosa. Nesse caso, nos jogos de construção, você deve considerar que leva tempo para *escutar* e observar, o tempo necessário para as crianças entrarem na brincadeira; o tempo que requerem para se relacionarem com o espaço, para escolherem materiais, para compartilharem, para organizarem, para concordarem com os demais; um rico tempo, que nos leva a fazer uma *escuta* valiosa e a nos envolver mais com os projetos das crianças. A *escuta* entendida como o compromisso de um professor investigativo e sensível ao que as crianças fazem e falam.

Em busca de sentido

Buscar o sentido do que fazemos é a nossa forma de estar na escola e de encontrar uma *coerência entre teoria e prática* que nos mova a continuar investigando. Essas considerações, mais aquelas sobre a *escuta* e as condições do professor *ouvinte*, levaram-nos a delinear duas linhas de trabalho na experiência de observar e escutar em jogos de construção. Ressaltar esse aspecto parece-nos importante, porque nos fala da responsabilidade dos professores ao delinear propostas de observação e de *escuta* em que é necessário e imprescindível cruzar os saberes teóricos que têm com a observação das crianças reais que estão na escola.

As duas linhas de observação encontradas foram:

- Observar e *escutar* as crianças quando constroem.
- Observar e *escutar* o que as construções nos dizem.

Observar e *escutar* as crianças quando constroem

Essa ***escuta*** implica a vontade de acolher com respeito e carinho as ações e as palavras das crianças para conhecer um pouco mais, um pouco melhor seus desejos e interesses, com o objetivo de ajudá-las a construir seus projetos, nos quais são protagonistas, mas também dar sentido às nossas práticas educacionais. Tendo isso em vista, observar e ***escutar*** permite a nós, professores, decidirmos quando e como intervir, sabermos encontrar a pergunta certa, oferecermos o material adequado, criarmos oportunidades para que a criança faça novas investigações por sua própria iniciativa e trace seus próprios caminhos de descoberta que as leve a se sentir competente.

Portanto, ***escutar*** e observar são as ações mais importantes que o professor deve realizar. Mas, nos jogos de construção, ***escutar***:

- O que meninos e meninas dizem?
- Como o dizem?
- Para quem o dizem?
- Quando o dizem?

As crianças têm muitas maneiras de dizer as coisas, falam com os olhos e com o olhar, com as mãos, com a posição que o corpo adota, com o corpo inteiro; com as palavras e com os silêncios; com a raiva, quando algo não ocorre como gostariam; com as diferentes formas de comunicação que é importante saber decifrar. Então, vamos voltar a essa ideia ***das perguntas que temos que fazer*** ao observar as ações das crianças nas propostas de jogos de construção.

O que as crianças dizem quando oferecemos a elas uma situação preparada para fazer jogos de construção?

Tomemos como exemplo uma situação na qual a nossa intencionalidade pedagógica é oferecer materiais de construção cuja característica é o fato de serem feitos de metal e verificar se isso afeta o tipo de construção.

A seguir, compartilhamos um guia de observação e de *escuta*.

O que as crianças dizem quando se deparam com essa situação?

- Demonstram surpresa? Entusiasmo? Inquietação? Dizem algo sobre os materiais?
- Para quem dizem? Para si próprias? Para seus colegas? Para o professor?

Quanto aos materiais no contexto:

- Elas exploram as características da matéria?
- Como fazem isso?
- Por meio do tato? Da visão? Da audição? Com alguns sentidos? Com todos?
- Compartilham essa descoberta com outras pessoas?
- As características do metal afetam suas construções?
- Comparam os materiais?
- Como escolhem os materiais?
- Pela forma? Pela cor? Pelo tamanho?
- Combinam os materiais?

Quanto ao uso do espaço:

- Que uso fazem do espaço?
- Usam todo o espaço?
- Limitam com antecedência o espaço no qual vão construir?
- Procuram por espaços especiais? Por exemplo: Usam os cantos?

Quanto ao relacionamento com outras crianças:

- Constroem sozinhos?
- Participam de construções cooperativas?
- Aceitam as ideias de outras crianças?
- Pedem ajuda?

Quanto à construção:

- Constroem no plano horizontal? Alinhadamente? Fazem composições?
- Constroem no plano vertical? Fazem investigações sobre equilíbrio? Desequilíbrios?
- São detalhistas nas construções?
- Nomeiam as construções?
- Criam situações imaginárias enquanto constroem?
- Narram a construção? Projetam-na com antecedência?
- Distanciam-se para ver o que foi construído de diferentes pontos de vista?
- Demonstram gostar do que foi construído?
- Contam aos outros o que conseguiram fazer?
- Procuram materiais que não estão na situação? Por exemplo: Animais? Veículos? Placas de trânsito?

Observar e *escutar* o que as construções nos dizem

Saber ***escutar*** o que a construção de uma criança nos diz é como ler um texto. ***A construção tem uma linguagem própria***, e é nosso objetivo compreendê-la, descobrir os saberes que a criança colocou nessa construção.

Em princípio, é necessário entender as características do autor/criança/construtor:

- O ***estilo de construção***. Estrutura estática, simples, ou estrutura dinâmica.
- Os ***elementos que usa para construir***. Quando constrói, explora as possibilidades materiais dos elementos construtivos. Por exemplo: nos objetos de metal, a possibilidade de uma obra sonora.

- As *características de seu trabalho*. Por exemplo: tamanho (há crianças que demonstram muito prazer ao construir grandes construções, e outras, ao fazer microconstruções).
- O *tema das construções*. Há crianças que se dedicam a fazer investigações sobre a construção de casas e, assim, constroem diversos projetos de casas, de prédios de apartamentos, de castelos e de cidades inteiras; há outras que realizam investigações sobre as possibilidades de equilíbrio na construção de pontes, de túneis, de estradas e de estruturas complexas.
- O *conhecimento matemático aparece nas construções*. Por exemplo: simetria, equilíbrio, volume, distância, tamanho, medida etc.
- Se é uma *obra abstrata* ou *concreta*.
- Se é uma *obra imaginária*.
- Se é uma *obra contada pela criança*. Em outras palavras, explica o que ela fez, como fez, para que, para quem etc.

Essas são algumas das considerações para podermos *escutar* o que nos diz a construção, levando em conta que a interpretação do que ouvimos e observamos é sempre um *ato subjetivo*, considerado como a interação pessoal entre a obra construída e o(s) professor(es) que a interpreta(m).

A seguir, mostramos microdocumentações de jogos de construção nas quais, em alguns casos, pretendemos *escutar* o que as crianças fazem e dizem quando constroem e, em outros, o que a construção nos diz.

Documentação pedagógica

Pensar nas propostas que oferecemos às crianças por meio de contextos elaborados pela professora é sinônimo de observação e de *escuta*, de diálogo e de reflexão, que se refletem na documentação pedagógica, a qual nos dá a possibilidade de *aprender a olhar os*

processos de meninos e de meninas. Durante o tempo em que estivemos neste trabalho de investigação dos modos de construção das crianças e de seus processos de aprendizagem, a documentação fez todos os professores refletirem, e nos transformou em melhores ***ouvintes***. O resultado dessas melhores observações e ***escutas*** contínuas também nos fez otimizar a qualidade das experiências que oferecemos às crianças. Mostramos, a seguir, algumas delas:

Análise da documentação pedagógica pela *observação e pela escuta das crianças enquanto constroem*

Documentação pedagógica: *macroconstruções*

Construções em tamanho grande

Em nossa escola, oferecemos continuamente oportunidades de brincar, de manipular e de experimentar materiais de construção. Até agora, as crianças tiveram diferentes tipos de experiências construtivas, mas, acima de tudo, os contextos que oferecemos foram em relação a *experiências com a materialidade* dos elementos para construir (madeira, papelão, metal, acrílico, isopor, papel etc.).

Além disso, queríamos experimentar macroconstruções, desejávamos que as crianças descobrissem as possibilidades de grandes objetos e, ao mesmo tempo, brincassem e desenvolvessem todas as suas capacidades e a sua criatividade.

Grandes materiais = Grandes construções

Um dia de setembro, com um clima excepcional, preparamos um lugar para construir no espaço externo. A ideia era uma proposta para fazer grandes construções. Assim, como professores, recolhemos materiais que já se encontravam na escola. Eram materiais abertos a muitas possibilidades, mas, na escolha, fomos surpreendidos pelas possibilidades que nos ofereciam para experimentar o equilíbrio. Dessa maneira, o contexto consistia em uma série de materiais ***não estruturados*** que poderiam ser dotados de múltiplos usos: um conjunto de tábuas de diferentes comprimentos, bobinas de fiação telefônica (doadas por uma família), tubos plásticos pretos, espelhos de interruptor metálicos e cápsulas descartáveis de café. A decisão de colocar materiais pequenos ao lado dos grandes teve a intenção de que as crianças pudessem gerar construções com detalhes construtivos, seja misturando, seja combinando, seja fazendo uma composição.

A experiência

Depois de organizar o local, convidamos um pequeno grupo de meninos e meninas com 4 anos:

> *"Brinca comigo!"*
> *"Foi meu pai que trouxe esses rolos."*
> *"Podemos construir alguma coisa."*

Essas são algumas frases que se ouviram sobre gostos, sentimentos, espanto e surpresa que os convidaram a partilhar aquele espaço, mas, estando presentes naquele momento, o que se percebia era um ***grande clima de brincadeira, de prazer e de entusiasmo***.

As crianças iniciaram seus projetos ocupando grande parte do espaço disponível. Para elas, o espaço é um material capaz de ser transformado por suas próprias ações. Após o alvoroço inicial, houve momentos em que ficaram abstraídas, concentradas, explorando e descobrindo as possibilidades dos materiais e as relações que se estabeleciam entre eles. O silêncio e a tranquilidade só foram interrompidos pelo barulho da queda de alguns materiais.

Se observamos as crianças ***agindo com segurança*** em relação aos materiais, suas mãos são cuidadosas, elas observam antes de atuar; existe, como pensamos, investigações sobre o equilíbrio.

FIGURA 1.1 - O equilíbrio: um desafio nos jogos de construção.

Julieta coloca tubos pretos, um ao lado do outro, apoia com cuidado e delicadeza uma tábua de madeira e, com muita cautela, cruza outro tubo sobre ela. Essa ação de *Julieta* nos leva a pensar que as ações das crianças não são sem intenção; *Julieta* sabe o que quer fazer e como conseguir. Em outra bobina, *Julieta* constrói um "círculo" de tubos pretos e, em cada um deles, coloca delicadamente uma cápsula de café enquanto faz a contagem "um a um" e circunda essa construção com algumas tábuas como rampas. *Julia* continua a obra e a une com uma ponte à outra das bobinas. As mãos não andam sozinhas: elas acompanham seus pensamentos. A emoção produzida por sua construção é compartilhada com *Julieta* e, aí, inicia-se um processo de construção conjunta, que começa quando *Julia* fica maravilhada com o que *Julieta* havia feito.

As crianças conseguem ver e reconhecer as competências de uma dupla e, nesse caso, a construção de *Julieta* foi uma ferramenta de interação entre ambas. Começam a trocar ideias que se dão em silêncio: são apenas olhares e gestos de duas meninas que fazem algo juntas, num jogo que acontece tranquilamente, em que cada uma confia no que a outra vai fazer. Ambas mostram uma atitude empática e extremamente respeitosa.

FIGURA 1.2 - O equilíbrio dinâmico nos jogos de construção.

Documentação pedagógica: *com garrafas*

Uma experiência de jogos de construção com o espaço, o volume e o peso dos objetos.

Contexto: Com garrafas

Nome de um jogo de construção idealizado e desenvolvido por grupos de meninos e meninas de 3 anos. Experiência realizada em pequenos grupos, para ter a oportunidade de tornar as ações mais visíveis.

Criamos um contexto lúdico de construção em que dispusemos os materiais (garrafas plásticas) ao alcance das crianças e observamos suas iniciativas lúdicas. Esse contexto foi ***um campo de investigação cuidadoso e aberto***, mas, ao mesmo tempo, ***preciso e organizado*** que permitiu gerar várias ações. Os materiais (garrafas plásticas) continham potencialidades capazes de provocar explorações, investigações e jogos interessantes.

Por que escolhemos garrafas? Intencionalidade pedagógica:

- É um material ***não estruturado*** e em quantidade abundante, que pode ser utilizado ao ar livre.
- Provoca pesquisas sobre *formas*, *volumes*, *posições*, *equilíbrios*, *tamanhos* etc.
- Favorece o desenvolvimento da imaginação, do ***jogo dramático***, da ***transformação***, da ***construção*** e do ***simbólico***.
- Um material que leva em consideração a ***dimensão relacional*** do grupo de crianças.
- Permite uma ***multiplicidade de interações*** que as crianças constroem com o espaço, o entorno, os materiais e outros.

Com o objetivo de nos construirmos como ***ouvintes*** e observadores respeitosos das ideias das crianças, oferecemos esse contexto de garrafas. No início, pensamos em colocar as garrafas vazias, mas, como a experiência era no espaço externo, e elas não ficavam em pé por causa do vento daquele dia, decidimos colocar água nelas, o que facilitava para que não caíssem. Em seguida, foi apresentado o contexto das garrafas com água (não cheias) em ***horário livre de brincadeira***, ***sem roteiro***, nem orientação dos professores. Essa experiência com a garrafa acontecia praticamente todos os dias, e ficamos surpresos com o surgimento de ideias diferentes e cada vez mais complexas, que nos levaram a adicionar outros materiais em dias sucessivos. Cada material selecionado também tinha intenções. Detalhamos aqui alguns materiais que foram adicionados às garrafas e, a seguir, narramos algumas cenas documentadas.

Materiais para ampliar as experiências de construção:

- cordas;
- cestos de plástico;
- chapas de papelão;

- tubos de PVC quadrados;
- chapas de policarbonato;
- grandes cilindros de madeira;
- tábuas de diferentes comprimentos;
- estruturas de madeira de formato retangular e quadrado;
- caixas de papelão.

Nossa ideia inicial foi a de que a força motriz surgiria para fazer jogos de construção, nos quais a brincadeira entraria em ação. A exploração das possibilidades das garrafas, em relação ao espaço construtivo, gerou inúmeras ações nas quais o convívio social adquiriu grande importância. Nesse contexto, observamos ***algumas ações*** que ocorreram regularmente nos grupos:

FIGURA 1.3 - Chegar a acordos, alinhar e classificar por tamanho.

- ***Alinhar e construir***: colocar uma garrafa ao lado de outra, formando uma linha perfeita. Em alguns casos, grandes linhas retas; em outros, linhas circulares, formando "rodas", nas quais as crianças montavam um circuito para, em seguida, correr em volta. Um trabalho cooperativo silencioso na hora de construir e ruidoso na hora de percorrer a obra construída.

- *Classificar*: como as garrafas eram de tamanhos diferentes, surgiu a ideia de separá-las em grupos e de alinhá-las segundo este critério: a mais alta de um lado, a mais baixa de outro. A linguagem oral adquire grande relevância: os diálogos se fazem presentes quando as crianças estabelecem classificações por tamanho.
- *Contar*: fazer diferentes fileiras de garrafas, dispostas paralelamente umas às outras, e, depois, compará-las à quantidade de cada uma delas por meio da contagem.

Contexto: Com garrafas... e cordas

FIGURA 1.4 - Construção cooperativa: um espaço limitado.

Esse contexto oferecia um novo material ***não estruturado***, como as cordas o são, que as crianças utilizaram de múltiplas maneiras. O jogo simbólico aparece como o motor das ideias das crianças. *Tomás*, *Marina*, *Mora* e *Emma*, com entusiasmo partilhado, constroem um grande círculo com garrafas, a que chamam de "*Casa das garrafas*", recolhem as cordas do pátio e colocam-nas dentro de casa. A casa não serve apenas para as cordas, mas também é habitada pelas próprias crianças.

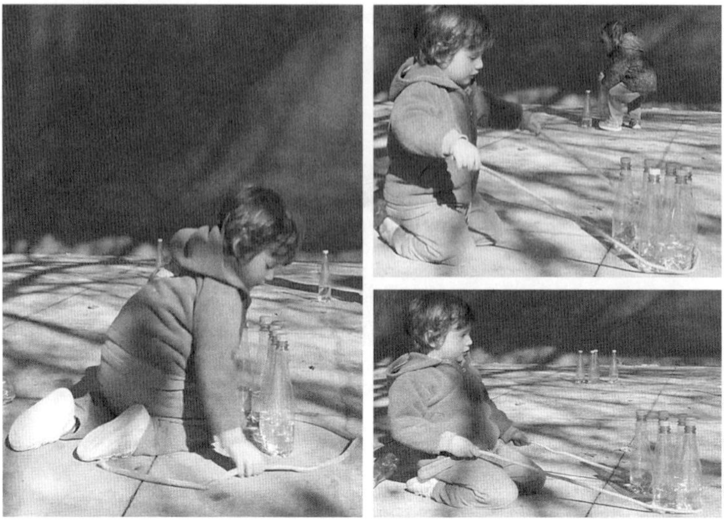

Figura 1.5 - Desenvolvimento da estratégia de Milo para mover as garrafas.

Em outro espaço, *Milo* descobre uma estratégia para mover as garrafas, agrupá-las, enrolá-las com uma corda e arrastá-las lentamente, com muito cuidado. Essa brilhante estratégia é testada várias vezes, com diferentes grupos de garrafas, que leva com os seus colegas para adicionar à construção.

Contexto: Com garrafas... e caixas de papelão

Figura 1.6 - Estratégia conjunta: Pedro e Santino movimentam as caixas.

As caixas grandes dão infinitas possibilidades: as crianças entram nelas, fazem-nas em casa, usam-nas como recipientes para colocar as garrafas, levantam-nas e colocam a sua própria força à prova. ***Pedro*** e ***Santino*** se entusiasmam em movimentar grandes caixas. Atribuindo-lhe identidade de contêiner, enchem uma caixa com garrafas e, em seguida, levantam-na; a caixa perde o fundo em razão do peso, as garrafas caem, e as duas crianças dão risada: as dificuldades são superadas ao lado de um amigo.

Figura 1.7 - Estratégia de Aaron para alinhar as garrafas.

Mais adiante, ***Santiago***, ***Pedro*** e ***Gael*** têm a ideia de construir uma casa, mas prevalece a ideia de alinhar as garrafas para fazer um caminho de entrada para ela. Trata-se de uma tarefa conjunta, todos trabalham na montagem da casa: as crianças conversam, fazem propostas, chegam a acordos. Enquanto isso, ***Aaron***, em um espaço contíguo, explora as possibilidades das garrafas, colocando-as em outra posiçao, horizontal, construindo com elas uma forma retangular. É um jogo solitário, no qual ***Aaron*** é visto concentrando-se em montar essa ***estrutura estável***.

Citamos aqui algumas das ações que as crianças realizam e que nos ajudam a organizar e interpretar a documentação recolhida:

- construir;
- alcançar altura;
- desconstruir;
- projetar;
- planejar;
- calcular;
- equilibrar;
- estabelecer limites;
- habitar;
- arrastar;
- transportar;
- alinhar;
- juntar;
- derrubar;
- colaborar;
- simbolizar;
- emparelhar;
- comprovar;
- juntar;
- trocar;
- buscar soluções.

Um jogo construtivo surgido da iniciativa das crianças, em que pudemos constatar a sua ***elevada capacidade de criatividade e de inventividade***. Um jogo que favorece a colaboração, brincar com um amigo, partilhar e desfrutar da companhia um do outro. Um jogo de olhares e de risos cúmplices na harmonia e na confiança. Um jogo de relações.

Documentação pedagógica: *estruturas metálicas*

Uma experiência de jogos de construção com estruturas habitáveis

FIGURA 1.8 - Construção cooperativa com elementos rígidos e flexíveis.

Os contextos preparados para as crianças têm uma forma determinada, altamente ***planificada***, com uma ***disposição*** e uma ***estética***.

Certa manhã, a porta do pátio foi aberta e, no centro dele, havia duas estruturas metálicas, como se fossem túneis ou pontes, com alguns tubos e caixas de plástico, cordas e tecidos que convidavam a estabelecer uma ***situação lúdica de construção***, de relação e de aprendizagem.

As crianças inventam, criam, originam situações, intervêm na estrutura com atitude estética e, à sua maneira, procuram certa harmonia na construção. ***Antonio*** inicia uma investigação espacial, move as caixas de um lugar para outro. Seu olhar acompanha esses movimentos e localiza as caixas dentro de um dos túneis.

A trama metálica do túnel é usada por algumas crianças como suporte para a inserção de elementos. Tecidos e metais se unem na construção. ***Pilar*** faz investigações sobre medidas, diz: "***Tem que procurar tiras mais compridas***" e convoca os colegas para fazê-lo. A presença das crianças dignifica o espaço, porque elas o incorporam em suas investigações. Em certo momento, as construções se dividem: um túnel é habitado por meninas, e o outro, por meninos. *Delfina* e *Joaquina* descobrem o espaço interior do túnel e colocam algumas caixas. Elas sentam-se no lado de dentro, o que concede a oportunidade de se encontrarem em um espaço íntimo.

FIGURA 1.9 - Construção cooperativa: projeto em altura.

Documentação em vídeo: *Estruturas metálicas: uma experiência de jogos de construção com estruturas habitáveis.*

Pilar intervém na estrutura com cuidado e uma atitude estética e harmoniosa no que faz. *Pedro* tem uma ideia e diz: "*É preciso unir as duas construções*", então, une-as com umas cordas, com cuidado e delicadeza. A obra das crianças passa a ganhar *grandes dimensões*, estende-se a partir de um acúmulo de caixas e há a preocupação de *Jerónimo* em construir um obelisco. As habilidades motoras são desenvolvidas para resolver as construções em altura, uma vez que a obra é mais alta do que as crianças. *Pedro* observa de diferentes pontos de vista enquanto canta.

Há uma ***investigação profunda*** nesse espaço de brincadeira, de transformação e de inovação em um tempo: o tempo dessas crianças, o tempo da fluidez, que é deixar-se levar pelo jogo, pela sabedoria inata que as crianças têm, um tempo para ***construir significados***. Enquanto isso, as meninas constroem, são as protagonistas da experiência, suas ações deixam sinais de suas habilidades e de sua criatividade.

A qualidade dos contextos é fundamental para desenvolver o ***potencial de exploração cognitiva*** das crianças. Bons contextos multiplicam as oportunidades.

Que outras coisas as crianças fazem quando constroem?

- Projetam.
- Relacionam-se.
- Chegam a acordos com os outros.
- Aventuram-se a fazer coisas novas.
- Ficam atarefadas.
- Desenvolvem a imaginação.
- Fazem e desfazem.
- Gerenciam seu tempo.

Com base nessas observações, podemos dizer que observamos, nesse grupo, crianças curiosas, empreendedoras, inteligentes; que não deixam as coisas pela metade; que se empenham em seus projetos; que se movem intencionalmente; que gostam de estar em pequenos lugares em busca de privacidade e de intimidade; que estabelecem relações colaborativas; que têm uma ***incrível capacidade de transformar espaços com criatividade***; que decidem por si próprias quando continuar a atividade, quando transformá-la ou abandoná-la. Em outras palavras, elas têm uma grande capacidade de administrar seu tempo, de tomar decisões. Elas decidem entre diferentes opções, o que as leva a evoluir continuamente seus projetos.

Análise da documentação pedagógica pela *observação e escuta das crianças enquanto constroem*

Documentação pedagógica: *Grandes peças, pequenos encaixes*

Um desafio construtivo

Interpretação do processo de construção

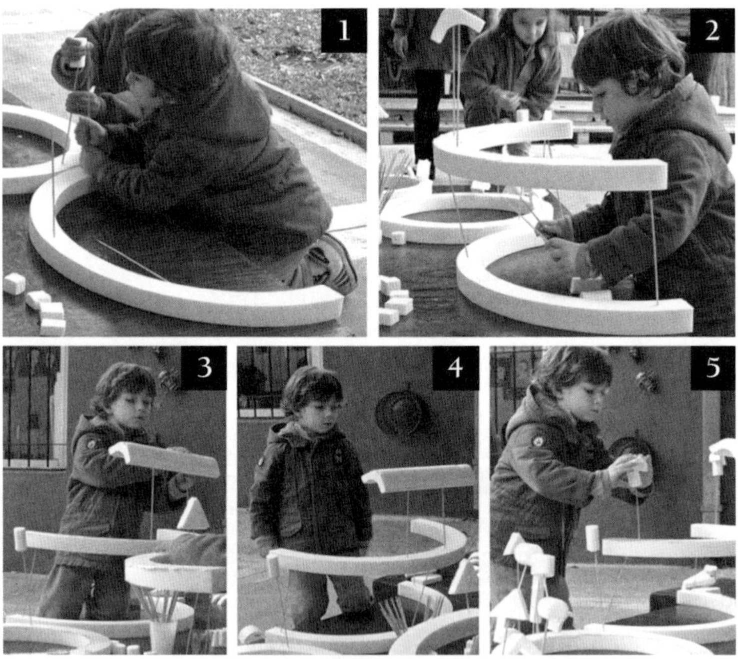

Figura 1.10 – Processo de construção da obra de Valentino.

Valentino começa sua construção pegando *dois semicírculos de isopor*. Trata-se de um projeto complexo, pois seu trabalho exige o equilíbrio de duas peças grandes. Supera facilmente essa dificuldade. Coloca três varetas na base, como colunas, uma em cada extremidade e outra no centro, ligando os dois semicírculos. *Valentino* tem a visão mental da sua obra concluída, que compartilha por meio de suas palavras. Comunica e cria outro espaço fora dessa estrutura inicial. Liga essa nova estrutura à anterior (com um grande círculo de isopor sustentado por duas varetas inclinadas, presas à base semicircular, obliquamente).

Essa nova construção é uma obra de ***grandes proporções***, na qual cria diferentes espaços, dados pelos diferentes planos, com um movimento dinâmico e numa multiplicidade de pontos de vista. À medida que avança em sua construção, *Valentino* fica feliz com o resultado.

Ressalta-se a destreza e a habilidade de *Valentino* no diálogo com esse material, delicado, leve, frágil e com certa complexidade para manter o equilíbrio. Isso mostra as conexões que as crianças fazem entre as características do material e as suas ações.

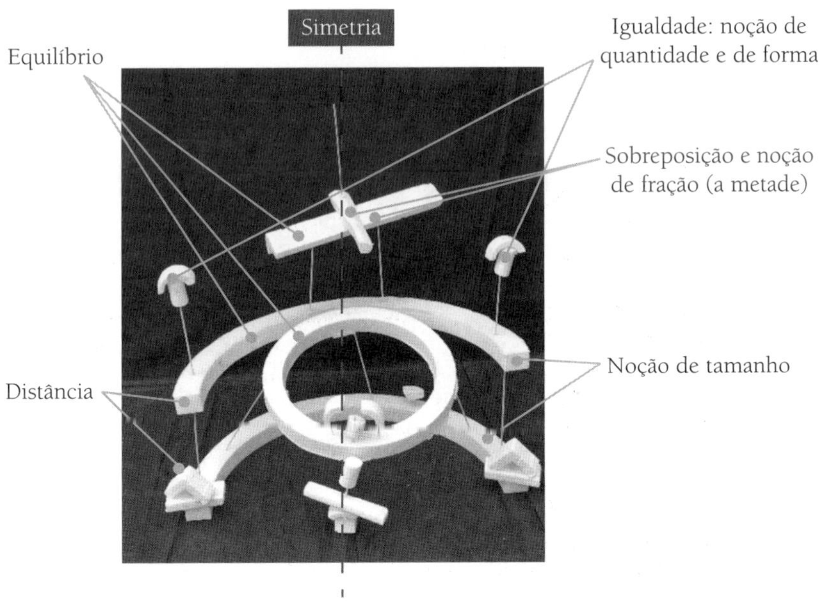

FIGURA 1.11 - Análise da obra de *Valentino*.

Contudo, também detectamos nessa obra saberes, como:

- uso estimativo de medidas;
- uso de espaços construtivos reduzidos;
- uso de linhas paralelas;
- comprovações de peso e de volume;
- controle e conferência do equilíbrio;
- uso da distância e construção de perspectivas;
- noção de quantidade;
- uso de estruturas de referência;
- criatividade;
- critérios de classificação;
- ordem;
- projetação;
- composição;
- descoberta das possibilidades do material;
- limitações do material;
- uso de estratégias para construir com esse material.

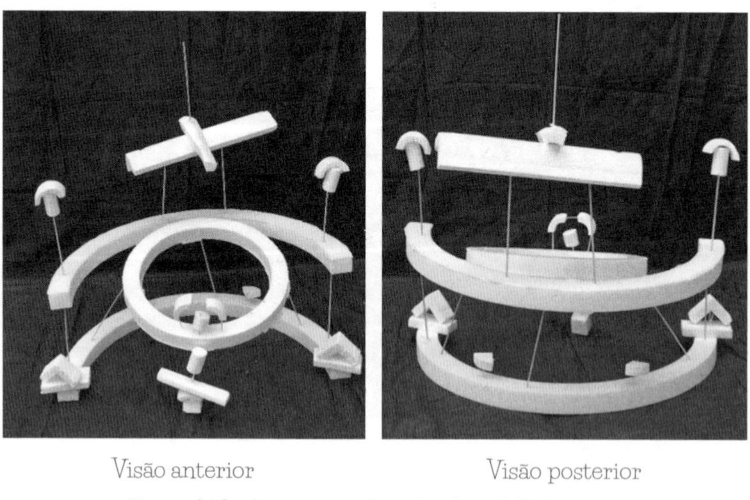

Visão anterior — Visão posterior

FIGURA 1.12 - Visão completa da obra de Valentino.

Existem representações tridimensionais complexas. As crianças estão interessadas em ***complexidade*** e em estruturas construtivas, elas percebem isso. Um elemento frequentemente encontrado em grupos que fazem jogos de construção é a ***busca pelo equilíbrio***, que requer testes constantes de tentativa e erro, bem como a simetria nas obras e o aproveitamento das ideias construtivas dos outros, o que torna necessário desenvolver a observação para construir um trabalho semelhante ao dos seus pares e partilhar as suas realizações.

Bibliografia consultada

Bondioli, Anna; Nigito, Gabriella (coord.). *Tiempos, espacios y grupos*: el análisis y la evaluación de la organización en la escuela infantil – DAVOPSI. Barcelona: Graó, 2011.

Dubovik, Alejandra; Cippitelli, Alejandra. *Construção e construtividade*: materiais naturais e artificiais nos jogos de construção. São Paulo: Phorte, 2018.

Hoyuelos, Alfredo; Riera, María Antonia. *Complexidade e relações na educação infantil*. São Paulo: Phorte, 2019.

Sugrañes Justafré, Encarna *et al. Observar para interpretar*: actividades de la vida cotidiana para la educación infantil (2-6). Barcelona: Graó, 2012.

Vecchi, Vea. *Arte y creatividad en Reggio Emilia*: el papel de los talleres y sus posibilidades em educación infantil. Madrid: Morata, 2013.[1]

[1] N. do E.: no Brasil, publicada em 2017 como *Arte e criatividade em Reggio Emilia: explorando o papel e a potencialidade do ateliê na educação da primeira infância*, pela Phorte Editora.

2

Se o vento não soprar, é preciso remar

Ángeles Abelleira Bardanca | Isabel Abelleira Bardanca

Noite
[...]
Remadores, a remar!
Da terra, emerge o globo,
Que há de morrer no mar.

Aurora
[...]
Remadores, a remar!
Até que o globo não durma
Nas gargantas do mar.
Rafael Alberti (1924)

Aviso aos navegantes

Em maio de 2020, fomos convidadas a participar do espaço virtual *Dedo de Prosa*. Naquele momento, vivíamos um contexto incomum: o confinamento em razão da pandemia mundial, originada pela Covid-19. No entanto, estávamos no estágio de negação – como no processo de luto –, ainda não compreendíamos nem absorvíamos o que acontecia, sequer sabíamos quanto tempo duraria, considerando que o distanciamento social já perdurava por alguns meses. E foi assim que essa iniciativa da amiga brasileira Tais Romero e da amiga argentina Alejandra Dubovik resultou em uma espécie de válvula de escape mental do aprisionamento físico a que estávamos submetidas. Poder compartilhar questões pedagógicas e didáticas com pessoas afins foi um presente dado pela descoberta das plataformas de videoconferência, que, até então, nunca havíamos utilizado.

Dedo de Prosa estava em sua fase inicial: as organizadoras convidavam pessoas de sua confiança, com falas voltadas para a escola e a educação da infância. No decorrer de algumas semanas, ganhou dimensões inimagináveis pelo trabalho de nossas amigas Mari Carmen Díez Navarro e de Beatriz Trueba Marcano, que construíram pontes para outras vozes reconhecidas na Espanha e na América Latina. Aquela "conjunção astral", como nós a chamamos, deu lugar a um fórum internacional, com reuniões semanais entre docentes, pedagogos, formadores e coordenadores. O fato de, hoje, fazermos parte desta publicação da Phorte Editora, a primeira de muitas que se seguirão e se concretizarão nesta coletânea de textos é uma amostra da magnitude que o projeto alcançou.

Esperamos que, em cada um dos capítulos que integram este livro, os participantes coletem a essência de nossa intervenção. Quando fomos convidadas, tínhamos acabado de entregar um extenso artigo para a *RELAdEI*[1] – uma homenagem monográfica ao professor Miguel Zabalza Beraza[2] na ocasião de sua aposentadoria – sob o título ***Hacia una didáctica de proximidad: la fuerza de lo cercano*** (Abelleira e Abelleira, 2020),[3] uma tentativa de resgatar o simples e o cotidiano na Educação Infantil. Assim, concordamos que nossa participação abordaria esse trabalho. Tendo isso em vista, o rigor editorial nos impede de reproduzir integralmente o texto já publicado, permitindo apenas a discussão da ideia nele discorrida. Entretanto, a quem se interessar em acessar o trabalho na íntegra, basta buscar o artigo original referenciado na bibliografia.

Maus ventos para a didática

No começo de 2020, decidimos escrever sobre as escolas próximas na busca de reivindicar as bases originais da didática infantil. Acreditamos que por conta de falsas "inovações", estávamos deixando de lado o fundamental. Pensamos que era o momento de soar o alarme. Não podíamos nem imaginar que, poucas semanas depois de concluirmos o artigo, a situação pioraria exponencialmente: o confinamento, a suspensão das aulas e o ensino virtual. Nunca teria passado em nossas cabeças que, meses depois, a educação permaneceria sujeita à saúde: o retorno às aulas com protocolos de prevenção que fazem cair por terra tudo o que defendemos na Educação Infantil – a relação, o contato, a autonomia, o compartilhamento, o cotidiano e a comunicação se encontram perigosamente diminuídos em prol da saúde.

[1] N. da T.: ***Revista Latinoamericana de Educación Infantil*** [***Revista Latino-Americana de Educação Infantil***, em tradução livre].

[2] N. do E.: catedrático e professor emérito da Universidade de Santiago de Compostela, tem um vasto currículo na área da Educação, além de reconhecimento internacional, sendo, até mesmo, Doutor ***Honoris Causa*** pela Pontifícia Universidade Católica do Rio Grande do Sul.

[3] N. da T.: ***Rumo a uma didática de proximidade: a força do próximo***, em tradução livre.

Se, em janeiro de 2020, parecia que a escola infantil tomava rumos inadequados, em outubro desse ano, tínhamos a certeza de que a infância futura pagará um preço alto como consequência de uma crise sanitária. Por isso, reafirmamos a necessidade de alertar sobre o que nos preocupa: a educação dos meninos e das meninas.

Quando íamos escolher o título deste texto, tínhamos optado por *Remando contra a maré*, por ser a expressão que representa todas as pessoas envolvidas em *Dedo de Prosa*: um ir contra a corrente. Existem infindas sentenças que se referem ao mar, ao vento, às embarcações ou a remar. Os ventos podem ser favoráveis ou perigosos para a navegação. Assim, é habitual que aos que se lancem ao mar se deseje "bons ventos e boa maré" ou "que o vento sopre a seu favor" para que se possa ir "de vento em popa", a toda sorte e prosperidade que exista.[4] No entanto, todos sabem que "Vento, prazer e fortuna pouco duram".[5] Por isso, diante das adversidades, é necessário seguir "contra o vento e a maré", mesmo que digam que "navegar contra o vento é perder tempo".

Nós, pessoas que acreditam na força das convicções, na luta pela profissionalização docente, escolhemos como título para este capítulo "Se o vento não soprar, é preciso remar", porque é uma síntese do que defendemos: é muito fácil ser um bom professor quando tudo está favorável, mas o verdadeiro mérito reside em sê-lo diante das adversidades. Mais uma vez, apelamos para o empoderamento do professorado, porque "não podemos controlar o vento, mas, sim, ajustar nossas velas". Mesmo que tudo esteja contra nós, devemos defender a escola que a infância merece. Só o conhecimento e a fundamentação teórica são antídotos contra tudo o que prejudica a educação, porque é preciso ter em mente que "o vento da adversidade nunca sopra sobre o reino da sabedoria". Devemos adotar uma didática de máximos, não de mínimos. É necessário ter em mente um ideal de escola que seja como uma bússola que nos guiará, já que "não existe vento favorável para quem não sabe aonde vai".

[4] N. do E.: no original, a expressão é "*Viento en popa a toda vela, suerte y prosperidad donde la hubiere*".
[5] N. do E.: similar à expressão "Tudo o que é bom dura pouco".

Temos o costume de iniciar nossos trabalhos com alguma citação ou fragmento de um poema que faça alusão à ideia principal transmitida. Nesta ocasião, duas estrofes da obra *Marinero en tierra*,[6] do poeta Rafael Alberti, foram selecionadas, tanto pela referência aos remadores, como pelo tom nostálgico empregado por uma pessoa apaixonada pelo mar, que se vê obrigada a se mudar para o campo, em busca de um ar mais puro para seus pulmões enfermos. Anseia outros tempos de luz, de sol, de risos, de ondas que embalam, de jogos sem fim..., algo muito similar ao que acontece, agora, aos professores. A mudança é por uma boa causa, mas, a todo momento, recordamos a alegria despreocupada de outros tempos. Para Alberti, aquele exílio pela saúde nada mais era do que o prelúdio de outros ainda piores que viriam por sua ideologia. Nós também sentimos isso.

Como não somos pessoas dadas ao desalento, encerraremos com outra estrofe desse poema, deixando uma porta aberta a esperança.

Depois da tempestade vem a bonança?

Antes de passar a um tom otimista, consideramos que devemos conscientizar os leitores das mais sutis consequências desse "não tempo". Estamos convencidas de que, algum dia, esse pesadelo terminará e voltaremos à normalidade, que será uma "nova normalidade", moldada pelas dificuldades vividas. Sempre fica uma marca, e, nesse caso, será indelével.

Nosso alunado passou muitos meses confinado em seus domicílios com o único contato real de sua família mais próxima. Durante esse tempo, perdeu hábitos e rotinas, possíveis aprendizagens vindas da relação com os outros; deixou em *stand-by* a tomada de decisões, o desejo de cultivar conhecimentos em comparação com os colegas, o estímulo ao desconhecido, o esforço por se comunicar com eficácia e a destreza corporal. Alguns, inclusive, sofreram perdas familiares. Voltaram a uma escola diferente da que deixaram, cheios de cuidados, de temores, e contaminados pelos medos adultos. O retorno não implica uma recuperação da autonomia,

[6] N. da T.: *Marinheiro em terra*, em tradução livre.

do contato, da troca e do compartilhamento. Pelo contrário. Os valores sempre postulados foram deixados de lado por desinfetantes; os rituais foram substituídos por processos de assepsia e as brincadeiras em grupo, por bolhas de entretenimento; a abertura à comunidade se fechou em um espaço seguro; o burburinho infantil se neutralizou com o distanciamento social; o fluxo escola-família se limitou a breves intercâmbios virtuais; o compartilhamento não é mais aceito; os brinquedos se converteram em possíveis focos de contágio. Para os professores, os debates metodológicos foram ofuscados por protocolos de prevenção; as acolhidas e as despedidas se tornaram momentos sanitários; a didática foi substituída pela profilaxia.

Realmente é possível acreditar que – quando acabar a pandemia, quando as máscaras já não fizerem parte do vestuário infantil, quando o único "gel" usado for o de cabelo, quando pudermos nos tocar sem medo de nos contaminarmos – a escola voltará a ser a mesma de antes? Existem teorias que afirmam que um novo hábito se cria em 21 dias; os menos arrogantes dizem que pode ser necessário 60 dias para consolidá-lo. Seja como for, quando sairmos, muitos hábitos de saúde nada saudáveis para a Educação Infantil já terão se instaurado. E é aqui que o professorado deve se esforçar: em recuperar o terreno perdido, o que foi devastado pela passagem do vírus e ficou à mercê de estratégias "seguras" do ponto de vista sanitário, mas nem tanto do didático. Os professores e as professoras não podem permitir que as soluções hidroalcoólicas eliminem seu substrato pedagógico.

Mar revolto: currículo ancorado

É desolador ver as crianças chegando pela manhã com suas máscaras, mantendo o distanciamento, caminhando pelas setas que indicam o trajeto, cumprimentando com a gravidade do medo nelas instilado, estendendo suas mãozinhas para receber a solução desinfetante, sentando-se nos lugares marcados, esperando sua vez para guardar seus pertences, para ir ao banheiro ou para pegar um material, evitando contato, evitando respirar o mesmo ar que os outros respiram, evitando se contaminar. Em contrapartida, evitando também se relacionar, que é a estratégia de aprendizagem mais efetiva.

Todo mundo elogia o bom comportamento e o jeito dos pequeninos. Dizem que eles são mais responsáveis, confundindo obediência e acato com cidadania. Talvez seja este um sinal dos tempos.

Os professores, apesar dos medos iniciais, fomos capazes de trabalhar nos ajustando aos protocolos sanitários. A vida segue. A escola está sendo exemplar, mas o que está em perigo? Até onde devemos focalizar nossa ação docente? Como enfrentar os obstáculos sem cair? Que condições um currículo sólido deve reunir para resistir às investidas desse mar revolto? Aqui, reinterpretaremos as vinte condições apontadas em nossa intervenção em *Dedo de Prosa* para resgatar a Educação Infantil e não jogar fora tudo o que conquistamos até agora.

Em nossa opinião e à luz do momento em que vivemos, devemos, sobretudo, enfatizar:

O afetivo

Dizem que carinho se faz com o toque, por isso, o desafio é fazer os afetos aflorarem mesmo sem contato. Os gestos, os olhares e as palavras devem substituir o encontro de pele com pele. As gargalhadas sonoras suprirão os sorrisos ocultos pelas máscaras. O brilho dos olhos denunciará a empatia. O individualismo e o isolamento deverão ser combatidos com ações que ensinem a amar. A valorização das qualidades alheias, a riqueza da divisão, a aceitação das diferenças e a alegria de se reconhecer nos pares requerem um exercício deliberado de respeito mediado, não por cartões e aplicações, mas por uma convivência afetuosa que amorteça a solidão.

A autonomia

Entendemos que o objetivo final da educação é formar indivíduos com capacidade de autodeterminação, capazes de decidir suas ações sem que estas prejudiquem os demais ou o meio. Na infância, esse caminho tem início com a tomada de decisões relacionadas ao momento e às necessidades. Agora, já não resta espaço para a liberdade de escolha, tudo está protocolado. Por esse motivo, é imprescindível que, mesmo respeitando as limitações, as crianças tenham espaço para exercer sua vontade: no planejamento do dia, nas atividades a realizar, nos temas a tratar ou na seleção de leituras. Será um estímulo de autoafirmação fazê-las compreender que se leva em consideração sua opinião ou seus critérios.

A socialização

A exclusão do compartilhamento, do que é comum a todos, e a mudança da ideia de grupo para a de conjunto de indivíduos terão consequências devastadoras na sociedade futura. Até agora, a principal função da escola era a de formar pessoas capazes de interagir em diferentes meios sociais. O medo do contágio, a construção de bolhas sociais, a permanência em espaços delimitados, o relacionamento com pequenos grupos, o conhecer outros mundos apenas pelos estereótipos ou clichês das multinacionais do audiovisual levaram a pluralidade à beira do precipício. Sem falar na perda dos rituais de socialização: celebrações familiares, eventos ou festas tradicionais que davam sentido de identidade e de pertencimento a uma comunidade. Assim, serão determinantes os modelos de comunidade que mostrem a nossos alunos como nos abrimos às diferenças desde o fechamento preventivo. Para tanto, devemos aproveitar o potencial dos meios de comunicação e de informação para socializar fugindo do reducionismo do isolamento, enquanto fortalecemos vínculos com os que estão perto.

A comunicação

Até poucos meses atrás, dizíamos que a falta de autonomia, a baixa coordenação motora e a fala primitiva eram os três aspectos mais visíveis em cada nova turma de alunos que entrava na escola. Isso era atribuído ao estilo de vida instaurado com o sedentarismo, o protecionismo e o uso abusivo de telas. Agora, isso tem aumentado exponencialmente, acrescentando, ainda, boca e metade do rosto cobertos pela máscara, distanciamento entre interlocutores e falta de contato físico. Dessarte, será fundamental focar em elementos como a pronúncia, os gestos, as expressões faciais, a postura corporal, os sons e a paralinguagem (tom, velocidade, volume) e, claro, não reduzir a comunicação pela língua oral. Apesar de ser dramática, essa situação pode tornar-se um enriquecimento se aproveitarmos para conhecer outras linguagens, outros códigos, outros canais, outros espaços e outros interlocutores.

O sensorial

Ao que parece, os sintomas iniciais da Covid-19 são a perda de paladar e olfato. No entanto, mesmo sem estarmos contaminados, já estamos todos padecendo da perda sensorial. Nota-se que o uso da máscara afeta a capacidade de visão e de audição tanto quanto limita o paladar e o olfato. O tato já foi drasticamente reduzido para evitar contato. Desse modo, nossas maiores fontes de informação com o exterior foram prejudicadas. Era sabido que o trabalho sensorial na vida acadêmica era relegado à etapa infantil, assim, os pesquisadores evolucionistas constatavam o modo como o homem contemporâneo renunciou ao que o ajudou a sobreviver por milhares de anos. O prejuízo sofrido por essa etapa ainda será analisado, mas é um grande risco, portanto, devemos buscar alternativas escolares para exercitá-los. Não poderemos compartilhar alimentos, mas, sim, falar das sensações que nos causam; não poderemos tocar, mas, sim, descrever o que sentimos "tocando com os olhos"; não poderemos cheirar, mas, sim, fazer associações. Será necessário buscar alternativas não contagiosas para que nossos sentidos nos sigam dando informação tanto do exterior como de nosso interior.

O corporal

A limitação de mobilidade repercute diretamente sobre o domínio corporal e motor. Essa carência já era detectada nas crianças e, agora, é possível que se mostrem ainda mais afetadas se não tomarmos medidas que as combatam. O objetivo do professorado deve ser a busca por alternativas que permitam aos pequenos exercitarem sua corporeidade global, segmentar, consciente e inconsciente. Brincadeiras e jogos sem contato, sessões de psicomotricidade em cadeiras ou dentro de bambolês, ioga, danças coletivas, bailes tradicionais ou brincadeiras populares serão possibilidades que, com algumas adaptações, permitirão o movimento, a coordenação, a lateralidade, a orientação espacial e o controle postural. Apesar de os outros aspectos curriculares poderem ser supridos com a linguagem, o corporal apenas será exercitado com o corpo, em repouso ou em movimento.

O racional

Faz anos que alertamos para o fato de as consequências do uso de metodologias diretivas ou participativas serem notadas sobretudo no desenvolvimento racional das crianças. Habituar-se a seguir um roteiro preestabelecido ou postulados impostos deixa de lado a capacidade de racionalizar suas próprias ações. Estamos testemunhando um colapso absoluto do pensamento. Por nossa saúde, estamos sendo mansamente conduzidos a currais que aceitamos resignados. Nossa capacidade de pensar, de entender, de avaliar e de atuar foi dominada por entes superiores que nos dirigem sem pedir nossa opinião. Os adultos somos conscientes dessa usurpação, porque, em algum momento, tivemos capacidade de decisão e ainda a reservamos para questões menores. Nossas crianças não tiveram essa oportunidade. Agora, serão guiados por quem cuida de nossa saúde; mais tarde, não se sabe quem assumirá essa responsabilidade e com quais pretensões. Por isso, é fundamental que, na escola, as crianças tenham acesso a atividades que as permitam usar a lógica, a pensar, a raciocinar, a classificar, a organizar, a comparar, a debater, a argumentar ou a processar, para, assim, organizar e reorganizar suas percepções e suas experiências.

O lúdico

A primeira medida preventiva adotada nas escolas infantis foi a remoção dos brinquedos e das áreas de recreação. Na verdade, sobraram muitos; não era preciso tamanha oferta, pois isso acabava por inutilizar a inventividade e a imaginação. O problema é a remoção do tempo para brincar. A criança precisa brincar para compreender o mundo; precisa brincar com outros para aprender a se relacionar; precisa do lúdico para mediar sua mente e os conhecimentos. Como bem sabemos, às vezes, um graveto e uma caixa de papelão proporcionam mais entretenimento e prazer do que o material mais elaborado por organizações pedagógicas ou de segurança. Assim, no cotidiano escolar, é necessário que haja tempos e espaços reservados para a brincadeira livre, dirigida, tradicional, com regras, dramática e mental. A pandemia não pode tirar esse direito dos meninos e das meninas. Será necessário buscar alternativas seguras, materiais que não propaguem o vírus ou desinfecção contínua, o que não podemos permitir é que as crianças sejam privadas de brincar.

A imaginação

Mais do que nunca, precisamos do poder da imaginação. A literatura e a história estão cheias de exemplos de pessoas que resistiram situações adversas graças ao poder de sua imaginação. A criatividade, a engenhosidade, o pensamento divergente, o absurdo, o escatológico, o irreverente, o divertido e o impossível atuarão como válvulas de escape para essa pressão a que as crianças estão submetidas. Entretanto, o imaginário deve ser nutrido, e é nesse ponto que o trabalho dos professores deve incidir. Já faz alguns anos que deixamos o enriquecimento das vivências infantis nas mãos da tecnologia; chegou o momento de recuperar esse domínio. Desenvolver a imaginação por meio da memória, da voz e das mãos. A escuta de histórias, a criação de materiais diversos, a inventividade coletiva, a combinação de palavras e de objetos, as imagens sonoras, as obras plásticas, as invenções e os enigmas contribuirão para o desenvolvimento de uma imaginação mais resiliente.

O espiritual

A espiritualidade é uma faceta humana que comumente é deixada de fora dos currículos acadêmicos, em especial, no caso da Educação Infantil, pois a psicologia evolucionista afirma que essa não é uma capacidade estabelecida nas crianças. A associação entre espiritualidade e religião também não tem favorecido sua abordagem didática, no entanto, outras modas que incidem no mesmo ponto, como o ***mindfulness***, são facilmente aceitas. Talvez estejamos no momento em que mais precisemos cultivar a essência do imaterial em nós, conscientizarmo-nos da conexão entre o indivíduo e o todo, que complementa corpo-mente e orienta nossas ações. Na infância, a espiritualidade se relaciona à ética e à moral, algo que se inicia com os valores e normas trabalhados. Mediante ações cotidianas, podemos ajudar a definir o bem e o mal, o bem individual e o coletivo, como somos e como nos sentimos ao atuarmos em direção à bondade ou ao egoísmo. Refletir e meditar sobre nossa ação, ouvir a si mesmo, conectar-se com a natureza poderiam parecer objetivos desajustados às características psicológicas das crianças, e reside nesse ponto a chave para uma mediação efetiva por parte do educador.

***

Nesses dez tópicos, buscamos resumir as dez âncoras de um currículo que não se deixa abalar pelo mar revolto, mas, como bem sabemos, um currículo não é mais do que uma declaração de intenções que se materializa nas escolas e ganha vida em cada professor ou professora.

Marinheiros combatidos: docentes conscientes

Em nossa intervenção em *Dedo de Prosa*, apontamos cinco competências docentes que os professores inesquecíveis têm: modelagem exemplar; coordenação harmonizadora; corresponsabilidade respeitosa;

olhar acolhedor; avaliação formativa. Hoje, colocamos uma condição *sine qua non* em primeiro lugar: estarmos cientes da situação que estamos vivenciando e dos perigos que ela acarreta para os direitos e a educação das crianças.

Desde o início do isolamento, tem-se ouvido opiniões docentes catastróficas, apocalípticas, negacionistas e, também, insensatas. Há quem tenha feito da profilaxia o eixo de sua ação; há quem renegue tudo; há quem siga como se nada houvesse acontecido; há quem faça as mesmas coisas que antes, com as modificações advindas dos protocolos de prevenção.

Estamos em uma mudança de tempos; a sociedade e seus hábitos já não serão os mesmos de antes. Se não quisermos ir de uma pandemia à outra, teremos que transformar o nosso estilo de vida e a forma de se relacionar com a natureza; portanto, a escola não pode seguir como se nada tivesse mudado. Contudo, as crianças continuam sendo crianças, e suas necessidades estão cada vez mais angustiantes. É nesse ponto que os mais valentes devem remar com mais intensidade: em ensinar a viver em uma nova situação sem que isso prejudique os direitos da infância nem os postulados pedagógicos de que tanto nos orgulhávamos.

O Cabo de Hornos, ponto mais ao sul do continente americano, foi, ao longo dos séculos, um símbolo de perigo, por ser o ponto de encontro de dois oceanos. Assim, na cultura marítima, sua passagem era uma espécie de prova de trânsito. Pois bem, nós, professores, estamos, agora, em um momento semelhante a esse desafio náutico: apenas com boa embarcação, critérios educativos, projeto sólido e tripulação experiente poderemos dobrar o Cabo, passo a passo, milha náutica a milha náutica, para sair com segurança.

Embarcações resistentes: escolas de vida

Apesar de nosso objetivo ao regressar ser que as escolas fossem pontos livres de contágio – espaços de saúde, livres de vírus –, agora, que sabemos fazê-lo, devemos nos atentar para seu outro sentido:

escolas de vida, como lugares nos quais se adquire o aprendizado para viver em sociedade e nos quais a vida é a espinha dorsal da práxis.

Entre todos os cuidados, recomendações e precauções, ainda não tivemos tempo para avaliar as mudanças ocorridas nas instituições: o acesso foi limitado a funcionários e a alunos; as atividades cooperativas foram eliminadas; as famílias são atendidas (a escolha verbal é intencional) por videoconferência; as atividades recreativas, festivas, culturais e abertas à comunidade foram abolidas; os caminhos foram demarcados por setas; as crianças são recebidas pontualmente e em turnos, para que não haja contato; já não há mais acesso às bibliotecas, pois os livros podem ser fontes de contágio; os pequenos não devem sair de suas bolhas de isolamento por um período maior que o determinado etc., e, assim, uma série de outras proibições que foram acatadas – sem resposta nem alternativa possível – em busca da saúde. A perda foi descomunal: as conquistas educacionais de tantas décadas foram apagadas em um só golpe. As escolas voltam a ser guetos de instrução, seguras, mas meras fortalezas de isolamento.

E de que modo poderão ser novamente escolas de vida? Voltarão a ser o que eram quando a pandemia acabar?

Isso dependerá de como vamos viver essas privações: como um roubo ou como uma libertação de cargas.

Recordem que uma escola que não se abre à comunidade; que não é um espaço socializante; em que não ocorrem transições afetivas; em que se trata todos com igualdade (não com equidade); em que os diferentes são rotulados; que se submete a protocolos e burocracia nunca não será uma escola de vida democrática. Por isso, é necessário buscar alternativas não contagiosas que supram tudo o que foi tomado.

Rumo a portos seguros: o futuro

Embora nada pareça prenunciá-lo, devemos confiar que toda essa expropriação terá uma data de expiração e que logo chegaremos a um bom porto. O ponto positivo é que já resistimos à primeira investida das ondas: pudemos ir do presencial para o virtual e voltar para a escola sem tantos danos. Mas o que acontecerá se formos confinados novamente? Podemos continuar a entreter as crianças como da primeira vez ou teremos que prever essa possibilidade? As autoridades educacionais mencionaram que os professores devem adequar seus horários para um possível novo fechamento. Os recursos tecnológicos serão a conexão entre o meio familiar e os professores. Essa condição didática reduziria sobremaneira os princípios educativos no ensino infantil; apenas a inventividade docente ou o material padronizado seriam as alternativas.

Nesse ponto, recordamos a iniciativa pioneira *Preescolar en Casa*,[7] nascida na Galícia, em 1977, quando nem todos os pequenos podiam ir a uma escola próxima em virtude da dispersão populacional de nossa região.[8] Com os poucos recursos tecnológicos da época, grupos de profissionais bem-formados e comprometidos, reuniam-se quinzenalmente com as famílias para equipá-las com pautas sobre infância, educação, psicologia e pedagogia. Isso era complementado por programas semanais transmitidos via televisão e rádio regionais. Até seu fim, em 2012, várias gerações de galegos tiveram uma primeira educação de qualidade graças ao *Preescolar en Casa* e ao envolvimento de suas famílias.

Trazendo-o para o presente, seria perfeitamente factível e viável, mas com os meios tecnológicos dos quais dispomos, compreendendo estes como um recurso, e não como um substituto. Partimos da premissa de que a Educação Infantil deve ser mediada pelos responsáveis, que receberiam apoio especializado para a tarefa, além de atividades por parte do professorado que atende à criança na escola. Assim, conseguiríamos reunir, em um exercício de corresponsabilidade educativa, a prevalência da família e da escola como agentes educativos primordiais.

[7] N. da T.: "Pré-escola em Casa", em tradução livre.

[8] N. do E.: as irmãs Abelleira são galegas e trabalham em escolas públicas na cidade de Milladoiro, perto de Santiago de Compostela, na Espanha. Mais a respeito do trabalho delas pode ser conferido nos livros *Os fios da infância* e *O pulsar do cotidiano de uma escola da infância*, ambos publicados pela Phorte Editora.

Dizem os marinheiros que o bom atraque no porto depende de como preparamos o barco para a manobra, de saber aonde vamos, de preparar e planejar com antecedência, de contar com a ajuda da tripulação, do uso de bons nós e de não perder de vista a maré ou o vento. Ainda assim, advertem do perigo do "ponto sem retorno" – uma entrada errada em que não haja possibilidade de aprumar a embarcação –; nesse caso, recomendam sair e reiniciar a manobra. Acreditamos que são bons conselhos, aplicáveis, também, ao âmbito educativo. Com isso, encerraremos este capítulo tão náutico com os versos do poeta com o qual começamos, apelando para os sonhos e o compromisso de todos os docentes de chegar a um bom porto, contra o vento e a maré.

> Rema, menino, meu remador.
> Não se canse, não.
> Veja o porto provocador,
> veja, veja-o.
> *Rafael Alberti* (1924)

Bibliografia consultada

ABELLEIRA BARDANCA, Ángeles; ABELLEIRA BARDANCA, Isabel. Hacia una didáctica de proximidad. "La fuerza de lo cercano". ***RELAdEI***, Santiago de Compostela, v. 9, n. 1, p. 99-117, 2020.

ALBERTI, Rafael. ***Marinero en tierra***. Madrid: Visor Libros, 2017.

MIALARET, Gaston. ***El derecho del niño a la educación***. Paris: Unesco, 1979. Disponível em: https://unesdoc.unesco.org/ark:/48223/pf0000188688. Acesso em: 02 set. 2021.

ORGANIZACIÓN DE ESTADOS IBEROAMERICANOS (OEI). ***Programa Preescolar na Casa***. Madrid: OEI, 2014.

ORGANIZACIÓN DE LAS NACIONES UNIDAS PARA LA EDUCACIÓN, LA CIENCIA Y LA CULTURA (Unesco). ***Replantear la educación***: ¿hacia un bien común mundial? Paris: Unesco, 2015. Disponível em: https://unesdoc.unesco.org/ark:/48223/pf0000232697. Acesso em: 02 set. 2021.

ZABALZA, Miguel. ***Calidad en la educación infantil***. Madrid: Narcea, 1996.

3

O reino esquecido da infância: por uma presença ativa da brincadeira espontânea na escola

Beatriz Trueba Marcano

Tantas crianças se veem obrigadas a correr sem descanso, muito além de seu próprio ritmo, sem que nunca dê tempo de terminar de brincar, de chegar ao fim de uma atividade... Esse, sim, é o tempo perdido de uma experiência, que, talvez, nunca mais se apresente. É necessário tomar partido. O processo de amadurecimento requer tempo e paciência...

Raymond Tavernier

Para visualizar em cores as imagens deste capítulo, acesse o *QR code*:

Marcas no chão, cultura da infância

Caminho por uma rua antiga em uma pequena cidade da Estremadura.[1] O chão é feito de grandes pedregulhos. De repente, vejo, aos meus pés, um desenho de giz. Uma das pedras, em forma de coração, transformou-se no rosto sorridente de uma menina com cabelos ao vento, cujo corpo tinha um vestido e os braços abertos. Acima do cabelo, outra pedra redonda foi convertida no corpo de um animal fantástico, com cabeça de cachorro e cauda de plumas, metade cão, metade pássaro. O desenho é todo contornado por uma linha que o circunda, como uma bolha, símbolo de um mundo à parte. Um desenho fascinante, memória de uma ação sutil, que passa quase despercebida no chão da rua.

Podemos recriar sua ação: a menina viu a pedra, e a imagem sugerida impulsionou sua ação. Ela se deteve, pegou um pequeno giz de seus bolsos e desenhou. Depois, talvez tenha brincado perto dele e se foi. A chuva e os passos dos transeuntes apagarão sua obra. Marcas de brincadeira, passageira, frágil, delicada e bela. Símbolo e amostra da cultura etérea da infância, quase despercebida, um tanto quanto clandestina, oculta, uma presença notada na pausa, que não se impõe.

Penny Ritscher diz que "não é necessário que duas etnias se encontrem para que apareçam fenômenos de interculturalidade". A cultura da infância nos coloca no papel de observador espantado,

[1] N. do E.: comunidade autônoma espanhola (fronteiriça a Portugal), cuja capital é Mérida.

com o olhar com o qual descobrimos um grupo cultural diferente do nosso. Só se mostra na confiança do olhar aberto, no encontro e na surpresa. Simplesmente existe, em seu presente, ele é e se deixa mostrar pelas frestas de um espaço efêmero. Escutemos as crianças. Não apenas com os ouvidos, mas também com todos nossos sentidos. Estejamos atentos e abertos a nos admirarmos e a nos maravilharmos. Nunca fomos tanto como quando fomos crianças. Aprendamos com elas. São nossas guias.

Por que um fato aparentemente banal como uma criança que faz um desenho no chão é, hoje, um tesouro? Por que parece impossível imaginar que esse fato possa ocorrer em uma cidade grande? A brincadeira real está desaparecendo em nossa sociedade e sendo substituída por imitações artificiais?

FIGURA 3.1 - Marcas no chão.

Os adultos brincam de quê?

Algo vai mal. Na escola, nas casas, nas ruas, brinca-se... cada vez menos. Esse fato, que pode ser comprovado todos os dias ao nosso redor, não é casual nem gratuito. Tanto na escola como nas famílias e em outros espaços, a brincadeira é a grande prejudicada. Isso tem aumentado, e há quanto tempo vem acontecendo? E – acima de tudo – por que isso tem ocorrido?

É certo que as grandes cidades, distantes de um ambiente natural, não favorecem a existência de espaços e de tempos de liberdade para brincar com os outros. Quem brinca na rua hoje como quando éramos crianças? Transmitir jogos populares tradicionais enraizados em nossa cultura para nossos filhos está se tornando cada vez mais difícil, porque os pais têm menos tempo para isso; os avós, muitas vezes, moram longe ou, até mesmo, trabalham; e as cidades são o lar de culturas muito diversas, sem uma ligação de identidade comum, sem laços de comunicação reais entre si, e carecem de espaços adequados para a brincadeira livre.

Observemos os lugares que crescem ao nosso redor para a brincadeira de meninos e meninas em cidades enjauladas e poluídas: parques temáticos, com propostas homogêneas, fechadas, alienantes, sem traços de identidade própria, cheias de clichês e de estereótipos. Parques infantis segregados e delimitados, "chiqueirinhos", nas palavras de Lourdes Gaitán, socióloga cofundadora da associação Grupo de Sociología de la Infancia y Adolescencia[2] (GSIA), cidades que são lugares "mais para passar do que para estar" (Oliver, 2020), ruas cheias de carros, poucas pessoas, espaços inóspitos, poucas zonas pedonais etc. Quase nada a serviço da habitabilidade, quase tudo a serviço da economia. Porém, como nos lembra o grande educador Francesco Tonucci (2014), "Uma cidade feita sob medida para as crianças é uma cidade que funciona bem para todos".

No âmbito familiar, vivemos em uma sociedade que muda com rapidez. Os modelos familiares de ontem, hoje, já não nos servem mais. Antes, havia muitos irmãos, muitos primos, muitos vizinhos etc.; agora, existem muitos filhos únicos, com poucos irmãos, com apenas um dos pais, com pais que trabalham ou que são cuidados por outras pessoas. Além disso, o espaço nas casas é muito menor se o compararmos com o número de lugares diferentes aos quais uma criança tinha acesso antes

[2] N. do E.: Grupo de Sociologia da Infância e da Adolescência, em tradução livre.

sem sair do lar. Antes, havia brincadeiras e relações sociais; agora, existem mais jogos solitários.

O conceito de ***brincadeira*** foi alterado e substituído pelo de ***brinquedo*** como objeto de consumo. Bem conhecido é o exemplo em que as crianças preferem brincar com a caixa que abriga o brinquedo comercial. Há, também, uma séria substituição de experiências reais por experiências virtuais: acesso aos ***videogames***, à televisão, aos computadores, aos telefones celulares etc., que desenvolvem apenas um certo tipo de habilidade, em claro detrimento à brincadeira no mundo real e à socialização que esta acarreta no campo da experiência sensível. Trata-se da digitalização do objeto para a criança, mas que também afeta a relação adulto-criança na perda da qualidade afetiva. O psicólogo infantil Vicenç Arnaiz Sancho (2015) nos diz:

> Por isso devemos estar atentos para que nem as realidades pré-fabricadas, nem a ênfase dada "nos falares", nem a digitalização da vida acabem por algemar a criança. [...] Observem a expressão de uma criança abandonada inesperadamente em uma brincadeira porque quem a educa se deixa prender pelo celular.

A situação de isolamento em casas e o fechamento de escolas durante a pandemia de Covid-19 exacerbou e agravou esse predomínio do virtual sobre o real.

Além de todos esses aspectos relacionados à qualidade dos espaços e das interações sociais e afetivas, existe outra questão relacionada ao tempo de que as crianças dispõem para brincar. Os problemas de estresse que existem para os adultos também afetam o mundo da infância. É cada vez mais comum observar que, quando as crianças saem da escola, participam de atividades extracurriculares de todos os tipos, e, depois disso, só têm tempo de jantar e de ir dormir. As razões para esses eventos são variadas: por um lado, existe o desejo dos pais de oferecer aos seus filhos todas as oportunidades que, muitas vezes, não tiveram, além de razões de preparação para um mundo cada vez mais competitivo desde a primeira infância; por outro, em um nível menor, para as famílias, também é mais confortável que as crianças estejam ocupadas, visto que isso concede tempo para o trabalho doméstico.

A verdade é que pais e mães passam cada vez menos tempo com os filhos, e estes estão sendo privados de um tempo precioso, irrecuperável para o brincar. Cientes desses novos problemas, muitos pais mantêm uma consciência ativa a esse respeito e zelam pela qualidade do tempo que passam com os filhos, exigindo opções políticas concretas que favoreçam a quantidade e a qualidade dos espaços públicos e dos tempos de convivência.

Brincar na escola?

A escola tampouco se alheia a esse preocupante fenômeno.

Em primeiro lugar, há um uso indiscriminado da palavra *jogo*[3], por exemplo, que, como coringa, é usada para designar ações muito diferentes. Assim, falamos de jogos educativos ou jogos programáticos. Na verdade, referem-se a atividades escolares que pertencem ao âmbito da programação curricular, mas nada têm a ver com a brincadeira livre ou espontânea.

Em contrapartida, no campo da brincadeira e da aprendizagem, é muito comum usar "brincar para", ou seja, motivar meninos e meninas por meio de jogos, de brincadeiras e de situações lúdicas para que, uma vez captada a atenção, sejam introduzidos conceitos fechados e objetivos dos pontos de interesse programados sugeridos, em muitas ocasiões, por um livro de cartões. Isso coloca o jogo e a brincadeira em uma posição de segundo plano, uma péssima desculpa para coisas aparentemente "mais profundas e importantes".

[3] N. do E.: destaca-se que, em espanhol, o termo "*juego*" tem um duplo sentido, podendo significar jogo ou brincadeira.

No decorrer do cotidiano em sala de aula, também é muito comum oferecer tempo de brincadeira às crianças que cumpriram uma tarefa agendada, como recompensa, de modo que aqueles que não terminarem o que é necessário não tenham acesso a esse tempo lúdico, que, sem dúvida, torna-se uma privação. A brincadeira também é usada como um simples preenchimento entre duas tarefas, para ocupar um tempo de espera, como um entretenimento superficial.

E é o momento do recreio, um desabafo em massa, nos pátios desalmados, sem propostas, momento único, em que o brincar é relegado a uma mera liberação da energia acumulada. Conceito de brincadeira física, condescendida, no sentido de ser algo errático, improvisado, desordenado, inconsequente e superficial.

Reflitamos sobre o fato de que, em muitos casos, são apenas esses tempos, quase clandestinos, aqueles dedicados ao brincar. Isso é suficiente?

Pobre brincadeira, usada ou permitida com relutância, relegada a um triste prêmio pelo cumprimento de horários fechados, por lições bem-feitas, ou a um subterfúgio para tarefas mais "sérias"...

Há um paradoxo dentro das escolas: dizem que as portas para a brincadeira estão abertas, mas, na verdade, elas estão apenas entreabertas. Como assinala Mari Carmen Díez Navarro (2011), "as 'coisas sérias' opõem-se às coisas do brincar. No entanto, brincar é uma coisa muito séria".

Realmente queremos esse papel para as brincadeiras em nossos centros educacionais? O que pensamos, dizemos e sentimos sobre o brincar e o que fazemos sobre ele na sala de aula estão em harmonia?

Cabe o questionamento sobre os motivos pelos quais tanto no contexto educacional como no familiar e no social existem essas atitudes adversas a que se brinque de fato e essas dúvidas intrínsecas ao valor educativo da brincadeira, tomando-a, por vezes, como uma perda de tempo. No entanto, ela é a atividade mais completa, abrangente e criativa que as crianças podem realizar.

Respostas ante um problema crescente

Os motivos dessa perda do sentido e do valor do brincar na infância não são fruto do acaso, mas fazem parte de uma rede que afeta a educação em um contexto amplo. O aumento dos valores tecnocráticos, competitivos, de rentabilidade e eficiência, de busca rápida de resultados em detrimento de modelos harmoniosos, sociais, globais e interativos é um cenário que, com preocupação e inquietação, vemos crescer ao nosso redor na educação e em outras tantas esferas sociais e culturais. A Pedagogia não pode ser neutra diante dos avanços desses modelos técnicos e desumanizados. Loris Malaguzzi (Malaguzzi *et al.*, 1985) nos diz "Se, hoje, estamos em uma época em que o tempo e os ritmos das máquinas e do lucro são modelos opostos aos tempos humanos, então, é necessário saber em que pé estão a Psicologia, a Pedagogia e a Cultura".

A questão subjacente é a imagem ambivalente e estereotipada da infância que permeia a sociedade influenciada por esses modelos de pensamento. Seguindo as palavras do grande pedagogo:

> Por um lado, uma criança que não cresce, e, por outro, uma criança que já cresceu [...] numa espécie de mania obsessiva, intelectual e materialista que quer acelerar o crescimento e a produtividade cognitiva da criança ao retirá-la de seus ritmos e tempos de brincar e de saber, defraudando-a como personalidade complexa e unitária e violando os direitos que lhe correspondem. (Malaguzzi *et al.*, 1985)

Lembremos que o Direito de Brincar está contido no Artigo 31 da Convenção sobre os Direitos da Criança de 1989, e é fato que, dada a grave situação do brincar na infância, em 2013, o Comitê do Direitos da Criança da Organização das Nações Unidas (ONU) confeccionou o

Comentário Geral nº 17, no qual exortou e lembrou os países membros de respeitarem a necessidade das crianças de brincar.

A magnitude do problema é tal que, atualmente, em todo o planeta, surgem movimentos de influência crescente, compostos por diversas equipes de profissionais de Educação, Psicologia, Etologia, Neurologia etc. para difundir na opinião pública a defesa da brincadeira espontânea como direito da criança, como valor e como patrimônio a ser protegido, que alerta para as graves consequências que a sua privação teria para o futuro do ser humano.

Exemplos consolidados dessas iniciativas são, entre outros, projetos como: ***Imagine Elephants***,[4] na Europa, com mais de 30 colaboradores, uma iniciativa transmídia em defensa da brincadeira espontânea; na Itália, ***Cittá dei Bambini***,[5] projeto idealizado e dirigido por Francesco Tonucci para projetar cidades habitáveis da perspectiva das crianças e, inspirada nesse projeto, surgiu, na América Latina e na Espanha, ***La ciudad de los niños y las niñas***;[6] diferentes projetos brasileiros, como a ***Casa das Cinco Pedrinhas***, com sedes em diferentes cidades, criado pela pesquisadora e educadora Lydia Hortélio, um espaço de brincadeira livre e irradiação da cultura da infância; também no Brasil, o ***Mapa do Brincar***, publicado pela ***Folhinha***, caderno voltado ao público infantil, do jornal ***Folha de São Paulo***, cujo objetivo foi reunir opiniões infantis, além de apoiar a memória e a riqueza das brincadeiras tradicionais brasileiras; o documentário ***Território do Brincar***; o projeto de formação ***Pedagogia Subjetividade***, para uma formação de qualidade e coerência educacional baseada na investigação, na escuta e no brincar como alternativa, liderado pelas educadoras e pesquisadoras Tais Romero, no Brasil, e Alejandra Dubovik e Alejandra Cippitelli, na Argentina; liderado por essas últimas profissionais, na Argentina, o projeto ***Territorios de Juego y Exploración***,[7] do Jardim de Infância Fabulinus, em uma rica proposta de diferentes cenários

[4] N. do E.: Imagine Elefantes, em tradução livre.
[5] N. do E.: Cidade das Crianças, em tradução livre.
[6] N. do E.: A Cidade dos Meninos e das Meninas, em tradução livre.
[7] N. do E.: Territórios da Brincadeira e da Exploração, em tradução livre.

lúdicos que geram conhecimento e propostas criativas; na Itália, o reconhecido projeto educacional de referência mundial das escolas municipais de Reggio Emilia, com Loris Malaguzzi como ideólogo; na Espanha, os projetos ***Instalaciones de Juego***[8] e ***Enterarte***,[9] de Javier Abad Molina e Ángeles Ruiz de Velasco Gálvez, girando em torno de ações lúdicas com intenções estéticas em contextos relacionais de jogo simbólico; ***Escuela de Proximidad***,[10] um projeto de Ángeles e Isabel Abelleira Bardanca, de educação para a proximidade ligada à vida, e não à rigidez da programação; o projeto coerente de creches municipais de Pamplona, inspirado em Reggio Emilia; o projeto ***Juegos de Configuración***,[11] de Miguel Castro e Vega Martín, sobre espaços criativos para jogos artísticos e de movimento; o projeto ***La Violeta: espacio para el juego y la comunicación, por una Infancia sana***,[12] elaborado por Gema Cotallo; o grupo de brincadeiras na natureza ***Saltamontes***,[13] cofundado por Katia Hueso; ***El Nou Safareig***,[14] um projeto promovido por Carme Cols e Pitu Fernàndez sobre a articulação construtiva de espaços externos como ambientes de brincadeiras.

Além disso, pode-se citar muitos profissionais, todos eles com inúmeras publicações e reflexões sobre o valor do jogo espontâneo: Alicia Vallejo, Vicenç Arnaiz Sancho, Penny Ritscher, Peter Gray, Mari Carmen Díez Navarro, entre outros. Nesse sentido, Mari Carmen nos lembra, em poucas palavras, que sintetizam claramente a situação: "Brincar é uma urgência pedagógica" (Díez Navarro, 2006).

Pode-se mencionar muitos outros, porque cada vez mais iniciativas se agregam e aparecem em todos os lugares, em diferentes continentes e países. Uma inspiração para todos nós que nos dedicamos à educação e um apelo ao poder coletivo da esperança.

[8] N. do E.: Instalações da Brincadeira, em tradução livre.
[9] N. do E.: Descobrir, em tradução livre.
[10] N. do E.: Escola da Proximidade, em tradução livre.
[11] N. do E.: Jogos de Configuração, em tradução livre.
[12] N. do E.: A Violeta: espaço para a brincadeira e para a comunicação, por uma Infância sã, em tradução livre.
[13] N. do E.: Gafanhotos, em tradução livre.
[14] N. do E.: O Novo Quintal, em tradução livre.

Nós, profissionais da educação, devemos estar atentos, pois de forma intencional, não neutra, irresponsável, perigosa e não acidental, o tempo do brincar está sendo relegado em favor dos resultados imediatos pelos defensores dos paradigmas neoliberais, positivistas e competitivos. Se não quisermos uma sociedade homogênea, sem espírito crítico, com valores e pensamentos únicos, devemos garantir, desde as primeiras etapas de vida e de aprendizagem, experiências lúdicas que, de forma rica e diversa, coloquem meninos e meninas em situações de confronto, de prazer, de experimentação, de desenvolvimento, de criatividade, de estruturação das relações sociais e afetivas. As brincadeiras infantis podem ser inocentes, mas nunca irrelevantes.

Michael Ende, em seu famoso livro *Momo*,[15] já antecipava a presença dos invisíveis "homens cinzentos", ladrões do tempo, metáfora do valor mais precioso que o ser humano pode ter. Nossa missão como educadores é resgatar essa pilhagem de tempo desde a infância, concedendo um tempo amplo, consciente e generoso para a brincadeira.

O que é o brincar?

Em primeiro lugar, brincar é um ato de criação. É o meio pelo qual meninas e meninos expressam sua maneira mais genuína de ser. É a forma como a cultura da infância se expressa.

É um campo de teste, sem risco, para experimentar o que está dominado, testar o que está para ser alcançado, testar o que ainda não se sabe... Os protagonistas não são pressionados por julgamentos, nem pela possibilidade de erro, pois, se falharem, sempre podem começar de novo.

---

[15] N. do E.: romance infantojuvenil alemão, originalmente publicado em 1973. Nessa obra da literatura fantástica, a protagonista é Momo, uma menina encontrada nas ruínas de um anfiteatro, que desconhece suas origens. Os antagonistas são os homens cinzentos, parasitas paranormais que roubam o tempo dos humanos e representam uma grande corporação (um banco de tempo).

É uma mistura entre seriedade e prazer. Brinca-se por prazer e por necessidade. É um estado de espírito particular: o lúdico, com a leveza do "agir como se", com suas próprias regras e normas internas acordadas por seus participantes.

É uma ação livre, espontânea, voluntária, sem intervenção nem interferência. Não deve ser dirigido nem processado pelo adulto. Requer tempos longos e tranquilos. Precisa de fé e confiança em sua sabedoria interior. Move-se no mundo da incerteza. Não tem um fim, pois brincar é um fim em si mesmo.

É feito no presente contínuo, com atenção plena. Envolve concentração no processo, não no resultado. Não é uma perda de tempo. Suas implicações são em longo prazo. A esse respeito, o filósofo Humberto Maturana ressalta "Brinca-se quando prestamos atenção ao que se faz no momento em que se faz, e isso é o que nossa cultura Ocidental agora nos nega, chamando-nos continuamente para prestar atenção às consequências do que fazemos, e não no que fazemos" (Maturana e Verden-Zöller, 2003).

Uma resposta individual e compartilhada que transforma, desenvolve e faz o sentido da realidade evoluir. Desenvolve autonomia e serve para elaborar a própria identidade. De forma natural, aciona todos os recursos emocionais, sociais, cognitivos e criativos. Desenvolve múltiplas capacidades.

Trata-se de um marco privilegiado de aprendizagem em interação com outros: entre pares, com adultos e individualmente. É o grande mediador para entender os papéis sociais.

Ao brincar, o real sentido das coisas é alterado. Na brincadeira, a função dos objetos se transforma, eles são dotados de um valor simbólico. É uma síntese do pensamento criativo e do pensamento divergente. É um ato de pura criação.

Quem organiza a brincadeira? O sopro misterioso que impulsiona a aprendizagem

Uma menina está brincando. Tenta fazer uma torre com blocos. Eles caem. Volta a tentar. Eles caem novamente. Usa novas estratégias. Coloca-os de maneira diferente. Fica um pouco mais alto e mais difícil a cada peça... Talvez essa menina esteja com fome, com sede ou alguma outra necessidade física, mas não parece se importar. O desafio a ser resolvido é a prioridade, é o impulso do aprendizado. Sopro misterioso e tirânico, que nos impulsiona desde que nascemos e nos faz esquecer as necessidades mais básicas, ao estarmos apaixonadamente envolvidos em uma brincadeira. Ou, talvez, seja um guia interior que sussurra "*Explore os seus limites. Vá um pouco mais longe. Você consegue!*". Então, perguntamo-nos: Quem programa a aprendizagem para a vida de forma tão perfeita e individualizada? De onde vem seu projeto oculto e complexo? Ou, como disse Rosario Ortega (1988), como o brincar atua naturalmente em nossa zona de desenvolvimento proximal?

> A relação entre brincadeira e desenvolvimento é semelhante à relação entre instrução e desenvolvimento. Na brincadeira, a criança está sempre um pouco acima de suas habilidades, como dona de uma situação que exige um nível mais alto do que a ação espontânea normalmente exige dela. É nesse sentido que podemos afirmar que, para Vygotsky, as situações lúdicas teriam uma estrutura semelhante às que definiu como *zonas de desenvolvimento potencial*.

Por isso, é incorreto considerar a brincadeira algo apenas prazeroso; ela é algo que se insere entre as necessidades da criança, e o sucessivo amadurecimento das necessidades é um tema central do desenvolvimento. Esclarece-se que o desenvolvimento não se refere somente a aspectos cognitivos, mas também a aspectos afetivos e relacionais, em estreita conexão e evolução maturacional. Diz-nos Vicenç Arnaiz Sancho (2017, p. 21): "A escola de Educação Infantil faria bem em considerar o acesso às capacidades relacionais (códigos, estratégias, atitudes etc.) e o amadurecimento delas como um objetivo que requer não só condições favoráveis, mas também acompanhamento".

Essa interessante reflexão nos coloca como professores em confronto com um tema estimulante: propor a ação docente com base na essência e na observação da brincadeira livre, para intervir com propostas interessantes e complexas que vão além do desenvolvimento natural das brincadeiras. Não para atingir metas planejadas com antecedência, mas para intervir com base em intenções abertas e ir um pouco mais longe. Portanto, se, como Vygotsky (1984) nos diz, as situações lúdicas se assemelham às zonas de desenvolvimento potencial, nós, professores, podemos nos assemelhar a intensificadores ou catalisadores dessas situações lúdicas ao intervir na zona de desenvolvimento proximal.

O funil ou o leque: a metáfora da escolha

A desvalorização do brincar no âmbito da sociedade cria um dilema profissional. Existe um conflito entre as famílias que exigem aprendizagem formal tradicional e os professores que sentem essa pressão e acham necessário responder com resultados visíveis. Faz parte da tradicional dicotomia brincadeira-aprendizagem: "no recreio, você brinca, e, no resto do tempo, você aprende". Educadores, na urgência de responder com soluções concretas a esse fato de forte pressão midiática, às vezes, relegam o brincar a segundo plano, quando entendem que brincar e aprender são termos de difícil acordo no contexto escolar.

Esse problema de confronto piorou durante o isolamento, e o uso de cartões para apoiar o trabalho em casa aumentou de maneira preocupante. Em muitas ocasiões, damos respostas tradicionais e homogeneizadas, não tanto por convicção íntima, mas por falta de confiança real na importância da brincadeira e em como mostrar as consequências positivas dela ao exterior. Existe um medo implícito de que sejamos vistos como improdutivos ou anárquicos. Os cartões escolares, em sua pobreza unificadora e estereotipada, oferecem uma rápida justificativa de um trabalho realizado, por mais simples ou estéril que seja.

Entretanto, há outras opções possíveis, condizentes com uma rica imagem da infância, porque abrir as portas à brincadeira nas escolas é uma opção real. É perfeitamente possível organizar a tarefa pedagógica com base no brincar, sem cair em posturas improvisadas. Equilíbrio entre a escuta, o olhar aberto e a organização rigorosa. Ouvir a brincadeira é projetar a ação de forma ampla, para diversificar e enriquecer o que se observa com novas propostas. Se valorizarmos a brincadeira na escola como uma atividade completa em si mesma, apoiaremos uma grande força social, ecológica, política e cultural.

Pensemos em duas metáforas que aludem a pontos de vista ou situações opostas: o funil, que concentra e iguala a diversidade, transformando-a numa resposta única, ou o leque, que se abre a todas as oportunidades, sugestões e possibilidades que a escuta atenta nos traz.

Figura 3.2 - O funil ou o leque?

O papel do educador no cenário da brincadeira espontânea: planejamento - intervenção - observação

Qual é o papel do educador na brincadeira espontânea?

Buscaremos responder a essa questão com base em três vertentes de prática:

- O planejamento do ambiente para a brincadeira.
- A intervenção do adulto.
- A observação e a documentação.

O planejamento do ambiente para a brincadeira

O planejamento do ambiente para a brincadeira requer considerar uma série de critérios prévios de organização. Organizar espaços, materiais e tempos de forma adequada para facilitar o brincar com acesso livre e autônomo de seus participantes.

O ambiente nunca é neutro. Independentemente de estarmos cientes disso ou não, os espaços estão carregados de mensagens não verbais, de linguagens não faladas, silenciosas, que movem comportamentos. Para organizar os espaços adequados à brincadeira, não existem organizações espaciais que possam ser consideradas exemplares ou ideais. Os espaços devem estar sempre ajustados às características do contexto em que se inserem, aos interesses das crianças e às intenções educativas dos adultos que os planejam.

De uma forma geral, podemos nos referir a ***espaços*** como: calorosos; amigáveis; organizados com sentido estético; distantes dos estereótipos da imagem; bem-estruturados; ordenados; equilibrados nos seus estímulos; diversos; com identidade e clareza; favorecedor da comunicação e da autonomia; estimulador do pensamento criativo e da complexidade; organizado sob a forma de propostas definidas e diferenciadas em diferentes áreas, com clara delimitação em relação a outras áreas próximas.

Materiais e elementos naturais, como: ar; luz; sombra; terra; água. De preferência, abertos, por exemplo: caixas; areia; cordas; bolas; botões; pedras; lã; almofadas; balões; espelhos; argila; tecidos; blocos; papel; papelão; conchas; folhas; tampas; penas; lanternas; esponjas etc.

É necessário considerar *os tempos* como um fator no planejamento. Tempos longos, amplos, tranquilos, que devem ser planejados de forma intencional. Por meio de rituais de início e fim, previamente combinados com os pequenos. Por exemplo, o som de uma música que os inicia; um jogo de gestos corporais ou de desenhos; o aparecimento de uma marionete que anuncia o início da brincadeira; o som de um instrumento musical;

um aroma etc. O final do tempo de brincar não deve ser abrupto nem sujeito a limites de tempo estreitos, mas deve ser pensado de forma ampla, para que possa seguir seu modo natural de desenvolvimento.

A intervenção do adulto

Qual a atitude mais adequada do adulto no palco da brincadeira?

Para nós, educadores, não existe um papel único, mas, sim, múltiplos: às vezes, poderemos ser uma ajuda para encontrar um recurso, interlocutores válidos exigidos pelas crianças em suas brincadeiras, alguém que intervenha para tornar um ambiente mais complexo, para registrar e documentar o que acontece, para acompanhar os diferentes grupos com um olhar cúmplice, para dialogar depois da brincadeira e saber o que sentiram ou propor a sua expressão gráfica etc.; outras vezes, o mais adequado será que nos retiremos para observar; e, ainda, haverá ocasiões em que a nossa ajuda poderá servir como uma opção entre muitas.

"Um professor com uma atitude entusiasta e uma formação que lhe permite não só aprender sobre as brincadeiras das crianças, mas também implementar ferramentas com as quais possa participar sem interferir", Ana María Porstein (2009) esclarece.

Docente com disposição aberta, ouvinte, respeitosa e não intrusiva nas ações infantis, respeitando os interesses das crianças, sintonizando-se com suas propostas e seus pontos de vista, não se sobrecarregando com julgamentos e discursos inúteis, ouvindo silenciosamente e, ao mesmo tempo, atento.

Um professor que tenha uma atitude facilitadora, de disponibilidade; que esteja presente e se comunique com um ludicidade, criando um ambiente alegre e seguro; que seja flexível e mude de direção se necessário; que não tente impor sua opinião, respeitando os tempos das crianças; que compartilhe emoções e promova autonomia, interação e trocas entre iguais.

A observação e a documentação

Um último ingrediente, essencial para estabelecer uma ação do trabalho pedagógico com base na brincadeira, é a observação rigorosa desta.

Qualquer planejamento para as crianças deve começar por elas próprias. Ao observar suas brincadeiras, é possível conhecer, de forma natural, suas necessidades, seus interesses, seus conhecimentos prévios, suas estratégias de aprendizagem, bem como a quantidade e a qualidade das inter-relações socioafetivas e cognitivas estabelecidas com seus pares. Por conter todos os momentos de desenvolvimento de forma condensada, torna-se uma plataforma de observação privilegiada, com base na qual é possível atuar na zona de desenvolvimento proximal.

Essa observação, nas palavras de Alfredo Hoyuelos e Isabel Cabanellas (1994), seria:

> [...] não de verificar os fatos, mas, sim, de propor hipóteses provisórias sobre o que se observa, concedendo, assim, mais possibilidades ao ainda inatingível pensamento infantil para exibir todas as suas faculdades, sem aqueles preconceitos que arrastariam a criança para nos mostrar como gostaríamos de vê-la, mas não como ela é.

Por isso, evito, de modo consciente, o termo ***objetivos pedagógicos***, porque entendo que, ao fixar objetivos de antemão, delimita-se o olhar e, portanto, empobrece-se e simplifica-se toda a riqueza de resultados possíveis que o mundo infantil nos oferece. Prefiro falar de ***intenções*** em um sentido amplo, que nos abra caminhos em uma gama de possibilidades.

Trata-se de um modelo que se enquadra na clássica categorização da pesquisa-ação, que consiste em uma série de ações desenvolvidas em espiral: observação, reflexão, planejamento, execução, nova observação. Isso possibilita abrir novas possibilidades ao que se observa no desenvolvimento da brincadeira espontânea.

- Tem-se base em uma observação realizada num contexto da brincadeira espontânea que tenha chamado a atenção das crianças, ressaltando os protagonistas envolvidos.
- Contexto espacial em que foi produzida.
- Possível extensão como proposta.
- Recursos necessários para executá-la.
- Planejamento do processo.
- Prática dos conteúdos desenvolvidos.
- Nova observação da nova situação.
- Avaliação.

Documentar o observado: valorizar a ação docente e a cultura da infância

Os processos de ação observados devem ser adequadamente registrados e documentados, de forma gráfica e audiovisual. Ao documentar e registrar o que aconteceu, damos identidade, força, valor e visibilidade ao nosso trabalho, às ações infantis, que, de outro modo, permaneceriam anônimas. Essas referências documentais são o suporte social da escola: o que não é visto não existe.

Registrar, documentar, estruturar, explicar, visibilizar os processos da vida das crianças é engrandecer nosso trabalho docente. Ao apresentar para as famílias um dossiê dos processos e dos avanços nas sessões de brincadeiras e de jogos, atuamos de forma simultânea em vários campos: porque partilhamos o sentido de nossa ação docente com toda a comunidade educativa; porque defendemos as ações inteligentes dos meninos e das meninas; e, ainda, porque transferimos uma mensagem sobre o valor da brincadeira em si, para que, assim, sua ação benéfica se estenda para fora do ambiente escolar e seja respeitada como um ato de valor educativo predominante.

Por fim, ao observar e documentar as ações da brincadeira, temos um material para abrir novas propostas nas aulas seguintes. É um material valioso de formação interna para as equipes. Quando observamos com a mente aberta, convertemo-nos em investigadores da prática, aprendemos sobre as crianças, sua cultura e suas estratégias, suas ações nos surpreendem e nos sugerem novos questionamentos: O que aconteceria agora se...?

As brincadeiras tradicionais: uma proposta

Vamos observar meninos e meninas em brincadeiras tradicionais: amarelinha, bolinha de gude, corda, esconde-esconde, pião, roda, elástico, pescaria etc. Eles medem, calculam, falam, riem, discutem, saltam e correm, equilibram-se, seguem ritmos, coordenam-se com os outros... Pensemos, agora, como professores, no compêndio de competências que se colocam em jogo. Não é fascinante que brincadeiras aparentemente simples reúnam tantos desenvolvimentos? Quantas listas de habilidades e de objetivos podemos obter de uma singela brincadeira de roda?

Essa riqueza legada pela tradição, como um tesouro, é apresentada a nós sob uma nova luz, na qual a reconhecemos com respeito e admiração à profunda sabedoria daqueles antepassados que souberam resumir um mundo inteiro em propostas simples e interessantes. Uma lição autêntica do que acarreta um pensamento e uma ação globalizados. Como professores, estamos gratos e comprometidos em transmitir e ensinar nossos meninos e meninas a brincarem como no passado, com a segurança e a certeza de oferecermos ações ricas, interessantes e complexas, porque ***brincar*** é um termo com um sentido amplo: um ato espontâneo e, também, de aprendizagem em comunidade.

Contemplar a brincadeira na escola também significa transmitir tradição, cultura, a memória de um tesouro de propostas que cativaram gerações. Brincadeiras tradicionais, ao ar livre, de regras, de mesa... Com materiais simples, ou acompanhadas apenas pelo corpo e pela voz, porque o que antes nos era dado não está garantido hoje. E a escola, diante de um fato social como a perda gradativa da transmissão oral das brincadeiras tradicionais, em sua função de compensar as desigualdades sociais, deve atuar como elemento protetor dessa grande força cultural.

Ángeles e Isabel Abelleira Bardanca (2020, p. 251) abordam a questão:

> Com frequência, lamentamos que as crianças não saibam brincar, mas quantas vezes as ensinamos a fazê-lo? Somos muito favoráveis aos jogos de mesa tradicionais (jogo da velha, ludo, baralho espanhol...) e às brincadeiras populares na área externa (de bola, de esconde-esconde, de roda, de elástico, de amarelinha...) e, por isso, quando o tempo o permite, aproveitamos as últimas horas para realizar o nosso trabalho do lado de fora.

Proposta de intervenção com base nas brincadeiras tradicionais:

- Fazer um levantamento sobre o patrimônio dos jogos e das brincadeiras tradicionais entre a comunidade educacional em que se insere.
- Planejar aulas nas quais se ensine a realizar cada uma das brincadeiras.
- Solicitar a presença de pais, mães, avós como participantes e transmissores.
- Em sessões posteriores, oferecer os materiais necessários para que os pequenos possam brincar com o que foi aprendido de modo espontâneo.
- Ao encerrar a sessão, as crianças podem representar graficamente o que fizeram e contar suas opiniões.
- Documentar com fotografias e desenhos das crianças. Elaborar um dossiê com cada brincadeira e suas regras.
- Paralelamente, os docentes podem escrever as capacidades implícitas desenvolvidas em cada brincadeira, visando à sua difusão entre as famílias e à compreensão de sua relevância educativa.

A amarelinha

Lateralidade
Simetria
Ordem e sequência numérica
Limites e áreas

Destreza gráfica
Proporções e medidas

Deslocamentos seguindo um itinerário
Saltar com um só pé e com ambos
Equilíbrio estático e dinâmico
Coordenação oculomotora
Jogar e pegar
Força e resistência
Controle postural
Destreza de cálculo dos movimentos

Resolução de conflitos
Entrar em acordo quanto às regras estabelecidas
Seguir as regras e lembrar-se delas
Ordem dos participantes
Hierarquias e anotação dos resultados

Autoestima
Sentimento de pertencimento ao grupo
Acordos e desacordos
Treino da paciência
Tolerância para aceitar o ganhador

FIGURA 3.3 - A amarelinha.

Cenários privilegiados de espaços ao ar livre

A escola de Educação Infantil forma um todo que é muito mais do que a soma de salas de aula. À maneira de uma casa ideal, é um espaço emocional, numa visão holística, em que o espaço é um todo orgânico: átrio, corredores, escadas, acessos, jardins e pátios, que precisam ser percebidos em osmose, gerando uma mensagem unificada e o favorecimento de experiências sensíveis que fluem de uma para outra de forma natural, sem cortes de espaço-tempo sem sentido. Conectando espaços externos e internos, fundindo e eliminando os tempos tradicionais de "recreação" num *continuum* exterior e interior, no qual a brincadeira e a atividade são uma coisa só.

Os espaços externos são os entornos propícios para o brincar. O termo *liberdade* adquire seu sentido mais pleno quando dito "*ar livre*".

Nestes novos tempos de retorno às escolas em meio à pandemia e de questionamentos, medos e dúvidas por parte dos profissionais e familiares sobre como acolher e construir uma nova escola com poucos riscos e garantia de ação educativa de qualidade, o projeto estruturado e a promoção da atividade escolar em espaços externos deve ser uma ação prioritária. Projetos marcantes e inspiradores, como *El Nou Safareig*, promovido por Carme Cols e Pitu Fernàndez, promovem a coleta e a troca de experiências em diferentes escolas na articulação construtiva de seus espaços ao ar livre. Em razão da pandemia, eles desenvolveram o projeto *Um olhar construtivo para repensar os pátios*, em parceria com a paisagista Inara Hasanova. Outra referência são os projetos de escolas florestais, que estão surgindo como movimento em todo o planeta, por exemplo, o projeto *Saltamontes*, de promoção à brincadeira na natureza, que é pioneiro na Espanha, cofundado pela bióloga Katia Hueso.

Propomos, portanto, rever, de forma criativa, os espaços do pátio e do jardim das nossas escolas, na sua extensão natural com o interior, em novas estruturas, para promover, também, sobretudo, a brincadeira espontânea, os jogos tradicionais e muitas outras ações de experimentação, de socialização, de aprendizagem no contato com os elementos naturais.

Como inspiração para esse projeto, propomos o esquema a seguir, que é definido por quatro grandes áreas que podem ser adaptadas a cada ambiente específico:

Atividade motora *Jogos simbólicos e de fantasia* *Experiências na natureza* *Brincadeiras tradicionais e com regras*

Tem base na pesquisa de Elinor Goldschmied (2005) e foi ampliado com novas propostas pessoais.

O pátio e o jardim da escola: ambientes e áreas de brincar

ATIVIDADE MOTORA
Correr, subir, arrastar-se, pedalar, empurrar, rodar, colocar, saltar...
Solos macios e firmes

FANTASIA E JOGOS SIMBÓLICOS
Inventar histórias, imaginar, simbolizar...
Casinhas, cabanas, tendas, caminhão, carro, barco, trem, ônibus...
Espirais, círculos, quadrados, labirintos...
Materiais abertos: caixas, tecidos, pedras...

EXPERIÊNCIAS NA NATUREZA
Água, luz, sombra, ar, terra, areia, poças...
Plantar, regar, cuidar de animais, de terrários, do jardim...

BRINCADEIRAS TRADICIONAIS E COM REGRAS
Amarelinha, brincadeiras de roda, de corda, de bambolê, de pião, de elástico, de corrida de sacos, de pipa, de bolinha de gude, jogo da tava ou do osso, jogo da rã ou do sapo, futebol de tampinhas...

Figura 3.4 - Espaços externos.

Fonte: Trueba Marcano (2021).

A defesa da brincadeira: uma bandeira permanente

Os educadores temos uma grande responsabilidade. Em nossas mãos, está a provisão e a arbitragem do tempo para a infância. Não nos esqueçamos dos horários prolongados que podem – e devem – ser contemplados deliberadamente em nossas programações; das ações em favor do brincar que podemos realizar em nossa comunidade educativa; de introduzir o assunto nas reuniões com as famílias; de observar o que fazemos ou podemos fazer sobre esse tema nas nossas salas de aula; da nossa intervenção ou não intervenção; e, por fim, da consciência da defesa da brincadeira como fator educativo de primeira ordem.

Os maiores teóricos da educação endossam e trazem para nós um elemento de inspiração: Piaget, Freire, Malaguzzi, Vygotsky, Freinet, Luria, Bruner, Neill, Maturana, Lodi, irmãs Agazzi, Montessori, Pikler, Stern, Froëbel, Morin, Bateson, Tonucci, Bronfenbrenner... Com todos eles, e muitos mais, aprendemos qual é o significado profundo de nossa profissão, da escuta da infância, da brincadeira e da palavra *vocação*. Diante disso, podemos delegar a confiança de nossa ação profissional a qualquer empresa de materiais didáticos guiada por interesses mercantilistas? São comparáveis? Como podemos defender os meninos e as meninas dos modelos simplistas e empobrecidos? O que (ou quem) evitará que, cada vez mais, nas escolas, sejam os cartões didáticos o modelo único, a triste referência de uma educação para o adestramento, ou seja, os inquietantes e perigosos programas de educação precoce? Podemos nos perguntar por que a criança que não brinca só pensa em brincar?

Como evitar que roubem da infância seu maior tesouro em uma sociedade cada vez mais voltada para os valores materiais e externos?

Como defesa e apelo urgente ao conjunto de profissionais que trabalham na Educação Infantil, identificados como defensores de modelos alternativos e inovadores, coloquemos o brincar nas nossas escolas de forma lúdica, profissional, transgressora e plenamente consciente.

Portanto, vamos transformar o brincar em uma bandeira e em um currículo de referência em tempos sombrios. Porto seguro para novos profissionais que se incorporarem com entusiasmo e preocupação. E, claro, um elemento valioso para observação, conhecimento e reflexão.

Vamos entrar na brincadeira! Pelos nossos meninos e nossas meninas, pela sociedade em que estamos inseridos, pelos que nos precederam, pelos que virão e, também, por nós, porque o brincar é um elixir da eterna juventude. E, de verdade, como pode alguém ser professor sem gostar de brincar?

Referências

ABELLEIRA BARDANCA, Ángeles; ABELLEIRA BARDANCA, Isabel. ***O pulsar do cotidiano de uma escola da infância***. São Paulo: Phorte, 2020.

ARNAIZ SANCHO, Vicenç. Mano educadora. ***Es Diari***, Menorca, 2015. Disponível em: http://3.bp.blogspot.com/-kmsTQlWDM5I/VNdUiWRLMoI/AAAAAAAACEc/AHEQ7cX2unI/s1600/INFANCIES_mano%2Beducadora.jpg. Acesso em: 22 set. 2021.

ARNAIZ SANCHO, Vicenç. De cómo las escuelas pueden aportar herramientas para el bienestar de las criaturas. ***Aula de Infantil***, n. 91, p. 19-23, jul. 2017. Disponível em: https://consejoescolar.educacion.navarra.es/web1/wp-content/uploads/2017/11/1343.pdf. Acesso em: 22 set. 2021.

CABANELLAS, Isabel; HOYUELOS, Alfredo. ***Mensajes entre líneas***. Pamplona: Patronato Municipal de Escuelas Infantiles, 1994.

COMMITTEE ON THE RIGHTS OF THE CHILD. ***General comment No. 17 on the right of the child to rest, leisure, play, recreational activities, cultural life and the arts (art. 31)***. Geneva: UN, 2013.

DÍEZ NAVARRO, Mari Carmen. ***Los pendientes de la maestra***: o cómo piensa una maestra en los niños, las escuelas, las familias y la sociedad de hoy. Barcelona: Graó, 2011.

DÍEZ NAVARRO, Mari Carmen. Quiero jugar. ***Información***, Alicante, 27 dic. 2006.

GOLDSCHMIED, Elinor. ***Educar en la escuela infantil***. Barcelona: Graó, 2005.

MALAGUZZI, Loris *et al*. ***L'occhio se salta il muro***. Madrid: Ministerio de Educación y Ciencia-Comunidad de Madrid, 1985.

MATURANA, Humberto; VERDEN-ZÖLLER, Gerda. *Amor y juego*: fundamentos olvidados de los humanos. Santiago, Chile: J.C. Sáez, 2003.

OLIVER, Diana. ¿Son las ciudades actuales entornos adecuados para los niños? *El País*, Madrid, 22 jul. 2020. Disponível em: https://elpais.com/elpais/2020/07/21/mamas_papas/1595311824_474880.html. Acesso em: 22 set. 2021.

ORGANIZAÇÃO DAS NAÇÕES UNIDAS (ONU). Convenção sobre os direitos da criança. Nova York: ONU, 1989. Disponível em: https://www.unicef.org/brazil/convencao-sobre-os-direitos-da-crianca. Acesso em: 22 set. 2021.

ORTEGA, Rosario. El juego infantil: revisión de la teoría de Vygotski. *Revista Investigación en la Escuela*, n. 4, p. 19-24, 1988.

PORSTEIN, Ana María. La espontaneidad en el juego y el movimiento en la educación infantil. *In*: HARF, Ruth *et al*. *El Juego en la educación infantil*: crecer jugando y aprendiendo. Madrid: Novedades Educativas, 2009. (Colección 0 a 5 – La educación en los primeros años).

RITSCHER, Penny. *El jardín de los secretos*: organizar y vivir los espacios exteriores de las escuelas. Barcelona: Octaedro, 2006a.

RITSCHER, Penny. *¿Qué haremos cuando seamos pequeños?*: hacia una intercultura entre los adultos y los niños. Barcelona: Octaedro, 2006b.

TAVERNIER, Raymond. *La escuela antes de los seis años*. Barcelona: Martínez Roca, 1987.

TONUCCI, Francesco. *La ciudad de los niños*: un modo nuevo de pensar la ciudad. Buenos Aires: Losada, 2014.

TRUEBA MARCANO, Beatriz. *Espaços em harmonia*: propostas de atuação em ambientes para a infância. São Paulo: Phorte, 2021.

VYGOTSKY, Lev Semionovitch. Aprendizaje y desarrollo intelectual en la edad escolar. *Revista Infancia y Aprendizaje*, n. 27-8, p. 105-16, 1984. Disponível em: https://dialnet.unirioja.es/descarga/articulo/668448.pdf. Acesso em: 22 set. 2021.

Bibliografia consultada

ABAD MOLINA, Javier; RUIZ DE VELASCO GALVÉZ, Ángeles. *El juego simbólico*. Barcelona: Graó, 2011.

ABAD MOLINA, Javier; RUIZ DE VELASCO GALVÉZ, Ángeles. *El lugar del símbolo*: el imaginario infantil en las instalaciones de juego. Barcelona: Graó, 2019.

Abelleira Bardanca, Ángeles; Abelleira Bardanca, Isabel. *Os fios da infância*. São Paulo: Phorte, 2019.

Caiati, Maria; Delač, Svjetlana; Müller, Angelica. *Juego libre en el jardín de infancia*. Barcelona: CEAC, 1986.

Dubovik, Alejandra; Cippitelli, Alejandra. Territorios de juego y exploración. *Infància*: Revista Digital de La Associación de Maestros Rosa Sensat, n. 9, p. 23-8, 2013. Disponível em: https://www.rosasensat.org/magazines/infancia-latinoamericana/9/ilat_9.pdf. Acesso em: 22 set. 2021.

Gray, Peter. *Aprender en libertad*: cómo recuperar nuestro instinto de juego para transformar la educación. Tenerife: Esto no es una escuela, 2016.

Hoyuelos, Alfredo. *A estética no pensamento e na obra pedagógica de Loris Malaguzzi*. São Paulo: Phorte, 2020.

Ortega, Rosario. *Jugar y aprender*: una estrategia de intervención educativa. Sevilla: Diada, 1990

Trueba Marcano, Beatriz. El juego en la infancia: la hoguera de la vida. *Infància*: Revista de La Associación de Maestros Rosa Sensat, Barcelona, n. 119, ene.-feb. 2010.

Vallejo, Alicia. El juego. *In*: Educar *a los tres años*. Madrid: Ministerio de Educación, 1990.

Vygotsky, Lev Semionovitch. *El desarrollo de los procesos psicológicos superiores*. Barcelona: Crítica, 1979.

4

Ser um gestor pedagógico: uma construção colaborativa do inegociável

Cristiano Rogério Alcântara

A felicidade se acha em horinhas de descuido.
Guimarães Rosa

Ouvi pela primeira vez a frase da epígrafe ao ser declamada por Maria Bethânia. Estava escutando o seu CD ***Brasileirinho***, e, de repente, entre um trecho de uma música e outra, Bethânia declama calmamente "*A felicidade se acha em horinhas de descuido*". Unir obras, seja só entre músicas, seja música com textos literários, e, dessa união, criar um novo significado é uma arte que Bethânia burilou ao longo de sua carreira. Muitos críticos são unânimes em apontar essa capacidade como única, e quando surgiram os DVDs, apontaram que estes eram suportes adequados para expressar toda a sua maestria.

E onde pretendo chegar? Começando um texto que se presta a falar de gestão, narrando minha admiração por uma habilidade de Bethânia? Será que é para anunciar ao leitor que sou fã de suas interpretações? Pretendo ir para além desse anúncio. Gostaria que você me acompanhasse, como se estivesse ouvindo uma união de várias canções ao estilo de Bethânia. Contudo, preciso partilhar o contexto que me faz escrever.

Em primeiro lugar, este projeto encampado pela Pedagogia Subjetividade e nossos amigos brasileiros, argentinos, galegos, bascos e catalães foi, antes de qualquer coisa, a oportunidade de se achar a felicidade em "horinhas de descuido". *Dedo de Prosa* veio a ser a oportunidade de falar de aspectos sérios, éticos, profissionais e complexos de forma leve, como deve ser um "dedo de prosa" entre amigos.

Em segundo lugar, neste capítulo, pretendo partilhar com vocês um pouco do meu percurso profissional. Minha apresentação em *Dedo de Prosa* versou acerca dessa construção, que, apesar de me constituir tanto como sujeito quanto como profissional, não foi realizada individualmente. Espero – ousadia plena, como Bethânia – ser capaz de fazer importantes junções, resgatar aspectos tratados e o mais significativo, oferecer ao leitor um todo que seja mais do que a união de partes.

Em terceiro lugar, conto com sua participação! Escreverei um ensaio, logo, haverá poucas citações. Quando o texto convocar autores, pessoas, situações e locais, será para assegurar ao leitor que não são afirmações lançadas de forma descompromissada, mas, sim, que há um percurso acadêmico permeando essa construção, que estou muito honrado de poder partilhar com vocês.

Em quarto e último lugar, aqui, abandono o uso da primeira pessoa do singular e início a escrita na primeira do plural, evocando os muitos "EUs" e os muitos "OUTROs" que me habitam, ou, melhor, que *nos* habitam.

Reminiscências

Partimos da compreensão de que, ao tentar voltar ao passado, sempre existirá lacunas, ora porque a memória é falha; ora porque não conseguimos reconstruir tudo pelo que passamos; ora porque ao tentarmos reconstruir, estamos, na verdade, construindo novos significados e novas situações. O ápice da ironia, ao pensarmos profundamente nesses aspectos, é: até o passado pode ser refeito...

Porém, nossa tentativa será a de preencher as reminiscências com muitos elementos do presente. Assumindo de antemão que usaremos elementos do hoje, para analisar as escolhas e construções que fomos efetivando ao longo desses 23 anos de magistério, dez deles dedicados à gestão, mais precisamente, à coordenação pedagógica. No entanto, até chegar a isso, precisaremos passar por marcos que nos constituíram, cuja partilha é essencial.

Na partilha, procuramos mais do que nos aproximar de você, desejamos que aproveite a leitura destas reminiscências para se questionar: "O que de minha trajetória me aproxima e me afasta do que estou lendo?"; "Como as marcas/os marcos que o Cristiano partilha colaboram na compreensão do que trago de mim?"; "Quais construções simbólicas e procedimentais que ele narra estão próximo do que adoto?".

Gostaríamos muito que essas questões estivessem sempre no seu horizonte, senão pode se passar a falsa impressão de que o nosso intuito é simplesmente partilhar nossas experiências! Não seria de tudo inútil, afinal precisamos defender que nossas experiências são importantes. Porém, é mais do que simplesmente saber o que fizemos, e o que foi nos constituindo, é antes de qualquer coisa, fazer um exercício metacognitivo de aproximação de caminhos possíveis.

Uma escola de tempo integral chamada Cefam

Em 1997, estávamos concluindo o curso de Magistério no Centro Específico de Formação e Aperfeiçoamento do Magistério (Cefam) de Mogi das Cruzes, cidade da Grande São Paulo.

O Cefam era um projeto do governo do Estado de São Paulo, que, em linhas muito gerais, consistia na tentativa de melhorar a formação inicial dos professores, tanto que estudávamos em período integral (das 8 às 17 horas, com 1 hora de almoço) e recebíamos, para isso, uma bolsa de estudo de um salário-mínimo.

Nessas descontinuidades de políticas públicas em que o Brasil se especializou, o projeto foi encerrado em 2005, porém, deixou muitas marcas e há um reconhecimento de que os professores formados pelo Cefam são diferenciados.

Pode-se saber acerca desse projeto por meio da leitura de diversas dissertações e teses que tratam dele; seu modelo não ficou restrito ao Estado de São Paulo. Entretanto, o que desejamos trazer desse período é nossa lembrança de estar em período integral, estudando a Pedagogia. Iniciávamos os estágios a partir do segundo ano de curso, indo uma vez por semana às escolas. No terceiro ano, íamos de duas a três vezes e, no quarto ano, todos os dias, preferencialmente, compartilhando a docência com uma professora da primeira série do Ensino Fundamental.

Esses estágios eram acompanhados *in loco* pela professora de Didática do Cefam, logo, "cumprir" as horas e estar no estágio era quase que "natural". As professoras que nos recebiam ficavam horrorizadas pelos acompanhamentos tão de perto da professora do estágio, e, ao mesmo tempo, reconheciam que éramos estagiários diferenciados.

Além do ofício de ser professor, trazemos dessa experiência de ter estudado no Cefam a compreensão de que um acompanhamento efetivo traz resultados, e de que se dedicar tempo ao estudo é essencial para se aprender melhor o saber fazer da docência.

Uma realidade rural e multisseriada

Em 1998, assumimos nossa primeira turma. Foi na zona rural de Suzano, cidade vizinha a Mogi das Cruzes, onde desempenhávamos todas as funções: professor, merendeiro e diretor escolar, afinal, éramos o único funcionário.

Ficamos responsáveis pela educação de 28 adultos, e a turma tinha alunos do primeiro ao quarto ano, que estavam acostumados a se sentarem em fileiras que designavam suas séries. Assim, cada fila copiava a parte da lousa que correspondia à sua série.

No Cefam, havíamos aprendido tanto sobre interdisciplinaridade, conhecimento significativo, participação ativa, agrupamento produtivo e outras tantas coisas, que ver a sala composta daquela maneira nos dava aflição. E, mesmo sem nunca termos sido professor, um incômodo de que, daquela forma, não poderíamos proceder nos dava convicção de ter que mudar.

Hoje, sabemos que a ousadia de mudar foi mais do que acertada, mesmo nos custando cinco alunos, que se recusaram a serem comparados com alunos "atrasados" ou "adiantados", já que, naquele momento, tudo era "uma bagunça"! Não haveria separação na lousa, e todo mundo faria "tudo igual".

Não temos receio algum de apontar que essa experiência foi nossa maior conquista no ofício de ser professor. Nenhum título acadêmico ou curso que fizemos ao longo dos 22 anos após deixar essa turma chegou perto de nos habilitar, capacitar e problematizar como esse grupo de senhores e senhoras foi capaz.

Dessa experiência, aprendemos que nunca estamos 100% prontos, mas que existem princípios e parâmetros que são inegociáveis. Partilhar esses princípios e parâmetros pode ser uma postura que auxilie na construção coletiva de novas possibilidades de se fazer diferente o que sempre foi assim...

Lidar com um sistema que se inicia

Saindo das condições adversas da escola rural de Suzano, entramos na Rede Municipal de São Bernardo do Campo, na Grande São Paulo. Em Suzano, a falta material era a tônica, ao passo que, em São Bernardo, o excesso será o surpreendente. O município estava iniciando o trabalho com as escolas do primeiro ao quarto ano do Ensino Fundamental.

Era uma Rede aprendendo a fazer educação de 7 a 10 anos. Nela, havia histórico na Educação Infantil, tanto que muitas professoras, que assim o desejaram, puderam migrar da Educação Infantil para o Ensino Fundamental, o que foi muito acertado, afinal, chegávamos lá professores com pessoas que já sabiam um pouco dos meandros da Rede, e nós entrávamos com um conhecimento mais específico, do Fundamental.

Nesse ínterim, a Rede assumiu três projetos que nos impactaram muito: a Informática Educativa; o projeto Lego; e as Bibliotecas Interativas. Esses projetos, além de envolverem quantias monetárias consideráveis, implicaram horas a fio de formação continuada, tanto dentro do horário de trabalho como fora dele.

Os seis anos que permanecemos nessa Rede como professor, ficamos na mesma escola e, lá, passamos a compreender como um grupo docente pode se constituir em uma comunidade de aprendizagem (o conceito chegou depois; nessa Rede, vivenciamo-lo). Outro aprendizado importante foi perceber que existe uma recompensa clara e significativa para quem se dedica a estudar e a colaborar com o processo de saber melhor acerca do ofício de ser professor.

Dessa experiência, aprendemos que, juntos dos bons, ficamos melhores. Um grupo docente pode aprender junto sobre o seu ofício. Investimentos em espaços e em materiais, quando acompanhados de formação, preferencialmente realizada por quem concebeu os espaços e os materiais, tem um grande impacto nos saber fazer docente, que, por sua vez, impacta nas aprendizagens das crianças.

Entrando na maior Rede Municipal de Ensino do país

No nosso segundo ano em São Bernardo do Campo, fomos chamados a assumir um cargo na Rede Municipal de São Paulo. Entrar na maior Rede Municipal do Brasil é ser apresentado a um novo e complexo mundo.

Se, até então, poderíamos, como professores, chegar facilmente aos secretários municipais de Educação, ora porque apareciam nas escolas onde trabalhávamos, ora porque, ao irmos às secretarias municipais de educação, isso implicaria vê-los andando pelos corredores, agora, estávamos em uma Rede na qual ver a supervisão escolar seria o mais próximo de entrar em engrenagens de poder.

Iniciamos nosso percurso na Emef Vargem Grande, uma escola quase que na Zona Rural de São Paulo, no extremo Sul da cidade. Levávamos três horas para nos deslocarmos de São Bernardo até ela. Trabalhávamos das 15h45 às 19h00 com as crianças e, depois, fazíamos o Projeto de Ação Especial (PEA) das 19h05 às 20h35, de segunda à quinta-feira.

Aqui, vivemos a experiência de dividirmos três quartas séries entre nós e mais duas professoras; as crianças tinham três professores. Foi uma experiência que nos marcou para sempre: formamos uma quarta série com 47 alunos (já alfabetizados e com excelente desempenho); outra com 24 alunos (alfabetizados e com algumas dificuldades em matemática e na produção textual); e outra com 16 alunos (não alfabetizados).

O terceiro agrupamento, além de não saber ler, tinha um comportamento muito longe do que esperávamos de alunos. Com o tempo, fomos percebendo que a "indisciplina" estava muito mais associada a não conseguirem dar conta dos conteúdos do que não desejarem obtê-los. Como ficamos responsáveis pelas aulas de Língua Portuguesa, tivemos que procurar diversas formas para alfabetizá-los; dos 16 alunos, conseguimos alfabetizar 14 deles.

Dessa vivência, aprendemos que as ausências materiais mínimas de sobrevivência têm um impacto gigantesco nas possibilidades de aprendizagem das crianças. É factível encontrar novas possibilidades de se fazer diferente, mesmo dentro das maiores ausências materiais, porém é preciso estar bem assessorado e, preferencialmente, com um grupo coeso buscando as mesmas coisas. E, uma gestão que zele pelo pedagógico faz toda diferença.

Sendo gestor pedagógico de cabeleireiras e manicures

Acumulamos o cargo de professor nas Redes Municipais de São Bernardo e de São Paulo, e, depois, na Estadual de São Paulo e na Municipal de São Paulo por cerca de sete anos. Nesse meio tempo, terminamos o curso de Pedagogia (ao olharmos em perspectiva, foi muito bom termos demorado para fazê-lo, conseguimos vivê-lo em outra dimensão) e obtivemos o título de Mestre pela Escola de Comunicação e Artes da Universidade de São Paulo (ECA-USP), sob orientação do professor

Edmir Perrotti (ideólogo das Bibliotecas Interativas de São Bernardo do Campo).

Em 2009, o município de São Bernardo do Campo abriu concurso para Coordenador Pedagógico, inscrevemo-nos e, em 2010, assumimos o cargo na Emip Vereadora Aracy d'Ângelo, no curso de iniciação profissional da Imagem Pessoal. Ao nos dirigirmos à Unidade, descobrimos que Imagem Pessoal significava curso de cabeleireiro, manicure e depilação.

Tentamos desistir da escolha, mas foi nos orientado que isso não era possível, e, dessa forma, fomos nos constituindo coordenador pedagógico de um grupo do qual nada sabíamos a respeito do que faziam. E, ao mesmo tempo, indagando-nos a respeito de como poderíamos ajudá-lo a avançar.

Tínhamos mestrado em mediação de leitura, e todos podemos ser leitores, não? Iniciamos com o grupo um interessante percurso de como se constituem os leitores, para, depois, podermos ajudar os alunos a serem. Fomos sistematizando a Pedagogia Cultural, caminho retratado na nossa tese *O diário de bordo: rumo à Pedagogia Cultural*, defendida em 2015, dois anos após termos saído da Rede Municipal de São Bernardo.

Entretanto, além dos três anos que ficamos na Emip, tivemos uma oportunidade singular: a de sermos coordenador pedagógico por sete meses na Escola Municipal de Educação Básica (Emeb) Padre Manuel da Nóbrega, para crianças de 2 a 5 anos.

Desse período, compreendemos que um coordenador pedagógico, para fazer seu ofício com excelência, não precisa saber a fundo sobre o que os professores realizam, nem mesmo já ter realizado o que fazem! Nunca fomos cabeleireiros, manicures, depiladoras ou professores de Educação Infantil. Um bom coordenador precisa, sim, saber como gerir grupos, fazer boas perguntas, acompanhar os processos, zelar pelos princípios, partilhar as descobertas e mediar as possibilidades. Consolidamos, nesses três anos e sete meses, que o diário de bordo é a forma mais adequada para isso.

Conhecendo a Infância

Ao sermos chamados para assumir o cargo de coordenador pedagógico na Cidade de São Paulo, foi preciso exonerar do cargo de coordenador que tínhamos em São Bernardo. Depois de 15 anos acumulando cargos, estaríamos trabalhando apenas em uma Rede Municipal. Ficamos durante cinco meses na Diretoria Regional de Educação do Ipiranga, responsáveis, inicialmente, pela Educação de Jovens e Adultos e, após isso, apoiando a formadora da Educação Infantil.

Em 2014, assumimos nosso cargo de coordenador na Escola Municipal de Educação Infantil (Emei) Cidade Adhemar III. Novos desafios, mais de 700 crianças de 4 a 5 anos em um prédio inadequado para ser uma escola de Educação Infantil (um prédio de cinco andares, sem área externa para as crianças brincarem), muitas rampas para se deslocarem, entre outras tantas dificuldades espaciais e materiais (recém-inaugurada, quase não havia materiais).

E, pelo gigante número de crianças atendidas, pudemos dimensionar a quantidade de professoras presentes: mais de 50! E quatro horários de PEA para coordenar, muitos diários de bordo para ler, concepções para alinhamento, possibilidades a serem partilhadas, uma dinâmica de "apagar incêndios" para ser reconstruída.

Ficamos nessa Unidade por dois anos. O que nos fez mudar foi, antes de qualquer coisa, o fato de não termos o grupo inteiro participando da formação continuada. As(os) professoras(es) da Emei na Cidade de São Paulo podem decidir se desejam ou não fazer o PEA. Cansados disso, pedimos remoção para um Centro de Educação Infantil (CEI) que atende crianças de 0 a 3 anos.

Nos CEIs, a participação no PEA é obrigatória. Todas(os) docentes da manhã fazem o horário de estudo juntos, bem como os do período vespertino. Assim, tínhamos a oportunidade de partilhar, de ouvir, de discutir e de consolidar todas as proposições com o grupo docente.

Saímos de uma Unidade que atendia 700 crianças para outra que atendia 88 bebês e crianças; deixamos um grupo docente de 54 professoras e fomos para um grupo de 3 professores e 19 professoras. Tínhamos três horas semanais de formação coletiva no CEI e fomos consolidando com o grupo muito do que estava em nossa tese.

Dessa experiência, aprendemos que: o momento de formação continuada pode ser uma rica possibilidade de mudar práticas docentes. As professoras que fizeram o PEA com a gente na Emei e, depois, no CEI, deixaram isso muito evidente. Estar em colaboração é mais do que "passar informações ou técnicas"; é preciso estar num diálogo-ético, como preconiza Habermas (2007). Quem faz a gestão pedagógica precisa ter instrumentos para acompanhar os fazeres docentes, necessita estar *in loco* na execução e deve partilhar acertos e problematizar equívocos: o não saber é tão importante quanto o saber.

Inegociável

Em 2017, fomos convidados para assumir um cargo na Secretaria Municipal de Educação, na Divisão da Educação Infantil (Diei), a fim de atuarmos na formação dos formadores da Divisões Pedagógicas (Dipeds). A Cidade de São Paulo está subdividida em 13 Diretorias Regionais de Educação (DREs), e, em cada uma delas, há formadores da Educação Infantil, que conversam mensalmente com os coordenadores pedagógicos da sua diretoria.

Quando assumimos esta tarefa, tínhamos um acumulado de 15 anos de docência e 6 de gestão como coordenador pedagógico. Ademais, havíamos realizado diversos cursos acadêmicos, duas graduações, participado de muitos congressos, publicado artigos e capítulos de livros. Porém, nada disso nos preparou por completo para exercer o que iniciávamos.

Intuíamos que precisávamos fazer diferente; sabíamos que não poderíamos fazer como sempre tínhamos realizado até aquele momento:

a Diei chamava os formadores das Dipeds, que, por sua vez, chamavam os coordenadores pedagógicos, os quais levariam a boa-nova às Unidades Educacionais.

Mas como fazer diferente? E, mais complexo do que isso, como trazer os formadores das Dipeds, que não são escolhidos pela Diei, para este novo caminho?

Imbuídos de um legítimo desejo de fazer diferente, defendemos, desde o início, que falarmos francamente ao grupo seria importante e que construir parâmetros no inegociável seria importante. Não apresentamos uma lista exaustiva do que seria inegociável; na verdade, procuramos, com as formadoras, levantar o que víamos como inegociável.

Essa construção ainda se efetiva, contudo, avançamos em muitos aspectos: escrevemos um currículo coletivamente; lançamos uma normativa de Registro, outra de Alimentação; distribuímos livros da Minha Biblioteca aos bebês e às crianças; oferecemos formação continuada e sistemática as Unidades Parceiras; conseguimos duas horas de formação oficial aos professores das Unidades Parceiras; entre outras tantas coisas.

O mais gratificante: respeitamos os processos que encontramos; não terminamos com nenhuma das proposições da administração passada; os dirigentes se vão, os bebês, as crianças e as Unidades Educacionais permanecem, logo, não seria ético mudar as coisas a bel-prazer de quem inicia uma nova administração.

Em 2018, ao recebermos o convite para sermos o diretor da Diei, não abrimos mão de continuar a formação das Dipeds e assumimos o desafio de procurar articular todas as frentes com a escrita do novo documento curricular. Lidamos com as potencialidades e fragilidades de uma Rede complexa, formada por mais de 3 mil Unidades, 60 mil professores, outros milhares de profissionais (coordenadores, diretores, assistentes de direção, auxiliares de educação, cozinheiros e pessoal do apoio).

Fazer que a Rede entenda que devemos ter respeito às diferentes realidades de cada território não pode significar que cada um fará o que entenda ser melhor. Constituir um processo formativo que explicite parâmetros, delimite contextos, avance na significação do que compreendemos ser inegociável foi nossa maior lição nesse cargo.

Se uma conclusão for possível...

Chegamos ao término do texto com um misto de orgulho e dúvida. Orgulho, ao escrevermos nossa trajetória, compreendemos que continuamos fiéis a muitos dos valores que nos constituíram desde o Cefam, cuja maior razão de existência era modificar os profissionais do Magistério, e até os outros cursos que fizemos. Dúvida, por pensar: De que servirá a outras pessoas lerem nosso percurso?

A primeira defesa que nos vem é: saber da constituição profissional de alguém, é, antes de mais nada, um convite para reconhecer a nossa constituição, do que nos aproximamos e do que nos afastamos.

A segunda é que sempre existe uma margem de atuação. É preciso compreender que não estamos sozinhos quando tomamos determinadas resoluções; os vários "EUs" que nos habitam estão envolvidos nas decisões que tomamos e consolidamos.

E, se for preciso continuar essa lista de justificativas com muitas outras considerações, vamos perder a coragem de recomendar a publicação! Fazemos votos de que, ao lerem estas linhas, permitam-se e percebam que "A felicidade se acha em horinhas de descuido", como tão bem sintetizou Guimarães Rosa. Acreditamos que a constituição profissional também. Logo, pensem acerca da sua trajetória profissional, para entenderem como estão hoje e o que projetam para o seu futuro.

5

Professores equilibristas

David Altimir

Nós, que nos dedicamos à educação das crianças, sabemos bem que nosso trabalho pode ser explicado com incontáveis metáforas. Como dizia também nosso amado Loris Malaguzzi, às vezes, somos diretores; às vezes, pontos;[1] às vezes, espectadores que aplaudem com entusiasmo quando se encontram diante de uma criança que aprendeu.

Do meu ponto de vista, o que define melhor nosso trabalho de professor é a figura do equilibrista. Somos constantemente submetidos a uma série de tensões que requerem posicionamento e ação em busca do ponto certo de equilíbrio entre tensões que, às vezes, retroalimentam-se e, às vezes, negam umas às outras.

Neste humilde texto, busquei levantar uma série de binômios que, a meu ver, são fundamentais em nossa tarefa cotidiana de docência. Eu os enunciei na forma de simples aforismos, pois estou convencido de que cada um de nós, cada um de vocês, leitores, devemos encontrar nosso ponto de equilíbrio para traçar nosso caminho de professores respeitosos com as identidades das crianças com as quais temos a sorte de conviver.

Ensinar – Aprender

Etimologicamente, ***ensinar*** significa "pôr uma marca, assinalar".

Ensinar é o centro da ação daqueles que dispõem de um saber, de uma habilidade ou de um conhecimento.

---

[1] N. do E.: no teatro, o profissional que "sopra" as falas dos atores quando estes se esquecem delas.

Aprender, por sua vez, é o centro da criança ou do jovem.

É possível fazer uma boa escola de aprendizagem e repensar o ensino?

Cronograma – Plano ou Projeto

Trata-se do binômio-chave.

Qual é o papel do adulto na preparação das oportunidades de aprendizagem?

Delinear caminhos rígidos sobre os quais as crianças devem caminhar ou se preparar para as incertezas?

Escutar – Falar

Em uma escola, os adultos falam enquanto as crianças escutam.

Na outra, os adultos escutam e valorizam tudo o que as crianças dizem.

É possível encontrar a maneira de ensinar escutando e de aprender falando?

Um binômio interessante para formatar o diálogo pedagógico.

Espaço – Tempo

Os dois eixos de coordenadas em que nos orientamos para planejar nosso trabalho como educadores.

Ausência – Presença

Contribuir para a Educação Infantil parte de um jogo entre presenças e ausências necessárias, que respeitam o protagonismo do aluno.

Dentro – Fora da Escola

Como um todo, como duas partes complementares de um mesmo cenário. Agora, com a Covid-19, isso se mostrou ser não só necessário pedagogicamente, mas ainda recomendado em nível sanitário.

Indivíduo – Grupo

É possível aprender sozinho?

Se a aprendizagem é um processo que se constrói na interação com o outro, que equilíbrio encontramos entre considerar o grupo e as diferentes identidades que o integram?

Avaliar – Registrar

Em relação ao que acabamos de dizer, o que atribuímos a cada criança e ao grupo que trabalhou em equipe?

Que estratégia fornecerá mais informações (ou informações mais relevantes) para redefinir nosso papel de educadores?

Liberdade – Controle

Historicamente, a escola foi criada como instituição de controle: os corredores com vigias[2] de portas pelos quais a direção pode controlar o que se passa nas salas; as avaliações ou provas externas...

É possível aprender sem liberdade?

Quais tipos de aprendizagem resultam do controle?

Trabalho – Intervalo

Das 9 às 11 horas, aula. Às 11 horas, sair e espalhar-se no pátio. Voltar às 12 horas.

Isso não pode funcionar de maneira nenhuma.

A alternância entre momentos de trabalho e de ócio, entrelaçando-se de maneira equilibrada, é uma grande oportunidade que temos.

No prazer de aprender, não existe espaço para as horas rígidas estabelecidas para o recreio.

Certeza – Incertezas

Na educação, a única certeza que temos é a de trabalhar no terreno das incertezas.

---

[2] N. do E.: qualquer orifício pelo qual se espreita.

A serendipidade[3] é uma atitude que se traduz no feito de ser curiosos, flexíveis e sagazes... É impossível ser criativo sem incertezas.

Simplicidade – Escassez

Nosso papel é criar contextos que favoreçam a compreensão e o domínio de novos conhecimentos. Temos que fazer isso buscando nos conectar com o potencial do aluno, tornando as coisas simples e viáveis.

Em contrapartida, simplificar é reduzir o conhecimento e, ao mesmo tempo, considerar como estúpido quem aprende.

Erro – Acerto

O erro é um direito e uma fonte de novas aprendizagens. Historicamente, a escola tem se preocupado mais em excluir o erro do que em considerá-lo como um estímulo para que cada menino e cada menina acerte sua maneira de aprender.

Local – Global

O isolamento social nos ajudou a valorizar muito mais o que temos ao lado.

Aproveite para reivindicar as identidades culturais de cada contexto e criar escolas genuínas que não estereotipem o conhecimento.

Processo – Produto

Os produtos finais têm sentido sem os processos? Quem aprende o faz seguindo um processo que o levará a infinitos resultados.

A aprendizagem é um processo ou um produto?

Meninos – Meninas

Os meninos e as meninas são seres identicamente diferentes. No diálogo de suas diversidades, a escola não deve cometer o erro de

[3] N. do E.: aptidão de adquirir ou de descobrir ao acaso coisas felizes ou úteis.

ignorar as particularidades de cada identidade. Igualdade de direitos não significa renunciar o direito à diversidade.

Homogeneidade – Heterogeneidade

A escola e o exército são duas das instituições nas quais as pessoas são agrupadas por idade.

Ainda assim, a escola também é um dos poucos lugares nos quais você pode encontrar seus coetâneos.

Grupos homogêneos, grupos heterogêneos... Um debate interessantíssimo para compreender que nem um nem outro, sozinho, pode garantir um contexto inovador.

Direitos – Deveres

A criança é um sujeito de necessidades ou de direitos? De fato, todo direito requer uma responsabilidade, um dever.

Longe da escola que considera os "deveres" apenas como tarefas a serem realizadas em casa, fora do horário escolar, a escola deve se direcionar à construção dos direitos e dos deveres que as crianças têm, que todos nós que fazemos parte da escola temos.

Emoção – Razão

A educação emocional é um conceito que se popularizou nesses últimos anos. Agora, com o isolamento social e a reabertura das escolas, muito se tem falado sobre a necessidade de realizar um "acompanhamento emocional".

Reconhecendo a relevância das emoções, dos sentimentos, dos estados de espírito, podemos desligar essa dimensão da construção da razão?

A razão é mais estável quando gestada em relação com a emoção, e a emoção não tem sentido sem ser vinculada a uma situação vivida.

As emoções se ensinam ou se vivem?

Continuidade – Fragmentação

A escola pode se fundar sob o princípio da fragmentação: fragmenta conteúdos, tempo, responsabilidades... Agora também fragmentará os grupos escolares para prevenir surtos da maldita doença.

Nós, que trabalhamos com crianças, sabemos que é a continuidade nas aprendizagens e nas relações o que dá sentido à educação.

A globalização e a holística têm muito a ver com a infância, a juventude e a humanidade.

O cérebro de cada indivíduo e o mundo são um conjunto de redes relacionadas, de sistemas complexos que perdem o sentido ao serem fragmentados.

Autoridade – Democracia

Em uma escola regida pela autoridade, aprende-se a obedecer. Em uma escola democrática, aprende-se a pensar, a escutar, a ceder e a levar em consideração as opiniões dos outros.

Queremos uma escola obediente ou uma escola que questione as ideias prontas para gerar suas próprias e argumentar coletivamente?

Entorno Familiar – Entorno Escolar

Nesse isolamento social, redescobrimos o potencial educador de cada ambiente familiar e percebemos, também, as diferenças.

A modernização excessiva da tarefa educativa da escola e dos professores, historicamente, fez as famílias renunciarem à sua potencialidade educativa, que é uma capacidade mais humana do que técnica.

O diálogo entre escola e famílias é imprescindível para respeitar as identidades dos pequenos e para fazer uma escola de todos e para todos.

Virtual – Analógico

A dimensão virtual está cada vez mais presente em nossa sociedade.

Estamos convencidos de que é necessário aprofundar o estudo da relação entre os materiais reais, os espaços que oferecem dimensões virtuais e as linguagens infantis para, assim, gerar uma interatividade real que vá muito além de deslizar o dedo por um *tablet* ou uma lousa digital.

Realidade – Ficção

A vida vivida e a vida contada por meio da literatura das histórias ou por outras histórias de ficção formam uma trama a ser tecida desde o início.

Se, no século XX, a biblioteca era o coração da escola, agora, temos que dizer que os livros devem ser o sangue da escola, presentes e acessíveis em todos os cantos.

Intimidade – Dimensão Pública

A escola é uma instituição onde predomina a dimensão pública. Desde o jardim de infância, as crianças devem sincronizar, progressivamente, seus ritmos biológicos com os dos companheiros e das companheiras do grupo.

É possível construir uma escola pública que também permita espaços e tempos de intimidade?

Obediência – Desobediência

Um professor deve saber se mover pela corda bamba e saber quando a desobediência é um ato de obediência aos princípios da infância.

Ainda assim, devemos apresentar a desobediência como um direito que nossas crianças e jovens também podem exercer.

Estamos dispostos a aceitar isso?

Acordos – Conflitos

Os conflitos são uma oportunidade para aprender a encontrar acordos.

6

Quem acolhe o educador? Um diálogo com os processos de incertezas, angústias, acolhimento, afeto, encontro, escuta e partilhas durante o período da pandemia

Gilvania Ferreira Porto

Se quer ir rápido, vá sozinho. Se quer ir longe, vá acompanhado.
Provérbio Africano

Março de 2020. Jornais e outras mídias começaram a informar sobre a chegada do novo coronavírus (doença posteriormente denominada Covid-19) no Brasil. De um dia para o outro, fomos avisados que entraríamos em quarentena. A princípio, ninguém sabia bem como proceder, quanto tempo ficaríamos em isolamento. As empresas fecharam. Os *shoppings* fecharam. As escolas fecharam. As palavras de ordem eram distanciamento, *home office*, acesso remoto, higienização, pandemia.

Em meio a tantas mudanças na rotina de todos nós, da nossa vida pessoal, estávamos nós, os educadores, com as famílias e as crianças, ainda perdidos, todos! Sem sabermos bem como atuar, o que fazer, o que organizar, como planejar a continuidade do cotidiano escolar nas casas das crianças.

Para todos nós, uma coisa era fundamental: a necessidade de continuar a fortalecer o vínculo com as crianças e suas famílias. E nosso primeiro esforço, como profissionais de Educação, foi neste sentido: buscar novas formas de ser e estar com as crianças. De acolhê-las, de ampará-las, de ajudar a cuidar e educar, mesmo que remotamente.

Em meio a todo esforço pedagógico para mudar a dinâmica da escola para uma atuação remota, cometemos muitos equívocos. As professoras se desgastaram no caminho, buscando na internet exemplos do que fazer. Nessa seleção, foram aparecendo muitas propostas equivocadas, fora do contexto, desalinhadas com os referenciais teóricos que embasam suas práticas cotidianas. Algumas pessoas queriam assegurar que o tempo destinado ao atendimento remoto fosse igual ao realizado nas aulas presenciais. Para nós, o erro é uma etapa importante do processo que estávamos vivendo. Foi olhando para as nossas escolhas equivocadas, pensando sobre elas, ressignificando-as, que pudemos buscar novos caminhos nesse longo período de distanciamento.

Era legítima a preocupação com as crianças e suas famílias. O que precisaríamos fazer para continuar em contato com elas? Quais as melhores estratégias? Como chegar às famílias que não tinham acesso à internet? Que tipo de situação viver com as crianças, mediadas pela tela? São tão pequenas... O que seria preciso pensar?

No meio dessa confusão, estávamos nós, as professoras, angustiadas, perdidas, sem saber bem o que fazer. E quem olhava para esses educadores? Fomos comunicados que o jeito que estávamos habituados de estar com as crianças não seria mais possível naquele momento e que era preciso nos reinventar. Seria necessário repensar planejamentos, metodologias, materiais... Como garantir contato e relações de escuta e de participação se não estávamos fisicamente perto das crianças? Essas foram algumas das inquietações que surgiram, entre tantas outras, no meio desse turbilhão de emoções que estávamos vivendo.

Sou formadora de professores há alguns anos, em especial, de educadores que atuam na Educação Infantil. Embora esteja perpassado pelas questões da infância, meu olhar vai ao encontro do adulto/educador, desse profissional que sofria, inclusive por falta de orientações mais assertivas por parte das instituições, do governo e/ou dos conselhos de Educação. Atuamos em um segmento com características próprias, diferente dos estudantes do Ensino Fundamental e Médio. A criança pequena precisa de um adulto para utilizar os equipamentos tecnológicos; as interações presenciais são fundamentais nesse processo. É claro que também é importante aos demais, mas, na Educação Infantil, é quase uma condição obrigatória para que se possam promover boas experiências às crianças.

Quanto à atuação junto à Educação Infantil, as orientações foram difusas, ora com sugestões de permanência frente às telas, ora com recomendações expressas para não haver o contato virtual. Se teríamos que repor a quantidade de horas/aula, se seria possível adequar o calendário escolar, se precisaríamos cumprir os dias letivos estipulados pela lei, nada era claro. E estávamos todos lá, no meio deste turbilhão de desinformação buscando um modo de ser e estar com as crianças.

Além de todas essas questões que se remetem à nossa atuação docente, outras, que envolvem a nossa vida particular, também surgiam. Somos um grupo constituído basicamente por mulheres; somos professoras, mas ocupamos diferentes papéis na sociedade: mães, filhas, avós, irmãs, tias, muitas vezes, sozinhas na organização familiar. Tendo que pensar nos pacotes que chegam para ser higienizados, a ida ao supermercado que virou praticamente uma operação de guerra; administrar o tempo de acesso dos filhos no ensino remoto, trabalhar *online*, preparar a refeição, cuidar da limpeza da casa, levar os animais para passear e, além disso, planejar encontros com as crianças de um modo inovador, interativo e virtual.

Nós não fomos formadas para as aulas *online*. Não estava na nossa pauta de diálogo propostas mediadas pela tecnologia, principalmente com as crianças pequenas. Como era possível àquela professora que estava com medo (de perder o emprego, de ficar doente, de não dar conta da nova rotina familiar, de não corresponder às expectativas das famílias, de não conseguir acolher as crianças...) reinventar-se no meio desse turbilhão de emoções, receios, angústias, temores? Não é porque somos boas professoras no presencial que podemos ser ótimas no virtual.

Então, nossa única saída foi "aprender a fazer fazendo". Buscando apoio nos parceiros de profissão. Ouvindo práticas de outros professores. Errando muito, olhando para o erro e repensando. Ajustando o que não dava certo. Escutando as crianças e suas famílias. Ouvindo outros estudiosos sobre infância. Eram pistas, possibilidades, reflexões... Nem sempre o que dava certo em uma escola podia ser replicado na outra. Cada grupo é uma ilha. Com caminhos a serem desenhados coletivamente, com as crianças, com as famílias, com os outros profissionais da escola. Nesse momento, o olhar atento do educador para as questões que eram perceptíveis foi fundamental para pensar as mudanças de rumo necessárias nessa nova rota que se apresentava.

É curioso perceber o quanto o distanciamento nos aproximou ainda mais. Ficamos mais próximos. Construímos redes de partilha. Olhamos para nossos próprios percursos e nos estranhamos. Buscamos apoio em parceiros externos e internos. Talvez esse seja o período em que tenha visto acontecer mais trocas e solidariedade pedagógica. Estávamos todos numa lógica de doação daquilo que sabemos fazer bem e que podíamos emprestar para que o outro pudesse se fortalecer.

Então, toda vez que a pergunta "quem acolhe o professor?" vem à minha mente só consigo pensar em uma resposta: "nós!". Nós nos acolhemos, afetamo-nos, cuidamo-nos, apoiamo-nos nesse momento de reinvenção. Com um ombro amigo, mesmo que virtual, para ouvir uma experiência que não deu certo, com um áudio de incentivo para dizer que sua escolha foi acertada; para pensar em outros materiais que pudessem ser usados em casa, que não estavam ao acesso das crianças como quando estavam na escola; para analisar uma imagem ou um vídeo e sugerir outras possibilidades de documentação e de reflexão com base no que foi vivido.

Não é fácil organizar uma videoaula. Você precisa pensar na luz, no som que não pode vazar, no material que vai usar, no tempo que durará a sua conversa, na edição, no barulho que passa na rua quando você está gravando, na sua gata que pula em frente à câmera, no cachorro da vizinha que late. Além disso, com esse material também precisa produzir um roteiro que dê suporte às famílias a organizarem o contexto de aprendizagem que está propondo. Então, também aprendemos a ser um pouco menos exigentes e perfeccionistas, e a entender que tudo isso faz parte do que estamos vivendo. Não estamos em um estúdio de gravação. Também nós, educadores das infâncias, estamos em nossas casas, tentando fazer o nosso melhor. Mas o nosso melhor, no momento da videoaula, vem carregado de ruído, de choro do filho que quer sua atenção, da mãe que passa por trás da câmera no momento em que você estava concluindo a gravação. E tudo isso faz parte desse novo contexto que estamos vivendo. E, com isso, passamos a ser mais generosos conosco. E isso também é acolher, é deixar se afetar pelas limitações que nós e as famílias temos neste momento atípico. É entender que não está sendo fácil, mas que é possível viver esse jeito adaptado que a pandemia nos impôs.

É preciso que todos nós tenhamos suporte emocional e pedagógico. Se a escola em que atuo não tem uma prática transmissiva durante as atividades presenciais, não podemos, durante o período de ensino remoto, fazer escolhas que tenham esta concepção. Os princípios de escuta, de interação e de brincadeira, que são tão caros à Educação Infantil, precisam estar direcionar o nosso caminho. São a base para planejar ações de fortalecimento de vínculo, de incentivo à descoberta e à investigação, de tornar visíveis as aprendizagens das crianças.

Estudamos muito! Nunca se disponibilizou tanto conhecimento gratuitamente das mais diversas formas. Contudo, precisamos de muitas linguagens e suportes para que possamos nos sentir acolhidos, que alimentem a alma e o coração. É preciso criar espaço para ouvir e apreciar uma boa música, uma roda de poesia, um grupo de amigos que se reúne virtualmente para falar de nada em especial, apenas para rir, para contar uma piada, para ler um livro juntos. É fundamental que possamos disponibilizar o nosso tempo para ouvir a dor do outro. Precisamos afetar e ser afetados das mais diferentes maneiras. Nesse sentido, apoio-me na definição de Doederlein (2018) para a palavra "*afeto* (s.m.)", pois foi preciso encontrar diferentes maneiras de tocar o outro, de estar perto mesmo estando distante fisicamente:

> afeto (*s.m.*)
> é doce de padaria. é gosto particular. é um cafuné à distância. são cócegas no coração. é esparramar sorrisos ao te ver. é ponte entre duas almas distantes. é o primo mais novo do amor. é a bebida morna que enche a xícara da amizade.
>
> é o sussurro ao pé do coração que te conta quando você gosta muito de alguém.

Quando estamos juntos, mesmo que fisicamente separados, somos mais fortes. Quando sabemos que temos com quem contar, com quem dividir nossas angústias e nossos sucessos, quando sabemos em quem podemos buscar apoio para fortalecer nossa insegurança e fraqueza, sentimo-nos mais seguros e confiantes. É a sensação de sermos coletivos que nos dá a certeza de que dias melhores virão, de que poderemos passar por tudo isso com o apoio de tantas outras pessoas.

Em tempos de pandemia, quando a angústia chega e não sabemos bem como será o amanhã, precisamos buscar alento naquilo que é significativo para cada um de nós. Como cada um consegue recarregar a sua energia vital e seguir equilibrado, mesmo que com medo, mas tendo uma pequena certeza de que tudo isso vai passar.

Para mim, a brincadeira com os meus netos tem sido esse canal de reconexão comigo, com minha história, com minha energia. No início, eu não sabia bem o que fazer quando a vontade de chorar chegava. Então, largava tudo e ia brincar com eles. No começo, eu dizia do que íamos brincar, recorria as minhas brincadeiras de infância, ao que eu sabia como brincar e controlar. Mas, aos poucos, comecei a perceber que eu buscava mesmo era o inusitado, aquilo eu não tinha controle. E eles começaram a mandar na brincadeira. De certa forma, perceber que eu não precisava mais saber todas as respostas me ajudou a entender, como em uma metáfora, que seria tranquilo não poder controlar mais minha agenda, o tempo em que ficaria em casa, a falta de orientação sobre quando e como voltar ao trabalho presencial... E que passaria bem por tudo isso. Estamos vivendo um outro ritmo de vida, no qual a pressa e a correria não têm mais sentido algum. E isso é bom!

Um dia, uma professora que eu admiro muito, do interior do Piauí, escreveu-me perguntando o que eu estava fazendo para não surtar, e eu, ingenuamente respondi para ela "que brincava com as crianças" e que isso me dava certo alento. Ela me disse que não sabia como brincar com os filhos; que estava tão envolvida com as tarefas: higienizar tudo o que chegava da rua, a casa, as roupas, preparar a comida, cuidar dos horários de acesso dos filhos na escola, fazer as tarefas propostas com cada um deles, pensar no trabalho em *home office* dela, do marido... que não sabia mais brincar. E ela é uma profissional excelente; tenho a maior admiração por ela! O que estamos fazendo conosco durante a pandemia? Que pressão e tensão estamos produzindo e recebendo das mais diversas instituições que fazemos parte? Por que não está sobrando tempo para buscar alguma coisa que nos dê prazer? Todos nós precisamos encontrar satisfações pessoais no nosso dia para não adoecer! Todo ser humano precisa encontrar aquela situação que aquece o seu coração e o deixa feliz por alguns minutos no seu dia, para além da pressão e das cobranças que recebe e faz consigo mesmo.

O que lhe dá prazer? O que você está aprendendo durante todo o período da pandemia? O que aquece seu coração? O que faz você se sentir acolhido, amado, respeitado? Comece a anotar o que sente, o que deseja fazer no futuro, das coisas mais simples até as mais complexas. Todos nós precisamos sonhar com um término para o que estamos passando. Tenha planos de futuro, faça uma lista de coisas que quer realizar quando tudo isso acabar. Porque vai acabar! Nós precisamos ter a sensação de que tudo isso vai acabar um dia e que juntos sairemos mais fortalecidos e com planos de futuro em curto prazo, em longo prazo, para a vida toda, enfim, faça planos!

Na relação com as famílias, precisamos, também, entendê-las, perceber seus limites, suas fragilidades, ajudá-las a olhar para a casa como um lugar de muitas possibilidades e investigações. Mas também nós professoras precisamos entender que a casa não pode ser uma extensão da escola e que os responsáveis não são professores. Em que medida essa relação se dá? Até onde podemos interferir na vida cotidiana de uma família? Como construir um espaço de diálogo, de apoio mútuo, de amparo para as crianças? Recorremos a Tonucci (2020), neste momento, como uma das maiores inspirações deste período. Ele nos conta que a casa precisa ser vista como um grande laboratório de investigação. E que podemos ajudar as famílias a perceber a potência que cada um dos espaços existentes em casa pode favorecer aprendizagens significativas, como no trecho retirado de sua entrevista ao jornal ***El País*** em abril de 2020:

> Estamos pensando em uma escola que deve fazer propostas às crianças trancadas em casa. Propor às crianças que leiam um livro deve ser um presente, não uma obrigação. Há outra maneira que é a leitura coletiva, de família. Criar um teatro que tem seu horário e seu lugar na casa, e um membro da ***família*** um livro como se fosse uma novela. Meia hora todos os dias. São propostas que parecem pouco escolares, mas todas têm a ver com as disciplinas escolares. Estudando as plantas das casas pode-se fazer uma experiência de geometria. Digo tudo isso para que se entenda que é possível aproveitar a riqueza que temos agora, a casa e a disponibilidade dos pais. Você diz que os pais não têm tempo: não é verdade. (Tonucci, 2020)

A família precisa ser acolhida por essa professora, que precisa se sentir forte para o diálogo. Segura em suas escolhas metodológicas de acesso às crianças. E o suporte formativo que cada professora recebeu ao longo da sua trajetória e que a escola continua dando ao longo da sua atuação profissional, que deram segurança às escolhas que foram feitas. É possível perceber quais escolhas a escola seguirá realizando ao longo da pandemia, que continuem em diálogo com as escolhas que sempre fez.

O que contamos para as famílias antes da pandemia sobre como a escola funciona? O que narramos com as documentações pedagógicas produzidas? Se ficam claras para a família as escolhas que a escola segue, será mais simples caminhar na mesma perspectiva ao longo desse período. Agora, se, para as famílias, não forem evidentes as escolhas metodológicas feitas pela escola presencialmente, estaremos sempre em conflito. E teremos muito mais trabalho para o convencimento das famílias no ensino remoto.

Por que eu digo essas coisas quando trato de acolhimento e afeto? Porque a professora precisa se sentir acolhida também metodologicamente; isso fornece segurança. Quando estamos em grupo, fortalecemos nossas escolhas coletivas e a identidade da escola. Quando temos clareza do trabalho que queremos desenvolver estamos respeitando o profissional, as crianças e as famílias.

Quando eu recebo de um professora um relato pelo WhatsApp me contando suas angústias, suas dúvidas, e eu apoio as suas reflexões e escolhas, ajudando a buscar caminhos e soluções, também estou realizando um trabalho de acolhimento. Sou afetada pelo diálogo que travamos, abasteço-me com a sua fala, a minha escuta atenta e cuidadosa concede a ela a possibilidade de perceber eco em suas ações.

Estamos vivendo um tempo que não é possível controlar. Um tempo de muita ansiedade, de angústia, de falta de esperança. Entretanto, quando percebemos que é possível viver sem controlar tudo, que precisamos repensar a dinâmica do tempo cronológico, que é preciso ter paciência, que o ritmo tem que ser outro, que a vida vai mais lenta, mas que continuamos tendo esperança e que tudo isso vai passar, como diz nosso querido Paulo Freire (1992, p. 10):

> É preciso ter esperança, mas ter esperança do verbo esperançar; porque tem gente que tem esperança do verbo esperar. E esperança do verbo esperar não é esperança, é espera. Esperançar é se levantar, esperançar é ir atrás, esperançar é construir, esperançar é não desistir! Esperançar é levar adiante, esperançar é juntar-se com outros para fazer de outro modo...

Ainda, precisamos nos lembrar de que é a primeira vez que a nossa geração vive uma pandemia, então, não sabemos todas as respostas às questões que se apresentam neste momento. Entender que não temos respostas para todas as nossas questões também é uma forma de se sentir acolhido e respeitado. Estamos juntos buscando as melhores soluções, as possíveis para cada realidade.

Talvez um dos maiores legados que a pandemia vai deixar para todos nós é a força da ação coletiva. Entendemos que precisamos de apoio um dos outros. De ações solidárias que podem nos inspirar.

Precisamos olhar para tudo o que estamos vivendo e nos perguntar: O que estamos aprendendo com tudo isso que estamos passando? Será possível passarmos por tudo isso e sairmos iguais a quando começamos? Será que conseguiremos nos fortalecer? Os valores que tínhamos antes serão iguais depois de tudo isso? Gosto de olhar para a crise bebendo na fonte das palavras de Einstein (1981 *apud* Cortêz, 2009):

> Não podemos querer que as coisas mudem, se sempre fazemos o mesmo. A crise é a maior benção que pode acontecer às pessoas e aos países, porque a crise traz progressos. A criatividade nasce da angústia assim como o dia nasce da noite escura. É na crise que nascem os inventos, os descobrimentos e as grandes estratégias. Quem supera a crise supera a si mesmo sem ter sido superado.

Precisamos olhar para os nossos amigos, familiares, pessoas com as quais convivemos no trabalho e acolhê-las, com gestos simples e singelos, com ações de carinho, mesmo que remotamente. Uma frase de afeto em uma rede social, um recado pelo WhatsApp, um convite para cantar uma música em um aplicativo de ***karaoke***, um elogio em uma foto no ***status*** de um conhecido. Demonstrar afeto e carinho pelo outro também é uma forma de acolhimento, de dizer que você está acompanhando a dor e a delícia que cada um está vivendo.

Não estamos sós! Estamos juntos atravessando a ponte. Estamos fazendo a travessia do nosso tempo. Estamos vivendo um acontecimento que entrará para a História como um dos períodos mais sombrios já vividos. Porém, quero que meus filhos e netos lembrem desse período como uma época em que convivemos muito mais, que brincamos muito, que pudemos nos deitar no quintal e contemplar as estrelas juntos, que preparamos receitas, que realizamos as refeições coletivamente, que fizemos planos para o futuro!

E quero que os educadores saiam mais fortalecidos dessa experiência, com a certeza de que pensamos e agimos também em sua defesa; de que nos preocupamos com seu bem-estar físico e mental; de que cuidamos uns dos outros, ainda que distantes fisicamente. Tenho a certeza de que conseguimos nos reinventar no meio de todo esse turbilhão de emoções e de incertezas. Demos e fizemos o nosso melhor.

Conseguimos fortalecer os vínculos com as crianças e suas famílias, mas também nos fortalecemos como grupo. Um grupo potente, que não foge da batalha; que chora; que ri; que se emociona com as devolutivas das crianças e das famílias; que compartilha dúvidas e certezas, mas que está unido, buscando uma educação de qualidade que se conecta com a vida.

Para concluir minhas reflexões, gostaria de trazer um autor que sempre me inspira a pensar em gestos de afeto e de acolhimento. Nós, brasileiros, temos um carinho especial pel'*O livro dos abraços*; estou falando de Eduardo Galeano, que nos ajuda a olhar, com suas poesias como a "Função da arte/1". Mas, hoje, quero trazer um outro trecho do seu livro que me faz entender que não estamos sós, quando estamos em grupo podemos dar muito de nós e receber muito do outro, um texto intitulado *A paixão de dizer/2* (Galeano, 1997, p. 18):

> Esse homem, ou mulher, está grávido de muita gente. Gente que sai por seus poros. Assim mostram, em figuras de barro, os índios do Novo México: o narrador, o que conta a memória, coletiva, está todo brotado de pessoinhas.

Atravessar uma ponte sozinho é possível, mas as incertezas do caminho não poderão ser divididas com ninguém. Em compensação, quando tenho alguém em quem confio para atravessá-la junto comigo, para segurar a minha mão, para pensar por quais brechas podemos seguir o fluxo da viagem, dividir os anseios e temores, compartilhar as conquistas, sinto-me mais segura, confiante, e com a certeza de que será possível. Assim, espero que tenhamos, depois que isso tudo passar, muitas mãos para nos auxiliar a atravessar as pontes que se colocam em nossas jornadas, e que possamos seguir juntos nos apoiando mutuamente e fortalecendo nossas certezas.

Referências

CORTÊZ, Andrômida. A crise segundo Albert Einstein. ***Administradores.com***, 04 maio 2009. Disponível em: https://administradores.com.br/artigos/a-crise-segundo-albert-einstein. Acesso em: 20 out. 2021.

DOEDERLEIN, João. ***Afeto (s.m.)***. Instagram: @akapoeta. 24 set. 2018. Disponível em: https://www.instagram.com/p/BoH-8xqhR-z/. Acesso em: 31 ago. 2021.

FREIRE, Paulo. ***Pedagogia da esperança***: um reencontro com a pedagogia do oprimido. Rio de Janeiro: Paz e Terra, 1992.

GALEANO, Eduardo. ***O livro dos abraços***. 5. ed. Porto Alegre: L&PM, 1997.

PENSADOR. ***Provérbio africano***. Disponível em: https://www.pensador.com/frase/MTk3NzIyNA/. Acesso em: 20 out. 2021.

TONUCCI, Francesco. "Não percamos esse tempo precioso com lição de casa". [Entrevista cedida a] Ana Pantaleoni e Gianluca Battista. ***El País***, Barcelona, 12 de abril de 2020. Disponível em: https://brasil.elpais.com/sociedade/2020-04-12/francesco-tonucci-nao-percamos-esse-tempo-precioso-dando-deveres.html. Acesso em: 24 set. 2020.

7

Infância e pensamento: Filosofia para Crianças

Javier Francisco Rouco Ferreiro

Uma palavra pronunciada pela primeira vez, uma frase alheia ao uso próprio, um mistério revelado pelo olhar de quem nos fala e nos escuta: nas salas de aula, podemos provocar momentos em que a emoção e a aprendizagem aparecem ao mesmo tempo; podemos nos dar um tempo compartilhado, em que a relação entre o aprendiz e o que foi aprendido seja orgânica, e não mecânica.

A Filosofia para Crianças apresenta-se como uma linha de trabalho repleta de oportunidades, já que resgata o papel central da infância na construção de sociedades democráticas: considera meninos e meninas como pessoas dotadas de sabedoria, mas que também reconhecem sua ignorância e fazem perguntas. Assim, desenvolvem – ao problematizar a realidade pelo diálogo – esquemas interpretativos e operacionais para nela intervir. Como resultado desse processo, criam cultura, além de novos conhecimentos úteis à sociedade.

Os labirintos do pensamento

Todo ser humano pensa, mesmo quando não está consciente desse ato. Nas escolas, o pensamento é uma condição indispensável para a aprendizagem, já que não se pode aprender sem pensar. Outra coisa é que sejam criadas condições para que esse pensamento, esse aprendizado, aconteça da melhor maneira possível. Não seria ruim se, ao perguntar a um menino ou a uma menina o motivo pelo qual frequenta a escola, respondesse-nos: "***Para pensar!***", pois, sem reflexão, sem diálogo, não há conhecimento, mas simplesmente informações efêmeras (Álvarez Marco *et al.*, 2013).

É preciso que a escola assuma como finalidade mais ensinar a pensar do que ensinar a aprender (Miranda, 2019). Aqui, começam as complicações, já que "pensar" é algo complexo, que requer uma sofisticação explicativa que nem sempre estamos preparados para fornecer.

Ao falar de ***pensamento*** sempre nos vêm em mente termos como ***raciocinar***, ***imaginar***, ***avaliar***, ***criticar*** etc. São palavras que, por serem conhecidas, podem parecer precisas, mas, se pararmos para exemplificá-las e adicionar a elas dimensões qualitativas, inúmeras interseções surgem entre seus limites:

- Quando somos críticos também raciocinamos?
- Uma pessoa pouco inteligente pode ser crítica?
- O uso de estereótipos promove conceitos ou preconceitos?
- Prever distância, peso ou período com baixa margem de erro é um raciocínio ou uma estimativa?
- Se nos faltam informações necessárias para fazer um juízo de valor, e as supormos, estamos imaginando, avaliando ou estimando?

A necessidade de melhorar nosso pensamento se faz evidente no contexto educativo, mas podemos ensinar a pensar? Como organizar atividades que otimizem o pensamento infantil? Como trabalhar uma dimensão humana indivisível e, muitas vezes, inconsciente? A resposta não poderia vir de outro lugar além da associação entre a Filosofia e a Pedagogia: a Filosofia para Crianças.

Quando, no fim da década de 1960, Matthew Lipman lamentou-se pela dificuldade de seus alunos universitários em lidarem com ideias complexas e expressarem opiniões, ele abriu uma porta para um trabalho sistemático com o pensamento que transformaria a educação em todos os níveis. Influenciado por Dewey e contando com a inestimável contribuição de Ann Sharp, ele articulou o programa de Filosofia para Crianças, que consiste em uma série de relatos acompanhados de um guia para os professores.

Essa proposta educativa se baseia na confiança no potencial transformador de fazer da sala de aula uma comunidade de investigação, na qual os participantes se exercitam, desde a infância, como sujeitos ativos de sua própria aprendizagem, na realização de um pensamento complexo, capaz de dar sentido à multiplicidade e à diversidade da experiência humana, e, de fato, tomam parte, ativamente, das tarefas coletivas de construção de formas razoáveis de convivência (Miranda, 2019, p. 19).

O outro pilar que sustenta a Filosofia para Crianças é a assunção do pensamento multidimensional como objetivo. É sobre ter um pensamento crítico (que busque a verdade), criativo (que lide com significados) e cuidadoso (que envolva a sutileza) na infância.

As perguntas

Ao entrar na Academia Real de Belas-Artes de São Fernando, em 1994, o escultor Eduardo Chillida (1924-2002) fez um discurso chamado *Perguntas*. Nele, um homem que, durante toda a sua vida, havia se dedicado a trabalhar com a matéria e o espaço afirmava: "*Eu não represento, pergunto*". O fato de um artista plástico, em toda a sua maturidade, enunciar tal afirmação nos deixa diante de uma realidade surpreendente: não seriam, também, as perguntas o eixo metodológico do ensino?

Nós, que trabalhamos com a infância, sabemos que os meninos e as meninas não só não têm medo de se imergir em interrogações, mas também gostam de fazer e responder perguntas que os ajudem a avançar em sua compreensão do que os rodeia e os preocupa:

> No princípio, está a pergunta. Ela desperta o desejo de investigar, de conhecer. Põe em movimento nossos recursos intelectuais e emocionais. Surpreende, inquieta, faz cócegas no cérebro e não nos deixa em paz, porque uma pergunta sempre traz outra e mais outra. A pergunta é o núcleo do pensamento, a chave da imaginação, a semente da curiosidade. (Corleone, 2010, p. 1)

Contudo, nem todas as perguntas provocam a mesma reação. É evidente que os professores fazem muitas perguntas, mas nem sempre o fazem bem, pois a riqueza da resposta (e do processo mental que a facilita) depende da riqueza da pergunta. Loureiro López (2013, p. 160) defende a existência de diferentes tipos de perguntas, que devem ser formuladas oportunamente:

- *Perguntas-chave*, que abrem portas de espaços de nossa mente que permaneciam fechados e ocultos.
- *Perguntas-faca*, que se cravam como um punhal em nossas suposições, produzindo uma trilha de dúvidas que nos obrigam a repensar o estabelecido.
- *Perguntas-ferrão*, que injetam o veneno da curiosidade e produzem o comichão da incerteza.
- *Perguntas-megafone*, que despertam a atenção e amplificam as ideias sussurradas em seus esconderijos.
- *Perguntas-carícia*, que fazem cócegas nas meninges intumescidas pelo desuso.
- *Perguntas-pedra*, que rompem as vidraças que impedem a passagem da brisa fresca das novidades, as quais arejam as salas fechadas das ideias enrijecidas.
- *Perguntas-novelo de lã*, que vamos desenrolando com suavidade para desemaranhar os nós de uma velha e desgastada meada.

- *Perguntas-fio de seda*, que tiramos de nós mesmos, para tecer o delicado e indestrutível casulo do qual sairá a borboleta de pensamento recém-nascido.
- *Perguntas-turbilhão*, que levantam a poeira dos anos e levam pelos ares o que já não serve, os resíduos amontoados no sótão da memória.

Termos consciência do efeito que nossas perguntas podem provocar e termos cautela na escolha do momento de formulá-las tornou-se uma forma de fazer o que nos identifica como profissionais do ensino que abraçaram a Filosofia para Crianças.

Assim, aproximamo-nos da belíssima concepção de educação que a identifica ao abrir os olhos. Educar cidadãos e cidadãs que viverão e conviverão em uma sociedade difícil e complexa, mas que não se resignam nem à injustiça nem ao fatalismo de aceitar que tudo já está decidido. A educação, em sua acepção mais genuína, definida como um instrumento para a emancipação.

Os conteúdos

Da premissa de que podemos melhorar nossas habilidades de pensamento pelo diálogo, faz-se necessário nos perguntarmos sobre quais temas dialogar. Para que o trabalho com o pensamento não se converta em um malabarismo mental descontextualizado, temos que realizar uma seleção cuidadosa das referências culturais a apresentar ao alunado: é importante criar práticas educativas que elevem o nível de conscientização crítica sobre as desigualdades presentes na sociedade e somem esforços para promover uma ação social que as combata.

O dia a dia das salas (inclusive de Educação Infantil) é repleto de compromissos que dificultam desfrutar momentos tranquilos para dialogar. O fluxo do diálogo, muitas vezes, fica retido em uma piscina não muito límpida, em vez de se tornar uma torrente que nos refresca. Ademais, entre os professores, ainda existe um certo receio de abordar temas socialmente controversos: pequenas censuras que impomos cotidianamente diante do surgimento de temas como morte, injustiça social etc. ou na omissão bem-intencionada de catástrofes naturais, de atentados terroristas ou de conflitos sociopolíticos.

Os professores precisam aprender a organizar práticas que (Torres Santomé, 2011, p. 267):

- Tenham como ponto de partida e valorizem a experiência e o conhecimento próprio dos alunos.
- Facilitem o confronto de suas assunções e de seus pontos de vista pessoais com os de outras pessoas, a fim de gerar conflitos sociocognitivos que os obriguem a construir um conhecimento mais objetivo e relevante.
- Potencializem a personalidade específica de cada estudante, seus estilos e suas características pessoais.
- Convençam-se de que o valor positivo da diversidade pessoal é algo imprescindível para aceitar outros povos e outras culturas.

Apenas com o respeito à diversidade surgirá a sabedoria, que sempre se comporta como o sorriso do gato de *Alice no País das Maravilhas*: é o que permanece em nossa mente quando o gato já se foi, quando conseguimos esquecer as lições aprendidas e ficamos apenas com as experiências que nos marcaram.

As habilidades de pensamento: o mapa

Para nos sentirmos capazes de planejar atividades em torno de algo tão complexo como o pensamento, precisamos de um mapa que delineie as áreas nas quais devemos incidir. E, novamente, é a Filosofia que nos traz a solução, ao nos remeter às habilidades de pensamento. Para Puig e Sátiro (2000, p. 32-3), trata-se de procedimentos intelectuais adquiridos pelo exercício contínuo, expressos em condutas, porque se desenvolveram mediante a prática e admitem níveis de aperfeiçoamento.

Sem a pretensão de exaustividade, Sátiro (2006, p. 32) apresenta, no Quadro 7.1, a seguir, os cinco grandes grupos de habilidades e suas expressões mais comuns:

Quadro 7.1 – Habilidades e suas expressões

Percepção	Investigação	Conceitualização	Raciocínio	Tradução
Observar	Averiguar	Definir	Buscar e dar motivos	Narrar e descrever
Escutar atentamente	Formular hipóteses	Dar exemplos e contraexemplos	Inferir	Interpretar
Saborear e degustar	Buscar alternativas	Comparar e contrastar	Raciocinar analogicamente	Improvisar
Cheirar	Selecionar possibilidades	Agrupar e classificar	Relacionar as partes e o todo	Traduzir várias linguagens entre si
Tocar	Imaginar	Sequenciar	Relacionar as causas e os efeitos	Resumir
Cinestesia			Relacionar os meios e os fins	
Sinestesia			Estabelecer critérios	

Fonte: Sátiro (2006, p. 32).

Obviamente, o pensamento é mais complexo que uma lista de habilidades. No entanto, reconhecê-las e analisá-las é o principal ponto do qual se deve começar para desenvolver ações educativas com vistas a melhorar o pensamento dos alunos.

O trabalho sistemático com as habilidades de pensamento nas aulas da Educação Infantil pode se organizar da seguinte maneira:

- Sentar em círculo permite que todos vejam e escutem facilmente uns aos outros e que se sintam acolhidos e confortáveis com essa proximidade que o círculo proporciona.
- Em qualquer grupo de pessoas, é preciso estabelecer o que é permitido e o que não é. Apenas elaborando regras e recordando-as sempre que necessário faremos as ideias fluírem, porque é por causa da confiança que as recomendações são percebidas como oportunidades, e não limites.
- Ajuda estabelecer um rito de concentração. Colocar uma luz mais baixa, acender uma vela como metáfora do pensamento, tocar uma música suave de fundo ou adotar um bicho de pelúcia como mascote e condutor das sessões ("Sócrates" seria um bom nome para o mascote, não é?) cria um ambiente acolhedor e sempre motiva as crianças.
- Selecionar habilidades e recursos implica preparar com antecedência as questões a serem colocadas, certificando-se de que, por um lado, elas estimulem as habilidades de pensamento que pretendemos trabalhar e, por outro, aproveitem todo o aporte sociocultural de cada recurso (exclusivamente).

As sessões: exemplos práticos

A seguir, propomos uma revisão das diferentes possibilidades práticas que cada habilidade de pensamento pode oferecer, exemplificando as realidades do diálogo filosófico nas aulas de Educação Infantil.

Habilidades de percepção

Os sentidos são as janelas pelas quais espiamos o mundo, mas as percepções não estão fortemente ligadas apenas às questões de sintonia fisiológica, mas também à subjetividade. Da mesma forma que não se pode separar o dançarino de sua dança, tudo o que se percebe tem a matiz da pessoa que o faz.

A infância (embora não só ela), fortemente ancorada no presente, mas saturada pelo futuro, pode cair no engano dos sentidos e pensar que aquilo que sai de seu campo visual se converte em passado. É necessário intervir nessa tendência e recuperar o que dá origem ao ato de filosofar: o maravilhoso espanto diante da vida.

É nesse sentido que proporemos situações educativas nas quais os alunos possam – em contraste com os demais – reconhecer melhor a si próprios e ao seu entorno, evitando construir juízos sobre o efêmero, sobre a aparência:

- Permitir aos alunos concentrarem sua visão e sua atenção em objetos absurdos que escondem nuances que afetam o convencional. A poesia visual de Chema Madoz[1] ou as obras de Giuseppe Colarusso[2] e de Katerina Kamprani[3] abrem espaço para que nos detenhamos nos detalhes e apreciemos novas formas, novas funções e novos significados.
- Descrever cheiros conhecidos às percepções dos colegas provoca, muitas vezes, explosões fascinantes de sinestesias: os bolos cheiram à festa; um bebê cheira "bem"; mamãe cheira a amor.
- E o tato? Em que cama dormiríamos mais quentinhos? Sobre o feno, como propõe Helen Mirra?[4] Rodeados por um emaranhado de fios negros, como na obra de Chiharu Shiota?[5] Sobre

[1] N. do E.: importante fotógrafo espanhol contemporâneo, cujo nome de batismo é José María Rodríguez Madoz.
[2] N. do E.: artista plástico italiano que, em suas obras, remodela objetos cotidianos de novas – e inusitadas – perspectivas.
[3] N. do E.: artista plástica e ***designer*** industrial grega. Segundo ela, o intuito de seu trabalho é desconstruir a linguagem plástica cotidiana, a fim de causar surpresas e/ou risadas.
[4] N. do E.: artista plástica estadunidense que faz parte do movimento da arte conceitual.
[5] N. do E.: artista plástica japonesa cujas obras são feitas com fios diversos. Seus trabalhos já foram tema de exposições no Brasil em algumas ocasiões.

o ralador gigante de Mona Hatoum?[6] Ou na branca "cama pela paz"[7] de Yoko Ono e John Lennon?

Habilidades de investigação

Uma vez que percebe o mundo, o ser humano começa a se perguntar sobre ele. Quando imaginamos ou tentamos descobrir fazendo os outros compartilharem de nossas emoções, transformamos a investigação comum em uma jornada mais enriquecedora. Compreendendo que o conhecimento não é um ato isolado, um número solo, mas uma sinfonia, propomos aos alunos investigar situações que mantenham o equilíbrio entre desafios e brincadeiras:

- Elencar possibilidades para pegar o Saci-Pererê depois de nos deixar encantar por suas grandiosas aventuras.
- Imaginar o que pode estar olhando (e sentindo) a ***Menina na janela***,[8] de Salvador Dalí para, em seguida, poder voltar ao ponto de vista aproveitando o riso contido das mulheres debruçadas na janela que Bartolomé Esteban Murillo[9] pintou.
- Permitirmo-nos apreciarmos a surpreendente reviravolta poética que a imprensa escrita pode dar às vezes: descobrir o processo pelo qual as borboletas amazônicas completam sua dieta bebendo lágrimas de tartaruga após ler a notícia de tão surpreendente descoberta.[10]

[6] N. do E.: artista plástica de origem palestina nascida no Líbano. Sua obra (multimídia e instalação) pode ser interpretada de diversas maneiras, como crítica política, social etc.
[7] N. do E.: ***Bed-ins for Peace***, protesto pacífico feito pela artista plástica japonesa e pelo músico inglês contra a Guerra do Vietnã, em 1969.
[8] N. do E.: ***Muchacha en la ventana***, no original.
[9] N. do E.: pintor barroco seiscentista espanhol. A obra citada é ***Dos mujeres en la ventana*** [***Duas mulheres na janela***], pintada entre 1665 e 1660.
[10] N. do E.: borboletas e abelhas tomam as lágrimas de tartarugas e outros répteis em razão da procura por sal, presente nessa secreção.

Habilidades de conceitualização

As habilidades de conceitualização envolvem ordenar as respostas obtidas por meio da investigação sobre o que nos rodeia, classificando o que aprendemos em categorias. Com os alunos mais novos, essa tarefa é de grande importância, já que é necessário saber muitas palavras para nomearem seu mundo.

Considerando que somos iguais na semente, mas não na floração, jogamos para conceitualizar em grupo:

- Esclarecer o significado da palavra ***barraca***,[11] que aparece em um conto e causa polêmica, e, entre todos, pesquisar a fotografia que melhor se adéque à barraca que aparece na história.
- Buscar semelhanças e diferenças entre os variados matizes de roxo que nos presenteia a obra de Henri Matisse,[12] ou entre os girassóis pintados por Diego Rivera[13] e os pintados por Paul Gauguin.[14]
- Dialogar sobre o movimento e a pressa, comparando a prática de esportes que nos oferece ***O reverendo Robert Walker patinando em Duddingston Loch***, de Henry Raeburn,[15] com a preguiça que nos revela Carl Larsson[16] ao pintar seu filho Esbjorn fazendo os deveres escolares.

---

[11] N. do E.: ***tienda***, no original, é uma palavra polissêmica, que pode significar "loja", "tenda", "barraca", entre outros. A escolha pela palavra ***barraca*** se deu pela polissemia desta em português e em razão de haver a possibilidade de esse termo causar controvérsia na situação colocada no texto.

[12] N. do E.: pintor e escultor francês cujas obras fazem parte dos movimentos modernista, fauvista e pós-impressionista.

[13] N. do E.: pintor mexicano. Seus trabalhos fizeram parte do Cubismo, do Realismo e do Muralismo. Foi marido da pintora mexicana Frida Kahlo, com quem teve um relacionamento conturbado.

[14] N. do E.: pintor francês pós-impressionista.

[15] N. do E.: retratista escocês do Romantismo. A obra citada (originalmente, ***The Reverend Robert Walker Skating on Duddingston Loch***) retrata o religioso, literalmente, patinando no lago congelado, localizado na cidade de Edimburgo.

[16] N. do E.: pintor sueco do movimento ***Arts and Crafts*** [***Artes e Ofícios***] e ***Art Nouveau***.

Habilidades de raciocínio

As habilidades de raciocínio processam criticamente as ideias. São elas que aparecem quando nos perguntamos o "porquê" sem nos limitarmos aos esquemas de interpretação predeterminados:

- Relacionar causas e efeitos diante do mistério físico da dissolução do açúcar na água. Por que não vemos o açúcar? Para onde foi? Transformou-se em água?
- Inferir o que fica oculto se olharmos apenas a metade superior de *A tragédia/Os pobres na praia*,[17] de Pablo Picasso.
- Considerar as intenções – próprias e alheias – ao fazermos "*selfies*": São a mesma coisa que um autorretrato? Por que tiramos tantas fotos? Para que servem?
- Relacionar meios e fins ao nos preguntarmos sobre as maneiras de nos tranquilizarmos quando estamos nervosos; depois de ver o quadro *Menina na praia*, de Joaquín Sorolla,[18] perguntamos: A menina do quadro está nervosa? Por quê? Você se sente relaxado(a) quando olha o mar? Por quê? O que o(a) relaxa?

Habilidades de tradução

As habilidades de tradução processam os significados e visam integrá-los para que não se percam, pois o que pode ser esquecido é memória, não conhecimento. Ademais, em muitas ocasiões, temos que empregar outras linguagens, porque as palavras podem se tornar pesadas e imprecisas e, portanto, impedem que sejam conhecidas.

---

[17] N. do E.: originalmente, *Des pauvres au bord de la mer/Los pobres a la orilla del mar* [*Os miseráveis diante do mar*, ou, em tradução livre do espanhol, *Os pobres à beira-mar*]. Trata-se de uma pintura que mostra uma mulher, um homem e um menino, com vestes simples e aparentando bastante frio, parados na orla marítima. Faz parte da "Fase Azul" do pintor, permeada pela melancolia, em que retratava a pobreza, o abandono, o sofrimento, entre outros temas que envolviam tristeza.

[18] N. do E.: pintor espanhol pertencente aos movimentos impressionista, pós-impressionista e luminista. O título original do quadro é *Niña en la playa*.

Então, é preciso

> abrir a concha de metáforas para encontrar dentro dela a pérola única que dilata a pupila e faz explodir faíscas reverberantes dos cabos que conectam as emoções e os pensamentos, fazendo cócegas eletrizantes e contagiantes. (Loureiro López, 2013, p. 153)

Reconhecendo a infância como um momento com legitimidade própria, e não unicamente como preparação para a vida adulta, permitimos que os alunos ampliem suas possibilidades expressivas convidando-os a:

- Explicar o que está acontecendo na obra de Remedios Varo.[19] O surrealismo sempre oferece oportunidades abertas a interpretação: São anjos ou vampiros? São galinhas ou gatos? Por que a Lua está em uma jaula? O que a Lua está comendo?
- Descrever os quadros observados, atribuindo-lhes títulos.
- Improvisar uma história sobre a cama (*My bed*), de Tracey Emin.[20]
- Interpretar o que Paul Klee[21] queria dizer com sua obra *Dança com medo*:[22] É possível dançar com medo? Como? Existem músicas que dão medo? Quais? Por quê? E, claro, terminar dançando conforme o que foi dialogado.
- Reproduzirmos a postura e a atitude d'*O Casal Arnolfini*,[23] de Jan van Eyck,[24] incluindo o cachorrinho. Ficarmos como o *Abaporu*, de Tarsila do Amaral, ou como os personagens de *A sesta*,[25]

[19] N. do E.: pintora espanhola surrealista.
[20] N. do E.: artista plástica inglesa contemporânea.
[21] N. do E.: pintor alemão que fez parte do Expressionismo e do Surrealismo.
[22] N. do E.: *Tänze vor Angst*, originalmente. Quadro de 1938.
[23] N. do E.: *Portret van Giovanni Arnolfini en zijn vrouw*, em língua neerlandesa. O retrato de um casal, em que a esposa aparece grávida.
[24] N. do E.: pintor flamengo que viveu entre os séculos XIV e XV.
[25] N. do E.: *La méridienne* ou *La sieste*, no original. Pintura em que duas pessoas parecem dormir sobre o feno.

de Vincent van Gogh. E seríamos capazes – entre todos nós – de representar alguma das esculturas abstratas, de Henry Moore?[26]

Como em qualquer processo educativo, nas sessões de Filosofia para Crianças é necessário ter a devolutiva dos participantes. No entanto, por coerência, devemos apostar em uma avaliação livre do ônus punitivo, controlador e classificatório que a acompanha: a avaliação figurativo-analógica.

Nossa postura não poderia ser outra além de nos situarmos ante esse levantamento de informações partindo dos mesmos princípios que dirigem nossa prática dialógica. Propomos uma avaliação: coletiva, por meio do diálogo, lúdica e que coloque em jogo as habilidades do pensamento.

Em uma sociedade como a atual, em que os "*emojis*" já são um código de expressão usado em massa, faz-se necessário oferecer analogias com referências culturais de mais qualidade:

- Como foi sua participação na sessão de hoje? Por meio de fotografias de uma mesma árvore nas quatro estações do ano.
- Você gostou da sessão? Adotando como material as máscaras do Carnaval Tradicional da Galícia interpretadas pelo grupo Sargadelos[27] (uma sorrindo e outra séria).
- Aprendeu muito? Escolhendo garrafas mais vazias ou menos vazias.
- Como estava sua cabeça durante a sessão? Oferecendo-lhes a oportunidade de buscar sua resposta comparando (por meio de dois vídeos) o modo de dançar de Isadora Duncan[28] com o de Maya Plisetskaya.[29]

Esses exemplos mostram a profundidade da proposta avaliativa, que passa por valorizar as imagens, explicar aos outros a nossa inter-

[26] N. do E.: escultor britânico conhecido por suas obras abstratas. Fez parte do Modernismo.
[27] N. do E.: grupo que produz cerâmicas diversas.
[28] N. do E.: dançarina e coreógrafa norte-americana cujo trabalho foi muito conhecido pela Europa. Foi expoente do movimento de Dança Moderna.
[29] N. do E.: premiada bailarina e coreógrafa russa.

pretação e aceitar que uma imagem pode provocar diferentes analogias conforme o olhar de cada um.

À guisa de conclusão

A Filosofia para Crianças, na sala de aula, não tem uma vocação meramente especulativa ou contemplativa. Busca-se sempre uma práxis, uma ação sobre a realidade.

Nos anos 1940, dois ***designers***, impressionados pelo ritmo que a História estava tomando, puseram em prática sua capacidade criativa e conseguiram dois produtos que acabaram tendo grande sucesso: por um lado, Mikhail Kalashnikov, que projetou o fuzil de fogo rápido AK-47, e, por outro, Charles Eames, que criou uma tala para os membros inferiores que permitiu os primeiros socorros e a rápida evacuação de feridos.

Ambas as criações estavam estupendamente projetadas, mas sua utilidade as diferencia claramente: salvar vidas ou destruí-las.

O trabalho continuado com sessões de diálogo filosófico pretende formar indivíduos que atuem sobre seu entorno buscando melhorá-lo do ponto de vista moral, procurando que as capacidades humanas se inclinem para o benefício comum mais na linha de Eames do que na do militar russo.

Trata-se de oferecer ajuda para os alunos, para o momento em que termine o rio e se encontre ante o mar aberto. Quando o vento murmurar melodias frias como sinal de chegada, é preciso ter critérios próprios, referências para tomar decisões, para se posicionar e se proteger. E as encontraremos entre as palavras ditas na intimidade de nossa vida; entre aqueles valores menores que florescem em sussurros; nas pequenas coisas que nos acompanham silenciosamente; no outro, que divide conosco o cansaço da viagem (Agís, 2009).

Não devemos nos esquecer de que a vida, a educação, todo ato humano é um itinerário, um caminho incerto no qual é sempre mais agradável que segurem nossas mãos. Vamos nos atrever, conforme convida a poetisa María Lado (2015), a acompanhar a infância pelas voltas de seu pensamento... até onde seja preciso:

e... onde iremos?	*e... aonde iremos?*
onde o mar nos leve	onde o mar nos levar
e... habemos de volver?	*e... voltaremos?*
pois non sabemos	isso, não sabemos
e ti... estarás comigo?	*e você... estará comigo?*
ata o último verso.	até o último verso.

Referências

Agís Villaverde, Marcelino. ***Camiñantes***: un itinerario filosófico. Vigo: Galaxia, 2009.

Álvarez Marco, Ársel *et al.* Una experiencia de la enseñanza de la filosofía en primaria. ***Filosofía para Niños***: Revista Internacional de los Centros Iberoamericanos de Filosofía para Niños y Niñas y de Filosofia para Crianças, n. 8, p. 85-98, 2013.

Chillida, Eduardo. Preguntas: discurso del académico honorario electo Excmo. Sr. D. Eduardo Chilida. Madrid: Real Academia de Bellas Artes de San Fernando, 1994. Disponível em: http://www.realacademiabellasartessanfernando.com/assets/docs/discursos_ingreso/Chillida_Eduardo-1994.pdf. Acesso em: 13 set. 2021.

Corleone, María; Asociación de Filosofía para Nenas e Nenos de Galicia. ***Antón***. A Coruña: Everest Galicia, 2010.

Lado, María. ***Oso, mamá, si?*** Vigo: Xerais, 2015.

Loureiro López, Carmen. Miroscopiando cerca, miroscopiando lejos. ***Filosofía para Niños***: Revista Internacional de los Centros Iberoamericanos de Filosofía para Niños y Niñas y de Filosofia para Crianças, n. 8, p. 151-61, 2013.

Miranda, Tomás. A argumentación, columna vertebral do pensamento multidimensional. ***Revista Galega de Educación***, n. 74, p. 19-21, 2019.

Puig, Irene de; Sátiro, Angélica. ***Jugar a pensar***: recursos para aprender a pensar en educación infantil. Barcelona: Octaedro, 2000.

Sátiro, Angélica. ***Jugar a pensar con leyendas y cuentos (7-8 años)***: guía para educadores. Barcelona, España: Octaedro, 2006.

Torres Santomé, Jurjo. ***La justicia curricular***: el caballo de Troya de la cultura escolar. Madrid: Morata, 2011.

Bibliografía consultada

Loureiro López, Carmen. De pensar el arte al arte de pensar. ***In***: Sátiro, Angélica (ed.). ***Pasión por crear, placer de admirar, necesidad de transformar***: iniciación al arte como herramienta de juego, conocimiento y transformación. A Coruña: Macuf, 2009. p. 123-6.

Loureiro López, Carmen. Filosofía para nenos e nenas e neuroeducación. ***Revista Galega de Educación***, n. 74, p. 16-8, 2019.

Loureiro López, Carmen; Rouco Ferreiro, Javier Francisco; Santiago, María del Mar. Entrevista a Angélica Sátiro. ***Revista Galega de Educación***, n. 74, p. 48-53, 2019.

Miguel, Regina de. Entrevista a Angélica Sátiro. ***Educación 3.0***, 1 fev. 2019. Disponível em: https://www.educaciontrespuntocero.com/entrevistas/angelica-satiro-filosofia/. Acesso em: 13 set. 2021.

Rouco Ferreiro, Javier Francisco. Arte y diálogo: vivir en primera persona. ***In***: Sátiro, Angélica (ed.). ***Pasión por crear, placer de admirar, necesidad de transformar***: iniciación al arte como herramienta de juego, conocimiento y transformación. A Coruña, España: MACUF, 2009. p. 126-9.

8

Os fantoches: uma mão no coração da infância

José Luis Rodríguez de la Flor Adánez | Beatriz Trueba Marcano

O ideal de civilização é a integração em um conjunto
do maior número possível de atividades distintas
com a menor tensão possível entre elas.
W. H. Auden

Para visualizar em cores as imagens deste capítulo, acesse o *QR code*:

Desde tempos imemoriáveis, os fantoches, como são mais popularmente conhecidos, têm sido um dos símbolos mais conectados à cultura da infância. Quando observamos os rostos de meninas e meninos em um teatro de fantoches, sua atenção, sua emoção no desenvolvimento da trama, seu envolvimento e os diferentes estados de espírito que transparecem nelas, nós, adultos, ficamos fascinados. É esse poder misterioso que nos faz vibrar e nos conectar com nosso interior mais livre e espontâneo.

Qual a diferença entre um fantoche e um boneco? A ação animada diante da ação imaginada. A parte mais sensível de um titereiro projeta sua energia por meio de sua mão a um pedaço de matéria inanimada e de uma combinação de linguagens expressivas, sendo capaz de provocar um mundo de emoções e de sentimentos. Uma ponte do coração à mão, da mão ao fantoche. É a passagem do inerte e inanimado à ilusão de vida e existência. Move-se, mas não tem pernas; fala, mas não tem boca; gesticula, mas seus traços são fixos... Essa é a magia poética desses seres que pertencem ao mundo mediador. Essa passagem de ser "algo" para ser "alguém", como aponta Jurkowsky (1990), ou, em outras palavras, a transição do "que é" para "quem é".

É um ato profundamente criador e artístico.

Uma combinação de linguagens

Passar de objeto inanimado a animado requer recorrer aos diferentes tipos de linguagens que lhe dão vida imaginária, mas muito real:

- linguagem plástica;
- linguagem gestual e corporal;
- linguagem oral e narrativa;
- linguagem rítmica, sonora e musical.

Combinadas habilmente, essas linguagens, de igual importância entre si, fazem referência aos atos de como fazer, como mover, como falar, como falar e mover e, por último, como combinar tudo isso com ritmo e sonoridade. Atuando em sincronia, todas criam o ato mágico da representação.

Essa combinação é produzida nas ações de todo tipo de fantoches: dedo, mão,[1] varinha, caixa, luva,[2] fios, sombras, transparências, placa de espuma etc.

A depender de sua tipologia, algumas linguagens terão mais força do que outras por sua técnica intrínseca. Contudo, quando se limita uma linguagem em seu poder de comunicação, ela se equilibra e se compensa com as outras. Por exemplo, um fantoche de dedo, sem braços, tem um movimento gestual muito limitado, mas seu modo de expressão é reforçado com a narrativa: ele pode contar, recitar, representar,

---

[1] N. do E.: no original, "*manopla*". Trata-se de um fantoche em que se usa a mão inteira aberta. O jogo é fazer o personagem falar movendo a mão como uma grande boca, geralmente, na parte inferior, encaixa-se somente o polegar; e, na parte superior, os demais dedos.

[2] N. do E.: no original, "*guante*". É o clássico fantoche com dois braços. No fantoche de luva, o corpo é a mão do manipulador que se introduz na luva; a cabeça e os braços são os dedos do manipulador. Os dedos usados para manipular o fantoche são o indicador (cabeça), o médio e o polegar (braços). Além disso, requer que o titereiro mova o punho e o braço para gerar diferentes posturas e gestos emocionais. Há um jogo de sincronização dos dedos, portanto, muito mais complexo.

cantar, entre outros, ou serem utilizados ruídos, vozes, ritmos especiais etc. Então, com essas forças, ele vai potencializar sua carência tipológica.

Do ponto de vista educacional, é importante destacar o caráter transdisciplinar da presença dos fantoches na infância e os poderosos meios de socialização e de relação que eles envolvem. Assim, integram harmoniosamente aspectos científicos, matemáticos, linguísticos, da criação artística, das relações sociais, da comunicação afetiva... Também são conhecidos os benefícios que trazem como auxílio em situações de conflito: medo, autoestima, isolamento, timidez etc., bem como em situações de contextos desfavorecidos e na ajuda terapêutica, exercendo o papel de mediador entre a realidade externa e o mundo íntimo e pessoal.

Ser ou não ser um fantoche

Com frequência, em oficinas e escolas, vemos como os esforços em torno dos fantoches se transformam em aspectos de sua elaboração, em problemas colocados por sua construção física, como se fosse um fim em si mesmo. No entanto, uma vez terminado, ele se torna, simplesmente, um produto acabado, sem nenhuma ação posterior. Podemos elogiar a dedicação e o tempo despendido, a dificuldade de sua elaboração, os resultados, mas, se esses bonecos ficarem apenas pendurados na parede, ou como enfeite em uma estante, não teremos feito mais do que uma forma de "artesanato" sem integração com a vida e a educação. Isso implica colocar ênfase em apenas um dos aspectos da criação, inibindo os demais canais de dramaturgia e de comunicação. É assim que os fantoches são criados: talvez bonitos, mas sem a força de mover e comover, de transmitir ideias e sentimentos. Devemos estar cientes de que o fantoche é um ser nascido para atuar.

Em outras ocasiões, há uma forte tendência a considerar os fantoches como meros instrumentos de transmissão de conteúdos escolares e acadêmicos. Isso se afasta de sua identidade natural, retira suas virtudes e o torna um simples transmissor dos objetivos programados pelo adulto, o que implica um empobrecimento e uma redução de suas altas capacidades (Currel, 1980).

Porém, não é um obstáculo para que, como observamos na prática, às vezes, as crianças entrem em contato com conceitos ou temas de seu interesse, por meio de uma atividade de marionete, abrindo novos campos e potencializando naturalmente as aprendizagens subsequentes. Também noutras ocasiões, para confrontar ideias anteriores com inventos e descobertas, sempre implicitamente no próprio jogo teatral e lúdico, mas nunca como pretexto ou recurso forçado ao serviço de uma programação predeterminada.

Em contrapartida, na tentativa de se afastar dos paradigmas da escola tradicional, influenciados por correntes de educação informal ou improvisada, tem-se promovido, por vezes, uma imprecisão na intervenção e uma falta de propósito, ao transmitir o contato com os fantoches como algo carente de princípios técnicos, numa dinâmica de "*laissez-faire*",[3] que torna trivial o que, na realidade, é uma arte que envolve todo um trabalho.

Por isso tudo, buscamos refletir acerca do que é e do que não é realmente um fantoche, e do ato criativo que o subjaz. Produzir um títere não garante sua existência.

O que um fantoche não é?

- Algo amontoado em um cesto com diversos objetos heterogêneos.
- Um objeto decorativo ou de adorno.
- Um recurso para transmitir conhecimentos escolares.
- Um passatempo sem transcendência.
- Um instrumento carente de regras, anárquico e superficial.
- Um elemento para criar respostas uniformes.

[3] N. do E.: expressão em francês que significa "não intervenção", "liberdade absoluta".

Então, o que um fantoche é?

Um fantoche é um ser criado para atuar e se relacionar com os demais. Para transmitir emoções, ajudar os outros, criar mundo e portar alegria e bom humor.

Fantoches entre as crianças

Em que âmbito se dá a inclusão dos fantoches na cultura da infância? Desde sua origem até os dias atuais, os modos com que títeres e crianças se relacionam têm crescido em termos de complexidade. Ocorrem tanto no âmbito familiar e social como na escola. Podemos observar sua presença de diferentes ângulos.

Crianças espectadoras de uma *performance* teatral feita por adultos

Há cerca de quatro séculos, os espetáculos de fantoches são tradicionais em festas, praças, reuniões etc. Meninas e meninos participam como público ativo dessas tramas. Os argumentos se dirigem para a colaboração do público infantil: pedidos de ajuda, avisos, chamadas, perguntas, canções, idas e vindas, repetições, interjeições, onomatopeias, jogos de palavras, entre outros, em uma linguagem narrativa própria e específica da dramaturgia de fantoches.

Até poucas décadas atrás, esse tipo de teatro sempre implicava uma presença real e compartilhada. Com a chegada das novas tecnologias, as possibilidades de aproximação e de difusão foram se diversificando e ocupando espaços distintos: teatro, televisão, cinema e, até mesmo, o mundo digital das telas e da comunicação virtual. De qualquer maneira, o teatro de fantoches presencial nunca poderá ser substituído. Os modos de abordagem via telas, embora sejam um recurso válido pela conveniência e pela utilidade de aproximar públicos distantes e diferentes, carecem de espontaneidade natural, de inter-relação, de emoção e de improvisação que têm os bonecos de rua.

Crianças amigas de fantoches

O fantoche de referência

O fantoche de referência é uma figura especial para as crianças. Presente com frequência nas salas de aula, trata-se de um personagem com uma identidade reconhecida e apreciada pela sua capacidade de relação e de cumplicidade. Desempenha funções muito diversas: recebe as crianças pela manhã; conta histórias; é confidente de seus problemas; medeia conflitos; ensina canções; recita poemas; é aliado em jogos; gera situações de humorísticas; anima festas, aniversários e dias especiais etc. Ele sabe o nome de cada um e se dirige a eles individualmente. Um amigo para cada uma das crianças.

É incontável a quantidade de propostas que esse fantoche de referência realiza para estreitar os vínculos entre a classe e sua professora.

Como o fantoche está naquele mundo intermediário entre a fantasia e a realidade, não há acertos nem erros, não há coisas malfeitas nem bem-feitas, mas, sim, um campo aberto à experimentação. Por exemplo: se ficar confuso(a) ao cantar uma música ou misturar os nomes em uma história, isso vai causar risos e as crianças vão ajudá-lo(a). Nos primeiros dias de aula, ele se torna um ajudante para superar o sentimento de desamparo. Crianças que choram ao se separarem da mãe ou do pai terão consolo e refúgio no fantoche. As crianças que têm vergonha de cantar uma música têm mais segurança se o boneco acompanhá-las... Quando uma criança se sentir insegura e a marionete for sua aliada e a incentivar a agir, isso provoca respostas muito positivas e aumenta a autoestima.

Assim, sua condição positiva reside, sobretudo, em sua função de equilibrar as emoções, proporcionando:

- segurança ante o incerto;
- autoestima ante a infravalorização;
- alegria ante a tristeza;
- humor ante a seriedade;
- calor ante a frieza;
- dinamismo ante a apatia.

É conveniente sugerir que o fantoche de referência seja sempre manuseado pela mesma pessoa, ou seja, a professora, o professor ou um adulto da comunidade educativa associado a essa figura, mas não por crianças ou adultos de forma casual ou aleatória. Trata-se de criar uma associação e um vínculo especial, uma identidade sempre relacionada a uma mesma pessoa.

Nesse contexto, a figura de Mariano Dolci, um pioneiro na introdução de títeres de forma habitual e cotidiana, nas creches de Reggio Emilia (Itália) é representativa e emblemática. Titereiro, responsável pela Oficina de Animação Teatral por mais de trinta anos e atuando em coordenação estreita com as equipes pedagógicas dessas escolas, são inúmeras suas investigações sobre a metodologia e as estruturas de relações entre os fantoches e o mundo infantil, que têm ajudado muitos profissionais a compreenderem a importância e a necessidade da sua presença nas escolas (Dolci, 1987).

O fantoche de referência é mais comum no contexto educacional, mas também pode existir em outros contextos de educação não formal, como bibliotecas infantis, brinquedotecas etc., e, também, no âmbito familiar: esse amigo fantoche pode ser usado em casa, para brincadeiras, diversão e ações da vida cotidiana.

Fantoches para brincar

Boxe 8.1 – Funções de um fantoche

Foto: clu/iStock.

- Mediador (de conflitos).
- Apresentador (de situações e de atividades).
- Ajudante (com os problemas).
- Contador (de histórias).
- Provocador (de desafios).
- Amigo (de todos e de cada um).
- Referência (de atitudes).
- Confidente (dos segredos).
- *Alter ego* (espelho de si mesmo).

Nas salas de aula, é comum encontrar vários fantoches, para uso direto das crianças. Em geral, são de origem comercial ou adquiridos como material escolar. As crianças podem brincar livremente ou protagonizar representações teatrais com eles. No entanto, é muito comum encontrá-los em um baú, em um cesto deixado em um canto, de forma pouco cuidadosa ao propósito para o qual foram criados, considerados como um objeto de entretenimento superficial.

A fim de que isso não aconteça, para otimizar seu uso e dar-lhes todo o potencial, os fantoches devem ser um material com identidade própria. Isso exige:

- Criar um espaço específico com um teatro e fantoches dispostos de forma frontal, visíveis aos olhos e à altura das crianças, acessíveis à mão, individualmente, e localizados com sentido estético. Se forem deixados em um simples cesto ou baú, não serão apreciados.
- Sejam apresentados a todo o grupo, marionete a marionete, com todas as crianças presentes. Entre todos os presentes, procurando um nome, inventando possíveis origens, gostos, preferências etc. Enfim, dotando-o coletivamente de personalidade e de caráter.
- Que a professora ou o professor experimente ativamente, ao lado das crianças, movimentos e possibilidades gestuais, investigando e manipulando os fantoches para aprender algumas técnicas básicas de movimento, jogos de voz, ritmos, entonações etc.

Definitivamente, não pode ser um material desprezado, para ser tratado de qualquer jeito, mas, sim, para potencializar de modo intencional todas as suas possibilidades educativas e cumprir o sentido para o qual existe.

Crianças titereiras em oficinas experimentais

As oficinas de fantoche surgiram em meados do século XX, com a ideia de colocar a serviço de meninas e meninos, como protagonistas, a vivência integral de todo o processo titereiro.

Para isso, os coordenadores das oficinas atuam como guias, a fim de mostrar e ensinar todas as fases e linguagens necessárias para ser um titereiro.

Mostrar um ofício para compartilhar todos os seus segredos, para tornar acessível e, ao mesmo tempo, mais complexa a experiência de prazer e de diversão que sua criação e manuseio proporcionam. É um caminho que não está isento de dificuldades.

As crianças participantes de uma oficina são apresentadas à trajetória de conhecer as diversas linguagens expressivas, de forma regular e padronizada. Além disso, esses alunos são produtores de fantoches, manipuladores e atores em um jogo simultâneo de realização individual e na inter-relação com os outros, formando suas próprias companhias titereiras, em sua dinâmica integradora e global.

A depender da abordagem que recebe mais importância, existem diferentes tipos de oficinas. Algumas são centradas na construção do fantoche; outras, na representação de uma obra. Há aquelas cujo foco se centra na manipulação; outras, por sua vez, na experimentação de formas, de materiais etc. Em contrapartida, conforme o contexto, há diversidade nas propostas: oficinas particulares, em bibliotecas, em centros culturais, em associações, em escolas etc.

Quanto à duração, também existem variáveis: curta, duas ou três sessões, ou longa, durante um ano letivo inteiro...

Todavia, além de sua intenção, de seu contexto ou de sua finalidade, uma oficina de fantoches vai além de uma fórmula ou somatório de objetivos e de ações concretas. O mais importante são os princípios em que se baseiam, a imagem da infância que a sustenta. A oficina é, portanto, portadora de uma teoria educacional fundamental.

Uma experiência de oficina: princípios da atuação

Nossa experiência como coordenadores de uma oficina de fantoches realizada durante oito anos, com meninos e meninas de idade entre 4 e 12 anos, em uma biblioteca, aproximou-nos de compreender os modos particulares com que as crianças se relacionam com essa arte.

Vamos tratar disso partindo dos fundamentos que os sustentam.

Durante a realização da oficina de fantoches, identificamo-nos com um paradigma interativo e coparticipativo entre crianças e adultos, com base no princípio do respeito pelas crianças como sujeitos inteligentes. Partir da *ESCUTA* como base de toda ação, para conhecer, de forma autêntica, seus interesses e suas ideias anteriores, buscando a diversidade da ação criativa e o impulso de respostas individuais, únicas e distantes do estereótipo. A intervenção da oficina, portanto, deve ser centrada em perguntar, propor, mostrar, estimular a ação, fazer perguntas que gerem novas ideias e novos desafios, ajudar a encontrar soluções e, em última instância, favorecer a realização, a contemplação e a expressão como brincadeira e aprendizado.

Pensamos que o *PROCESSO* é tão importante quanto o fim. Assim, o foco principal da oficina não é atingir objetivos fechados e antecipados, nem fazer da representação final o nosso objetivo. Valorizamos, acima de tudo, o longo, complexo e rico processo de aprendizagem em interação, em que se desenvolvem as múltiplas capacidades que o teatro de fantoches proporciona.

É importante respeitar os *RITMOS DE TEMPO* individuais e coletivos. Cada menino, cada menina, cada pessoa tem seu próprio ritmo pessoal. Da mesma forma, as atividades também requerem horários específicos. Um antes, um agora e um depois. Assim, as ações não devem acontecer automaticamente e sem reflexão.

As oportunidades de aprendizagem na *INTERAÇÃO* entre todos os participantes são excelentes. Em particular, o interesse foi verificar a rica coesão do grupo que ocorre no convívio entre crianças de diferentes idades. As estratégias novas e inteligentes com que elas agem e se comunicam para aprender umas com as outras, para interagir, para resolver conflitos, para se conhecer e para fazer amigos nunca deixam de nos surpreender. Assim, por exemplo, é normal que os menores admirem, imitem os mais velhos, e estes, por sua vez, ajudem e cuidem dos pequenos. Descobrimos que, de maneira natural, as crianças não tendem a se organizar tanto por idade, por cultura ou por gênero, mas, sim, por afinidades e simpatia. Assim, o mestre da oficina se insere como uma peça parte desse mecanismo de ajuda mútua e de cooperação, fazendo desaparecer as hierarquias rígidas tão próprias dos paradigmas tradicionais.

Acreditamos em *AÇÕES COM SIGNIFICADO* incorporadas a uma aprendizagem natural e vinculadas a interesses vitais, que nos unem, crianças e adultos, em um projeto comum, e, nisso, colocamos o melhor de nós mesmos. Entendemos os objetivos como desafios pactuados em um grupo que, conforme são cumpridos, não só realiza o que foi planejado, mas vai muito além.

Aceitamos o princípio da *INCERTEZA*: não existem soluções únicas, nem receitas seguras. Estarmos abertos a mudanças, a novas propostas das crianças, a não nos apegarmos ao que consideramos seguro. Tudo isso nos coloca em contato com a paixão e o risco da novidade, com o jogo de aventura.

No que diz respeito à apresentação das *TÉCNICAS* plásticas e teatrais, identificamo-nos com os critérios do artista plástico e professor de oficina italiano Bruno Munari (1981), que, em muitos aspectos, inspira-nos. Cada técnica tem suas regras a serem respeitadas e explicadas com clareza, e preferimos mostrar por meio de ações do que de palavras. Também não gostamos de julgar os trabalhos infantis, mas, sim, preferimos projetar um olhar positivo e confiante, incitar o pensamento crítico e o julgamento sobre o que se fez e quer melhorar.

Escutar as crianças na oficina significa, portanto, observar e respeitar as maneiras particulares e únicas que elas têm ao se expressarem. É a cultura da infância, sua idiossincrasia particular, que só se mostra na confiança do olhar cúmplice. A ação adulta se ajusta e se molda às ideias e aos interesses anteriores das crianças. É assim que surgem questões que dão origem a respostas em uma rica espiral de circularidade.

Nossa proposta tem base em um esquema de desenvolvimento, marcado por ritos ou fases de criação, integrando todas as linguagens do processo teatral com os fantoches (Figura 8.2).

Fases da oficina

Projetar	Realizar	Representar
Escolha da obra e do personagem Esboço e ficha do personagem Formação de companhias	Realização do fantoche: • cabeça de papel machê • pintura • vestimenta • perucas, chapéus • outros adornos Cenografia: • cenário • música • objetos Pequenos teatros de fantoches Painel de documentação	Saber mover Saber falar Saber falar e mover Representar uma obra: • os ensaios • a função de titereiro

Figura 8.2- Esquema: fases da oficina.

Sem entrar em detalhes sobre a metodologia da oficina, por exceder o assunto deste texto, e porque são explicados em nosso livro ***Títeres en el taller*** (Rodríguez de la Flor e Trueba Marcano, 2011),[4] queremos nos concentrar aqui nos aspectos específicos da escuta e nas observações feitas com base nisso.

[4] N. do E.: ***Fantoches na oficina***, em tradução livre.

Oficina de Escuta: a voz secreta das crianças

Quais são esses modos peculiares e típicos da infância que observamos no desenvolvimento da oficina? Qual é a parte com a qual as crianças contribuem em sua maneira peculiar de responder? O que as crianças fazem com esse novo conhecimento? O que observamos que meninos e meninas expressam como seus?

Vejamos algumas observações com base na escuta no decorrer do processo.

O que você espera desta oficina?

A primeira intervenção que consideramos fundamental é conhecer as preocupações e as expectativas dos participantes. Saber por que eles estão ali, qual é o seu interesse e suas ideias prévias sobre o assunto. Para fazer isso, em uma sessão inicial, falamos sobre o que as crianças esperam dela. As respostas são variadas, como: "*Viemos para fazer um boneco*", "*É alguma coisa plástica*", "*Vamos brincar*", "*Vamos fazer teatro*", "*São artesanatos*" etc. Nossa resposta a esse respeito era que iríamos aprender um ofício: a profissão de titereiro. Isso produzia um fascínio instantâneo, pois abria novas perspectivas inesperadas e incomuns para a infância. Uma profissão? Foram muitas, então, as crianças que acrescentaram esse à lista de seus afazeres favoritos, juntando o imaginário "o que eu quero ser quando crescer?" com uma possibilidade real e formal ao seu alcance, aliada a um campo de prazer e do lúdico: "*Bom, então posso ser médica e titereira ao mesmo tempo*".

Parece piada lembrar que, nos anos seguintes ao seu término, vários meninos e meninas vieram nos contar que haviam formado uma companhia de teatro com amigos, irmãos ou vizinhos e nos pediram conselhos de como divulgá-la, quanto cobrar, questões técnicas, para apresentá-los a outros do ramo. Ao final da oficina, a cada ano, um título formal de titereiro era concedido pela Biblioteca. Símbolo, ritual, expressão formal de reconhecimento da jornada percorrida. Isso, sem dúvida, incitou a imaginação de muitos, querendo comprovar suas certezas.

A verdade é que, quando as crianças viram que a oficina tinha uma consideração com o seu papel de titereiros e que, por isso, elas eram levadas a sério, sentiram-se respeitadas e ficaram muito interessadas nesse conceito de aprendizagem profissional. Não nos lembramos de muitos de nós, e é comum vermos, hoje em dia, meninos e meninas que espontaneamente montam "uma banca" no parque, na rua, vendem seus brinquedos ou coisas feitas por eles? Como é atraente para uma criança pensar que ela pode brincar de ser mais velha, autônoma e criadora de algo no mundo real.

O que vocês sabem sobre os fantoches?

No início da oficina, as primeiras opiniões focalizavam a ideia de que se tratava de fazer uma figura ou boneca para brincar. Essa ideia é um reflexo da concepção social de artesanato em detrimento da dramaturgia.

À medida que o trabalho avançava, essa ideia se tornava mais rica e complexa. O conceito de personagem, unido ao indivíduo, mas sem ser aquele indivíduo, a descoberta de que era a mão que dava vida ao fantoche foram verdadeiros achados de pesquisa, em virtude de o gestual implicar uma imitação da vida.

Como um adulto, ao apresentar uma marionete a crianças pela primeira vez, conversar com elas e perguntar-lhes se pensam se uma marionete está viva ou não, é curioso ver que muitas das mais novas não têm muita clareza sobre isso.

Pode-se supor, então, que à medida que avança em seus segredos técnicos de construção e manejo, a magia de sua dualidade pode ser perdida ou diminuída, e uma criança pode vir a contemplá-lo de forma mais técnica ou mais distante de si própria. Porém, verificamos que ocorre o contrário: quanto mais conhecimentos as meninas e os meninos desenvolvem na oficina, mais o personagem que estão criando ganha em profundidade e em caráter, a ponto de esquecerem que é a própria mão que o guia, porque o personagem já conquistou sua independência. E essa é a poética e o espírito que norteiam a realização desse ato criativo puro.

Observamos essa independência, ou desdobramento do personagem, em muitas anedotas: conversas individuais com seu fantoche, chegar a repreendê-lo ou dar-lhe um tapa porque o boneco o interrompe e não o deixa falar, diálogos entre dois fantoches como personagens autônomos de quem os move etc.

Algumas opiniões das crianças menores ao finalizar a oficina mostram a complexidade e o desenvolvimento atingido desde sua ideia inicial:

> Miguel (5 anos) – "*Meu fantoche é um boneco que se mexe com as mãos.*"
> Marta (6 anos) – "*É pra brincar com ele e se divertir.*"
> Diego (7 anos) – "*É uma coisa pra fazer muitas obras para as crianças se divertirem.*"
> Noelia (6 anos) – "*Você faz um fantoche, que você dá vida a ele... Você dá a ele a sua voz... E todas essas coisas.*"

O esboço: é nele que se imagina um fantoche

Ressalta-se que, embora sejam muitas as opções de tipo de fantoche a ser feito, optamos, intencionalmente, pelo fantoche de luva com cabeça de papel machê, por ser aquele com maiores possibilidades de comunicação e de contato mais íntimo com o titereiro.

Depois que as crianças escolheram as peças e as companhias de fantoches foram formadas, é hora de pensar no personagem.

Evitamos intencionalmente exibir referências estéticas externas para ajudar a inspiração da construção dos personagens. Preferimos permitir que cada menina ou menino imaginasse como seu fantoche poderia ser com base em sua visão interior. É assim que surge o conceito de esboço.

Não se trata de fazer mais um desenho. É dar um tempo, imaginar e deixar aparecer a imagem. "*O seu personagem ainda não existe no mundo real, ele está na sua imaginação. Feche os olhos, espere... Olhe. Já conseguiu ver? Agora, desenhe. É a hora de colocá-lo no papel.*" Surge, assim, a referência formal que vem de dentro, aquela que servirá de guia para as crianças da oficina durante todo o processo de construção para a produção de seu títere. É acompanhada por uma ficha de personagem na qual as crianças descrevem como imaginam sua voz, seus movimentos, sua vestimenta e seus adornos.

Essa explicação ritualizada para o grupo e a consequente criação de cada esboço trazem uma diversidade de figuras em contraste com a homogeneidade do estereótipo ou a cópia de padrões externos. Tantos esboços quanto crianças. Tantos fantoches quanto esboços.

Verificamos, ano após ano, como as crianças estão vinculadas a esse esboço criado por elas e passam a percebê-lo espontaneamente quando estão no processo de construção do personagem. "*Vou ver como era o chapéu*", "*Tenho que fazer uma roupa com estrelas como aquela que desenhei*", "*Olha a Simona, que fofa. Tenho que colocar um laço vermelho no cabelo igual ao do esboço*"...

Um fantoche vai nascer

O fantoche é feito como uma imitação fiel do esboço criado antecipadamente de cada um. Tal foi o compromisso com a fidelidade, que, muitas vezes, sugerimos que, afinal, sendo os donos de seu projeto e de sua execução, as crianças eram livres para introduzir mudanças, se assim quisessem, mas é curioso que isso não era algo muito aceito por elas, e, na verdade, produzia nelas certa resistência, em prol de serem fiéis à sua ideia inicial.

Em relação à diferença de idades na oficina e na hora de se aproximar de sua execução, observamos que as crianças mais novas, com 4 e 5 anos, faziam os esboços mais abstratos. Por esse motivo, é óbvio, eles não tinham correspondência fiel com a marionete. Assim, sua materialização surgiu diretamente de uma imagem interna, e não tanto de seu esboço. O resultado teve um impacto direto em uma realização rápida, segura e intuitiva do que eles queriam refletir. Bonecos muito expressivos, de personalidade marcada e com grande liberdade de execução formal.

À medida que a idade aumentava, a preocupação com a execução fiel crescia, uma exigência própria por um julgamento crítico a respeito de seu trabalho. Muitas vezes, as crianças corrigiram, apagaram linhas, buscaram traços perfeitos e apego aos elementos mais formais e realistas do desenho etc. Partimos do pressuposto de que isso tenha a ver com a necessidade de se conformar com convenções estéticas mais próximas do modelo social adulto.

Conforme avançavam na construção do personagem, os laços de afinidade com ele cresciam. Dependendo da tipologia, surgiram problemas técnicos, que exigiram soluções criativas. Um nariz de mosquito muito comprido que vai picar com força sem se quebrar? Uma aranha com patas elásticas e flexíveis? Uma múmia cheia de ataduras ao vento?

Um dragão com uma grande crista espinhosa? Tudo isso representou desafios para todos nós, em busca de recursos inesperados. Nossa posição como coordenadores não é a de fornecer soluções antecipadas, mas, sim, a de encorajar a busca de possibilidades alternativas com base na escolha certa ou errada entre os meninos e as meninas. Perguntar antes de responder. Abrir antes de fechar. Uma vez e outra, as crianças nos surpreenderam com sua capacidade de modificar a função de objetos em outras novas, com sua fluência ideacional; em outras palavras, com sua criatividade em busca de soluções alternativas, novas e originais. Algumas descobertas típicas do campo teatral, como a necessidade de fazer rostos muito expressivos para que quem estivesse distante pudesse ver em perspectiva, foram assimiladas de forma rápida e individual. Paula, de 8 anos, ao explicar por que seu boneco tem olhos tão grandes: "*Na verdade, quando você vê nas obras, quando você vê de longe, você tem que colocar os olhos bem grandes, porque, então, eles parecem minúsculos*".

Uma vez terminado todo o processo de pintura, roupas, chapéus, perucas, capas etc., chegamos a um momento simbólico, a um ritual de passagem, que é o instante mágico em que o traje e a cabeça se unem, para dar origem ao nascimento do fantoche como personagem. É um marco importante no processo. Damos um tempo específico para o nascimento de cada um, de acordo com a importância que o rito exige, seguindo um protocolo: viramos o traje do avesso e inserimos a cabeça, a fim de que o pescoço do boneco e a gola do traje coincidam; nós os juntamos com um elástico; colocamos a base do traje à frente de seu criador, de modo que este puxe a cabeça de seu fantoche, saindo "para a luz" através do traje. É como um "nascimento" simulado e, simbolicamente, é o seu criador, cada titereiro que, ao tirar a cabeça para fora, traz ao mundo, à luz e à vida. Insistimos na importância, para nós, de criar e seguir um protocolo em forma de rito simbólico nesse nascimento dos fantoches, em que cada criança titereira se conecta com seu personagem, criando um poderoso vínculo afetivo.

É a partir desse momento que observamos que ocorre uma relação de troca íntima e pessoal entre cada criança e seu personagem. É uma relação intensa e apaixonada, que acontece em todas as idades.

O fantoche recém-nascido, no entanto, exige a ação de um titereiro para lhe dar fôlego vital.

A descoberta da mão

Esse vínculo afetivo que ocorre no nascimento da marionete atinge seu potencial máximo por meio da experimentação das linguagens gestual, vocal e sonora.

Primeiro, pratica-se o movimento da marionete, o gestual, a corporeidade. Habituadas a serem espectadoras, as crianças surpreendem-se ao constatar que o motor que move a marionete é a mão. Dedos, punho e antebraço, combinados, abrem um vasto campo de exploração. As crianças descobrem, então, com grande interesse que não são apenas os movimentos físicos que animam o fantoche, mas também a criação de movimentos emocionais internos (Engler e Fijan, 1973).

Gestos físicos, como: sentar-se e levantar-se; para cima e para baixo; dormir e acordar; olhar para a esquerda e para a direita; olá e adeus; aparecer e desaparecer; rápido e devagar etc.

E, também, gestos emocionais, como: alegria e tristeza; preocupação e despreocupação; medo e coragem; timidez e ousadia; choro e risada etc.

E, com maior complexidade, a combinação de ambos: por exemplo, você pode sentar-se ou andar, mas pode fazê-lo com tristeza ou com alegria.

Fantoches com voz e ritmo próprios

Completar a identidade do fantoche implica atribuir-lhe uma linguagem oral e narrativa. Desse modo, ele pode contar, recitar, cantar, enfim, representar.

Em relação a qual voz dar ao personagem, pressupomos que deve ser uma voz diferente da nossa. Observamos que, para as crianças, isso apresenta uma dificuldade inicial, algo que requer prática. Ideias simples para conseguir essa voz diferente são: torná-la nasal ou gutural; aguda ou grave; lenta ou rápida; fazer um sotaque diferente etc. Outro bom truque é atribuir sons de acordo com as características do personagem (a serpente arrasta o "s", o ogro rosna, a ovelha gagueja etc.) ou, também, pelas características do personagem (se ele for um dorminhoco, ele falará entre bocejos; se ele for tímido, gaguejará um pouco; se for sábio, ele enfatizará muito as palavras etc.).

Finalmente, brincamos de criar vozes diferentes para os nossos fantoches, a fim de escolher a que soasse melhor. Também é importante que a voz seja alta e clara. Da mesma forma, procuramos sons, golpes, ruídos, repetições para conseguir uma linguagem própria de ritmo sonoro (Escalada Salvo, 1991).

Esses exercícios, que começam na prática individual, tornam-se prática coletiva na interação entre seus personagens.

A forma de realização e de representação das crianças tem sua cultura, suas particularidades. Observando e escutando sua prática espontânea, notamos o seguinte:

- Uma das coisas mais curiosas de se ver é o desdobramento entre personagem e criança que se estabelece de maneira natural por meio de um diálogo interno, o qual se reflete externamente. As crianças dizem ao fantoche para calar a boca, fazem uma voz diferente para responder, dão-lhe ordens, discutem algo com ele, veem como ele fica com raiva etc.

- Entre as marionetes de meninas e meninos, ocorreram frequentes diálogos e brincadeiras espontâneas em interação: perseguição, provocações, brincadeiras, questionamentos, competições para ver o que cada um é capaz de fazer etc.
- Quando as crianças praticam diante de um espelho, fazendo testes de todos os tipos, muitas delas vêm pedir aos coordenadores ou aos colegas para que acompanhem uma ação específica, a fim de ver se adivinham e se elas conseguiram transmitir: "*O que eu estou fazendo? Olha como ele fica bravo. É assim que ele anda, certo?*".
- Competição para ver quantos tipos de objetos cada fantoche era capaz de pegar e de carregar, com muito riso e alegria quando ele pegava objetos desproporcionais, como uma almofada ou um regador... Claro, nesse ponto, a fusão com a marionete era tamanha que se esqueciam de que foi sua mão que carregou o peso e pareciam pensar que era o próprio fantoche que o realizara.

Esse domínio das diferentes linguagens é o que dá origem à vida do fantoche e a sua prática se torna a simples e espontânea representação de uma obra.

Ensaios e apresentação

A representação da obra não era o objetivo principal e unidirecional da oficina, mas, sim, o nexo que dava sentido a todo o processo. A obra proporciona prática individual em união coletiva. Assim como os músicos de um grupo, no qual cada um contribui com a sua criatividade a serviço da peça musical, também na representação da obra se cria um todo que é sempre mais do que a soma das suas partes. Representar a obra é, portanto, um elo de uma corrente.

Para fazer isso, é preciso ensaiar, o que requer prática de tudo o que foi aprendido: saber falar e se mover em coordenação com os outros.

Nesse último processo, os ensaios nos davam a medida das dificuldades a serem superadas. Com frequência, o títere fala, mas não se move; ou se move, mas não fala; deixa sua voz ser ouvida, mas mal coloca a cabeça para fora do cenário; outras vezes, a voz é inaudível, em razão de volume baixo ou de falta de clareza... Essas ações simultâneas são grandes dificuldades para as crianças superarem.

Durante os ensaios, os que não praticavam eram avaliadores externos. O objetivo dessa observação é, além de conhecer as demais obras, sobretudo, fazer avaliações fundamentadas e ter suas opiniões levadas em consideração em diversos aspectos.

Nós nos importamos com as opiniões das crianças porque elas demonstram bom julgamento; porque, ao avaliar a ação dos outros, você melhora a sua própria; porque é uma excelente forma de exercer a observação e a crítica em um contexto real e significativo.

Para isso, não solicitamos uma avaliação geral em sentido amplo. Não se trata de observar nada ao acaso. Algo é muito mais bem avaliado se o aspecto a ser analisado for reduzido, evitando expressões clássicas, como "está certo" ou "está errado". Além disso, os elementos já aprendidos ao longo da oficina também são desenvolvidos dessa forma, mas do ponto de vista da descentralização, ou seja, observando nos outros o que já foi praticado. Para tanto, oferecemos uma folha de observação com um pequeno questionário para responder e comentar. Sempre pensando em quem ainda não sabe ler, a página foi feita em linguagem escrita e simbólica, em paralelo (Figura 8.2).

Folha de observação para crianças como espectadoras

Dá para ouvir bem alto?	
Falam de modo claro e dá para entender o que dizem?	
Falam todos juntos?	
Todos se movem quando falam?	
Dá para enxergar bem o personagem?	

Figura 8.3 - Questionário de avaliação para as crianças.

Verificamos o quanto as crianças são exigentes na hora de opinar e de fazer julgamentos sobre o que observam. Há um intenso desejo de perfeição, em que até os detalhes se destacam.

Para ensaiar, é preciso aprender o papel da peça. A escolha das obras foi feita no início da oficina, por votação coletiva e após a leitura das diversas possibilidades. Como coordenadores, escolhemos peças curtas, de, no máximo, 10 minutos, de 3 a 5 personagens, com argumentos simples com a fórmula tradicional de abordagem – início, meio e fim, diálogos curtos, temas de interesse das crianças e que tenham mensagens positivas, com bastante conteúdo humorístico (Bernardo, 1966a,b). Em uma assembleia, cada criança vota em suas obras favoritas e, uma vez selecionadas, os personagens relacionados a cada uma são distribuídos. É assim que as companhias titereiras são formadas, com a distribuição de papéis correspondentes. Cada um aprende o texto da obra desde o início da oficina. Ao chegar aos ensaios finais, a integração entre todas as linguagens aprendidas com o fantoche pronto é recriada com o texto da peça. E o que, no princípio, era ir à memória para "conhecer o papel", vai dando lugar a um maior conhecimento do personagem e de sua localização em referência aos demais protagonistas. Então, a obrigação de conhecer as frases, literalmente, é abandonada para dar lugar à espontaneidade e à improvisação. José Javier, de 6 anos, disse: "*O mais importante no trabalho é que você tem que aprender, e isso tudo... você aprende e, também, inventa*".

FIGURA 8.4 - Ensaios e representações.

A função da marionete: fantoches em cena

Qualquer ato criativo que envolve trabalho, vontade, imaginação tem a necessidade de ser mostrado aos outros. Esse é o verdadeiro significado de uma apresentação final. As crianças realmente queriam que seus pais, sua família, seus amigos, seus professores etc. vissem o fruto de seu esforço. Isso não tem nada a ver com espetáculos estereotipados, nos quais as crianças são utilizadas como instrumentos de entretenimento dos adultos e em que pouco podem mostrar de si e de sua cultura. Portanto, nessa apresentação final, eles são totalmente autônomos e independentes. Os coordenadores se limitam a apresentar o ato no início, mas, durante a *performance*, permanecemos como espectadores, sem entrarmos no teatro. Elas organizam toda a encenação: distribuem os livretos, atuam como porteiras para o público, apresentam cada obra e a encenam, resolvendo qualquer eventualidade. Fazemos isso com a convicção de que os protagonistas são as meninas e os meninos quem atuam na peça, como um ato de confiança nas suas capacidades e na valorização da sua autonomia, tanto na sua capacidade de agir como na de progredir nas situações difíceis.

Enfim, não se trata de um "adeus", mas de um "até logo", já que é convocado um encontro coletivo para o início do novo curso, no qual os "antigos" apresentam a oficina aos "novos", junto com os bonecos confeccionados. E a roda volta a girar...

Os meninos e as meninas nos ensinam muito. A sua inteligência e a sua capacidade de fruição, a sua tenacidade para superar as dificuldades, a sua seriedade e a sua responsabilidade, o seu senso de humor, o seu trabalho e o amor que depositam em seu projeto. Alegria e paixão na maneira de ver o mundo. Uma lição que os adultos deveríamos aprender.

Referências

AUDEN, Wystan Hugh. *El arte de leer*. Barcelona: Lumen, 2011.

BERNARDO, Mane. *Antología de obras de títeres y teatro*. Buenos Aires: Latina, 1966a. v. 1. (Colección Biblioteca Práctica Pre-Escolar).

BERNARDO, Mane. *Antología de obras de títeres y teatro*. Buenos Aires: Latina, 1966b. v. 2. (Colección Biblioteca Práctica Pre-Escolar).

CURREL, David. Learning with puppets. London: Ward Lock Educational, 1980.

DOLCI, Mariano. Una representación con los niños bajo el signo de la penumbra y la oscuridad. ESCUELAS INFANTILES DE REGGIO EMILIA. *Las inteligencias se construyen usándolas*. Madrid: Morata, 1987. (Colección Ministerio de Educación).

ENGLER, Larry; FIJAN, Carol. *Making puppets come alive*: how to learn and teach hand puppetry. Mineola, NY: Dover, 1973.ESCALADA SALVO, Rosita. *Taller de títeres*. Buenos Aires: Aique Didactica, 1991.

JURKOWSKY, Henryk. *Consideraciones sobre el teatro de títeres*. Bilbao: Concha de la Casa, 1990.

MUNARI, Bruno (org.). *Il laboratorio per bambini a Brera*: progetto e metodo del primo laboratorio per bambini alla Pinacoteca di Brera a Milano 1977. Bologna: Zanichelli, 1981. (Collana Giocare con l'Arte. Quaderni per l'educazione alla comunicazione visiva).

RODRÍGUEZ DE LA FLOR, José Luis; TRUEBA MARCANO, Beatriz. *Títeres en el taller*: el día a día de un taller de títeres con niños y niñas de 4 a 12 años. Barcelona: Octaedro, 2011.

Bibliografia consultada

HERNÁNDEZ SAGRADO, Inés (coord.). *Los títeres en la escuela*. Salamanca: Amarú, 1995. (Colección Ciencias de la Educación).

9

Escutar para entender

Mari Carmen Díez Navarro

La palabra se mama,	A palavra amamenta,
y se siente y se crece.	E se sente e cresce.
Y hay que mimar su ausencia,	E é preciso cuidar sua ausência,
precursora de mieles.	precursora de méis.
La palabra que estalla desde	A palavra que irrompe
una boca tenue,	na boca delicada,
empieza a media lengua,	começa no meio da língua,
a media voz o a gritos.	em voz baixa ou a gritos.
Pero sale y la espero.	Mas sai, e eu a espero.

Mari Carmen Díez Navarro (1998, p. 198)

O Olhar que Ouve

Alguns meses atrás, entrevistaram na rádio o cantor e percussionista Carlinhos Brown, entre piadas, músicas e cordialidades. Foi bom conhecer o trabalho que ele tem desenvolvido para melhorar a vida dos vizinhos de seu bairro, assim como sentir sua vitalidade contagiante e ouvir os ritmos alegres que fazia em golpes de inspiração repentina e que preencheu minha manhã com bons sentimentos e esperança. Em certo momento, o locutor perguntou a respeito de suas pinturas expostas em Madri, então, o artista contou que seu pai, um pintor de paredes, costumava lamentar-se por pintar as paredes com cores sólidas: sempre quisera pintar figuras ou paisagens coloridas. E, pelo visto, parte desse desejo de seu pai ficou guardada dentro de Carlinhos que, um belo dia, começou a pintar, ouvindo o som do mar e cantarolando.

No decorrer da entrevista, disseram que Carlinhos intitulou sua exposição de *O Olhar que Ouve*, e ouvir essa bonita e poética combinação de conceitos e palavras fez meu coração bater mais forte. Isso, porque, há pouco tempo, havia dado um curso em uma escola infantil madrilenha no qual falamos da escuta. Tratamo-la como uma forma privilegiada e respeitosa de abordar as crianças e seus mundos particulares, de mostrar interesse por suas vidas e seus desejos, de se relacionar afetuosamente um com o outro.

Nesse contexto, uma das professoras comentou que trabalha com crianças que ainda não falam e que seu olhar, voltado para elas, também era uma espécie de escuta, porque lhe permitia observá-las, entendê-las, acompanhar sua evolução e amá-las. Pensamos, então, em várias possibilidades de desenvolver essa ideia: ***escutar com o olhar, olhares ouvintes, ouvindo com os olhos***... Uma pena não ter conhecido antes o nome da exposição! Descreve justamente o que queríamos expressar: que falta um olhar cuidadoso e amável sobre cada criança para conhecê-la, para que desenvolva livremente suas diferenças e suas potencialidades, para que se sinta bem e se entusiasme com a vida.

É assim que peço emprestado a Carlinhos Brown este belo nome, *O Olhar que Ouve*, para expressar, com contundência e beleza, esse olhar cheio de preocupação e de ânsia de compreender as crianças é um dos elementos que considero imprescindíveis em nossas escolas de Educação Infantil. Cada criança precisa ter a convicção de que, na escola, alguém vai olhá-la, ouvi-la e "estar ali por ela".

Saber que é bem-vinda e acompanhada permitirá à criança ter autoconfiança, vontade de exercitar sua curiosidade e começar a crescer com garra. Porque as crianças precisam de um vínculo forte com seus professores para se sentirem em boas mãos, para apoiar-se emocionalmente neles, para confiar que cuidarão delas, para começar bem sua jornada.

Nós, os adultos que cuidam das crianças pequenas (pais, professores, avós etc.), emprestamos-lhes nossas vozes e nossas palavras enquanto elas ainda não falam. Descrevemos o que aparentam sentir quando estão doentes, felizes, nervosas ou sonolentas. E todos esses pequenos relatos são seus primeiros contos, seu primeiro alfabeto emocional, o cimento de sua linguagem e a argamassa de seus vínculos afetivos. Assim, elas entendem que tudo tem explicação, que as sensações podem ser nomeadas com palavras e, sobretudo, que existe alguém que sabe o que se passa com elas e as ajudará a recuperar a calma. Depois, quando já podem se expressar, falam, e falam de seus desejos, de seus sentimentos, de suas ideias, de seus sonhos. E é conveniente que os adultos abram espaço para as palavras delas.

Aveludada e áspera

La palabra es la punta sonora de la vida
es lo que sale a flote del pensamiento inmerso.
La palabra es calor, es juguete, es vestido,
es el bendito nido de un abierto deseo.

El eco de las músicas de adentro,
la danza de este ritmo ligero,
quien no nos deja solos,
quien nos quiere.

A palavra é a ponta sonora da vida
é o que vem à tona do pensamento imerso.
A palavra é calor, é brinquedo, é roupa,
é o ninho abençoado de um desejo aberto.

O eco das músicas internas,
a dança deste ritmo ligeiro,
é quem não nos deixa sozinhos,
é quem nos quer.

Mari Carmen Díez Navarro (2007, p. 224)

Buscamos as palavras com as quais falamos e que nos falam, entre as milhares e milhares de palavras que existem e nomeiam o que existe e o que acontece no mundo. Escolhemos as palavras e as expressões que nos parecem mais apropriadas, próximas, familiares, bonitas ou significativas. Palavras sob medida para cada um, com sua linhagem, história, época, estilo e características. Palavras que ressoam dentro de nós e nos representam externamente, que fazem parte do nosso jeito de ser e de estar, que nos mostram e nos definem.

Com elas, criamos uma linguagem própria, com a qual nos comunicamos e manifestamos ao exterior o que pensamos, sentimos, vivemos e desejamos. As palavras organizam nosso mundo interior, nos fazem de porta-vozes, escondem nossos sentimentos, contam-nos, esclarecem nosso pensamento e nos dão pertencimento, porque é de acordo com o que se fala e como se fala que se identifica uma cultura, um estilo, um grupo social, uma personalidade, uma sensibilidade...

A comunicação preside nossos encontros e nossos desencontros com as outras pessoas. Querendo ou não, estamos sempre comunicando alguma coisa. Com nossa presença ou nossa ausência, nossa extroversão ou nossas inibições, nosso silêncio ou nossas palavras, nosso desejo de compreender o outro ou nosso foco em nosso próprio discurso. E, na hora de nos comunicarmos, a linguagem do corpo tem muito a dizer. Desde as exclamações com que damos vazão à nossa fala, aos gestos do rosto, ao olhar, ao movimento das mãos, às posturas, às distâncias, às atitudes de abertura ou de fechamento, de atenção ou de desconexão, de desgosto ou de prazer e, claro, à voz, com suas nuances, seus sotaques, aveludada ou áspera.

Toda comunicação requer uma escuta, um outro a quem contar, a quem dar a confiança de saber. Um "outro" que nos faça de reflexo, que nos dê seu olhar, que nos ajude a nos entender, que nos acompanhe e nos corresponda com suas próprias palavras, em um saudável movimento recíproco de falar e de escutar que caracteriza as relações humanas.

E, quando falamos da relação entre um adulto e uma criança pequena, essa reciprocidade é precedida por uma acolhida aberta e uma escuta generosa de todas as expressões do pequeno, que acaba de chegar ao mundo e precisa ser bem recebido para estar seguro, para entender e entender-se, para examinar seus sentimentos e situar-se com confiança em seu ambiente afetivo e social.

Os bebês também falam

> As pessoas acreditam que os bebês não falam, mas falam, sim.
> O que acontece é que não falam tudo liso, como nós: eles falam 'irrugado'.
> *Aitana (5 anos)*

Isso é o que Aitana disse, com força e convicção, quando percebeu que sua irmã mais nova a entendia e tentava responder com seu estranho linguajar de gritinhos. E, assim, também aponta a Psicologia Evolucionista. Para conseguir se desenvolver de modo saudável, a criança precisará encontrar uma maneira efetiva de se comunicar com o mundo exterior. Suas tentativas começarão a partir do momento em que ela nascer e serão realizadas por meio de todos os canais expressivos possíveis. Na verdade, a criança nos fala sobre si mesma com seu corpo, seus movimentos, suas brincadeiras, suas lágrimas, seus sorrisos...

Quando nasce é, sobretudo, seu choro que fala por ela. Sua pele, sua boca, sua digestão ou as bolhas de ar que passeiam por seu intestino. Depois, são seus olhos expressivos que contam como se sente. Mais adiante, começa a gorjear, como se fosse um passarinho, e seus balbucios acompanham as gargalhadas, as tosses, a brincadeira de se esconder e aqueles trechos de palavrinhas que se tornam triunfos assim que ela as experimenta: "*mamamama*", "*papapapa*"...

O bebê também fala por meio dos conhecimentos que adquire dos sons e dos rituais de sua casa, dos rostos de cada membro da família, de suas vozes, de suas mãos, de suas maneiras de brincar etc., porque esses saberes lhe dão a segurança e a desenvoltura de quem se sente observado, conhecido, interpretado e compreendido sem ter dito nada. Assim, pouco a pouco, ele organiza seu próprio estilo comunicativo, do qual nos faz saber se está contente, irritado, se quer colo, se está com fome, com sono ou surpreso... Emprega todo um repertório de gestos e de sons, de movimentos calmos ou inquietos, de sinais cheios de significados para seus cuidadores. Sinais e demandas que, curiosamente, vão se tornando cada vez mais claros e compreensíveis, podendo ser captados e interpretados também por outras pessoas.

Pode demonstrar satisfação e plenitude. Pode demonstrar nervosismo, inquietação, alegria ou emoção. Pode demonstrar curiosidade, apatia, cansaço, dor ou tensão. E vontade de viver, ou relutância. Porque, desde os primeiros momentos, o bebê se expressa, conta suas sensações, reclama seus prazeres, exige suas necessidades. Contudo, ainda que o faça de maneira primitiva, pode ter a escuta e a conexão que precisa, já que tem um vínculo amoroso, que tem "as ideias" predispostas à compreensão. É assim que quando o neném diz "tó" e oferece um brinquedo à sua mãe ou ao seu cuidador, costuma receber como resposta outro "tó" enquanto lhe retornam o objeto, o gesto e um sorriso que o animarão a seguir se comunicando.

O adulto aposta muito na criação desse novo vínculo que conectará a criança primeiro consigo mesma e, depois, com os outros e com o mundo exterior, mas a criança também coloca todo o seu esforço e ímpeto na vida, como se sentisse que, na verdade, a vida se dá nisso, como o é. Quando há uma boa situação de apego, dessas trocas, surge o "dizer de si", o expressar-se, o abrir-se para o exterior, para os outros, para o novo. Em outras palavras, instala-se a possibilidade de expressar o que se sente, de se arejar o mundo interior, de "sair".

Entretanto, quando passa por situações difíceis, nas quais falta a disponibilidade de figuras de afeto e de referência por conta de depressão, de crises, de enfermidades ou de ausências, a criança perde esse "interlocutor legítimo", que lhe é fundamental e facilitaria sua entrada no mundo dos outros. Então, ao não encontrar quem a receba e a encoraje, sua fluência comunicativa pode ir se limitando, enrolando-se em si mesma, até se afogar.

Pouco depois, além dessas formas de expressão não verbais, vemos outras: falar, desenhar, brincar, relacionar-se, imaginar, escrever, brigar etc., mas os adultos, pais e professores, em nossa simplicidade, focalizamos a atenção quase exclusivamente nas mensagens verbais, esquecendo-nos de buscar e compreender o que nos dizem de muitos outros modos. O importante é levar em consideração que a criança terá uma evolução mais saudável e prazerosa à medida que consiga se comunicar com fluência com as outras pessoas. Portanto, procuremos fazer o nosso melhor para nos atentarmos a todos os seus modos de expressão, além de escutar suas palavras.

Escutar para compreender

> Nossa voz precisa de espaço. Uma ampla acomodação em extensão e em respiro.
>
> Nossas palavras precisam de um abrigo. Um espaço reservado, no qual possam falar, no qual nos falem.
>
> Nossos sentimentos querem um lugar de emergência. Um canal sempre aberto em que possam exibir a alma.
>
> Nosso corpo anseia por um abrigo acolhedor. Um solo macio, com carícias e abraços.
>
> Mas nem sempre é fácil. Serão necessários cuidados, modelos, provas... e tempo. Além de uma boa dose de confiança em nós mesmos, porque libertar o corpo, a voz e as palavras é quase equivalente a sair voando pelos ares.
>
> Nesses ares em que vivem outros que, aliás, também estão aprendendo a voar, e a lançar com as mãos milhares de torrentes recentes. Felizmente, há espaço para todos, embora, às vezes, possa não parecer.
>
> *Mari Carmen Díez Navarro* (2007, p. 224)

Se nos lembrarmos de outros tempos, ainda não erradicados de todo, reconheceremos que a escuta era uma atividade estritamente relacionada à escola. O que acontece é que quem sempre ouvia, quem tinha que fazê-lo, era o aluno, e quem sempre falava era o professor, representando o conhecimento, a sociedade, a moral, a lei. Aquela era ***uma escuta para aprender***. O que se busca agora é que a criança esteja situada em seu lugar de fala, e que o professor procure escutar o que ela tem a dizer. E essa é uma escuta diferente, uma escuta subjetiva, ***uma escuta para compreender***.

Imaginemos como seria uma escola na qual não se olhasse nem escutasse as crianças. Como se estabeleceria o vínculo com cada um sem uma troca afetuosa um com o outro? Imaginemos o que aconteceria a um grupo em que a comunicação não fosse incentivada, em que o hábito de falar não fosse estabelecido, em que as palavras da professora fossem as únicas que enchessem o ar. Imaginemos como conheceríamos nossos alunos se não os escutássemos, ou se só o fizéssemos quando contassem algo sobre seu fim de semana. Perderíamos suas ideias, seus projetos, suas imaginações, suas experiências, suas perguntas, seus desejos, seus sonhos.

Imaginemos o que seria das crianças caladas, introvertidas, tímidas, das que se expressam com dificuldade, das que gaguejam, das que ainda não falam, das que costumam se isolar se não houvesse quem esperasse por suas palavras e quisesse ouvir o que têm a dizer. Imaginemos qual seria o clima de uma escola dedicada exclusivamente aos conhecimentos, mas surda ao que cada criança precisa dizer, opinar, perguntar, debater ou criticar.

Parece-me que, de fato, Aitana tinha razão: os bebês falam, sim! Ainda que falem "***irrugado***". Por isso, devemos ouvir as coisas que eles são gentis o suficiente para nos dizer. É escutando que conseguiremos conhecê-los, saber o que pensam, o que sentem, o que querem, que dificuldades ou habilidades têm, entendê-los. E não só devemos escutar cada criança, mas também os grupos de crianças, as famílias, os colegas de profissão e a nós mesmos, a nossa história, as nossas experiências, as nossas seguranças e os nossos medos, as nossas ignorâncias e os nossos conhecimentos. Faltam escolas onde crianças, pais e professores possam escutar e ser escutados, onde falar e escutar sejam meios básicos de convivência, de aprendizagem, de comunicação e de resolução de conflitos.

Dessa maneira, escutar, na Educação Infantil, pressupõe uma importante mudança de paradigma: considerar a criança como indivíduo, as famílias como seu grupo-base de criação, o professor como companheiro de jornada e a escola como lugar de encontros e de aprendizagens. E escutar, nas instituições que acolhem os pequenos a fim de oferecer patrocínio, serviços ou valores culturais, artísticos, esportivos, sociais, sanitários ou recreativos, pressupõe disponibilizar uma orientação, um abrigo e um fervoroso convite a serem incluídos no contexto e na comunidade a que pertencem.

Além disso, quando é o professor, ou uma pessoa externa ao seu grupo familiar, quem escuta a criança é oferecida a ela a possibilidade de ser vista de outra maneira, de mudar seus comportamentos habituais, de romper os papéis predefinidos que, muitas vezes, são distribuídos na dinâmica familiar, porque o professor observa e escuta a criança com uma postura aberta, esperando apenas o que surgir espontaneamente, o que difere das expectativas familiares, da imagem que se tem dela em sua casa, e isso lhe concede oportunidade de se portar de uma forma mais próxima de seus desejos. Com frequência, vi pais manifestarem seu medo de que seu filho não comesse, não dormisse, não fizesse as atividades ou não se relacionasse bem na escola, mas, como o professor não incidiu sobre essas expectativas, a criança pôde se deslocar desse lugar para um mais saudável e leve.

O que se espera de uma criança e se teme por ela costuma conter reflexos dos desejos de seus pais. É como um revestimento ou bagagem com que cada família revela ao filho o que espera dele, e isso é importante, porque significa que tem alguém ouvindo essa criança, o que lhe possibilita apegar-se à vida. Contudo, a demanda que parte desses desejos pode ser mais flexível ou mais rígida, e, se não houver plasticidade suficiente para que possa escolher suas opções por si, o que lhe for pedido poderá ser vivenciado como uma ordem, como um fardo. Nesses casos, a escuta e o acompanhamento de uma pessoa de fora do núcleo familiar pode ser uma oportunidade para levantar ou amenizar os papéis impostos ou inesperados.

Lembro-me de Luís, que me dizia que não aprenderia a ler, porque seu pai havia lhe dito que "*como era muito distraído, seria o último da classe a aprender a ler*". De Ana, que comia pouco, porque, segundo ela, "*minha avó me disse que minha mamãe comia assim quando era pequena*". De Paqui, que passava o dia elogiando meus brincos e perguntando de quem eu os havia ganhado, com ar bajulador, até que lhe perguntei abertamente por que me dizia aquelas coisas, e ela respondeu, sem hesitar nem um instante, que fazia isso "*para que goste mais de mim do que das outras meninas*", e que quando o fazia em casa, sua mãe prestava mais atenção nela do que no irmão.

Se minha atitude confirmasse por completo a dos pais, as crianças se convenceriam de que efetivamente elas "eram assim", mas se o que faço é pedir-lhes que tentem fazer outras coisas, por vezes, poderão enveredar-se por novos caminhos. Que bom seria se, como professores, procurássemos nos engajar em uma escuta contínua que forjasse o relacionamento com cada uma das crianças. Assim, nessa base de apoio emocional, segurança e afeto, poderíamos enviar para o grupo as demandas particulares de amor que nos mandam, de modo que todos se sentissem reconhecidos, aceitos, incluídos, como membros pertencentes a um "clã", e, portanto, bem-vindos, queridos e valorizados.

Palavras e silêncios

Temos palavras para vender,
palavras para comprar,
palavras para fazer palavras.
Busquemos juntos palavras para pensar!

Temos palavras para fingir,
palavras para fazer cócegas.
Busquemos juntos palavras para amar!

Temos palavras para chorar,
palavras para calar,
palavras para fazer barulho.
Busquemos juntos palavras para falar!

Gianni Rodari (*apud* Jeansalle e Tramonti, 2004, p. 75)

O crescimento inclui afetos, palavras, silêncios, atividades, aprendizagens, trocas. Viver é um processo ativo. E, na vida atual, às vezes, há barulho, palavras vazias e temas insensatos. É assim que, com frequência, precisamos de um pouco de silêncio, que acalma e tempera, que nos permita pensar, que deixe pulsar a vida, os sentimentos, a satisfação ou a falta, que nos coloque em contato com o nosso corpo e com o nosso ser mais íntimo. Mas também existem outros silêncios que podem significar tensão, medo, tristeza, irritação, morte, perdas ou dor. E é importante diferenciar um silêncio do outro.

O silêncio dos pequeninos pode falar com eloquência. Talvez se sinta confortável estando quieto, talvez seja um silêncio calmo, que não precisa ser traduzido em palavras, ou pode ser um silêncio que oculta, nega ou ignora sentimentos difíceis, secretos ou mal-entendidos. O silêncio de um adulto, pai ou professor, por sua vez, pode significar muitas coisas: que está tranquilo, observando, concentrado, tenso, distraído, alterado ou deprimido. O silêncio em uma escola pode ter também sentidos variados. Pode soar como medo, exigência, disciplina, tristeza, concentração, estudo, trabalho ou escuta.

Nas escolas de Educação Infantil, o silêncio deve ser buscado e sugerido ou provocado por atividades de observação, de diálogo ou de elaboração, mas um silêncio constante e habitual pode indicar indiferença para com as necessidades dos pequenos, que a fala dos mais velhos é priorizada em detrimento da dos mais novos. Aquela fala para lecionar, ensinar, explicar, organizar, reunir, ordenar etc. Ainda, pode demonstrar que não se respeita o tempo de entusiasmo, grito e correria das crianças, tentando ir do instintivo ao cultural, sem o ponto intermediário trazido pela mistura de ruído e de silêncio se alternando no decorrer do dia a dia.

Seria como a limpeza, por exemplo. Primeiro, você tem que tocar, provar, misturar, manchar com comida, brincadeiras, terra ou tinta, antes de deixar limpo e imaculado. É necessário conhecer os sabores, os cheiros e como as coisas se prendem em suas mãos antes de mantê-las a uma distância relevante e asséptica.

Em outras palavras, nem um silêncio paralisante, nem encher o ar de ruídos. Ambas as coisas neutralizariam os caminhos emaranhados do fluxo vital das primeiras idades. Não é um silêncio de não escuta, de não diálogo, de não comunicação. Nem um adulto falando torrencialmente, sem pausas nem respirações. Nem a proibição de falar, nem o falatório permanente.

Ao falar de não escuta, vem-me à memória uma ocasião em que passeava pelo pátio de minha escola com uma estagiária. Observávamos as crianças brincarem tranquilamente e falávamos dos diversos acontecimentos cotidianos na aula e no refeitório. De tempos em tempos, algumas crianças se aproximavam para me explicar suas brincadeiras, apresentar-me suas invenções ou se queixar por algum pequeno conflito com seus companheiros. Eu as ouvia e lhes dizia o que achava de cada caso, buscando fazê-lo de maneira breve e clara, a fim de não tomar muito do seu tempo de recreação.

A garota ouvia atentamente os diálogos que eu mantinha com as crianças, tentando entender tudo o que se passava. Às vezes, também tomava nota, coisa que me parecia muito boa, já que isso faz parte da tarefa de alguém que quer aprender um ofício: observar, refletir, rever seus conhecimentos teóricos e suas experiências práticas, duvidar, criticar, perguntar etc.

Em dado momento, um menino se aproximou com a intenção de me dizer algo, mas não cheguei a escutá-lo, apenas o girei e lhe dei um leve empurrãozinho para que voltasse ao pátio, à brincadeira e aos amigos. Não houve palavras, nem do menino, nem minhas. Apenas o gesto por meio do qual o afastei de mim. Então, vi que o rosto da estagiária passou a oscilar entre expressões de espanto, dúvida e declarada reprovação. Ficou séria, enrijecida, deixou de falar e se dedicou a escrever em seu caderno aquilo que lhe gerava um mal-estar cada vez mais notório. Sentindo sua desaprovação, perguntei-lhe por que ela achava que eu não havia atendido a demanda daquele menino, e ela me disse, envergonhada e nervosa, que, talvez, fosse porque não gostasse dele.

– E não poderia ser por algum outro motivo? – insisti.

– Não, porque escutou todos, menos ele.

– E você acha que a essa altura me deixaria levar por um sentimento negativo pelo menino sem tentar controlá-lo? E ainda na sua frente...?

Como não soube o que dizer, ficou constrangida. Então, expliquei-lhe algo que, ainda que seja óbvio e esteja implícito no trabalho dos professores, não é tão falado quanto as outras coisas. Contei a ela que cada criança tem sua história e suas características próprias, uma sensibilidade diferente, pontos positivos, e outros não tão bons. E que, por esse motivo, não se pode interagir com eles de maneira padronizada, já que cada um requer uma forma de interação particular. Isso diz muito da escuta, da atenção individual, da diversidade, do seguimento, da demanda, dos vínculos feitos pelo professor para cada menino e menina, para que a criança possa progredir e evoluir.

Na verdade, disse à estagiária que aquele menino provinha de uma família na qual ele era o primeiro (e o único) filho, neto, sobrinho. Desse modo, desde que nasceu, teve muitos privilégios e atenções, até chegar ao ponto de que, quando abria a boca, todos se calavam para escutar o que quer que tivesse para dizer. E assim foi, de maneira que se estabeleceu em um papel central, exigindo algo semelhante de quem quer que estivesse ao seu lado. Ele exigia ser ouvido, mesmo que já estivesse falando há algum tempo, mesmo que outra pessoa estivesse falando, mesmo que fosse a hora da história etc. Isso o deixava em um papel arrogante, que o colocava em conflitos com os outros, e era preciso ajudá-lo a se controlar aos poucos.

Falamos disso muitas vezes, ele e eu, com a turma da classe e com seus pais. Assim, todo o seu núcleo familiar estava se esforçando para freá-lo quando falava sem parar ou quando atrapalhava a conversa dos outros, tentando fazê-lo entender que precisa respeitar a fala e o tempo dos demais, mas era difícil. Deixar um lugar de privilégio não é fácil. Estava claro que era necessário que ele deveria se situar em um lugar mais concreto, menos centralizado.

Desde que entrou na escola, cada vez que esse menino cruzava seu olhar com o meu, desmanchava-se em sorrisos galantes e se dispunha a falar comigo como uma torrente. Era seu modo de se relacionar, seu costume, seu modo de abordar o adulto. Como ele achava que esse hábito era bom, derramava-se em palavras quase automaticamente. E, quando isso acontecia, eu o reposicionava para que conseguisse se descentralizar e controlar seu excesso de palavras.

– Daí vem minha aparente "não escuta" nessa intervenção que tanto assustou você. Faz sentido isso que contei? Percebe que escutar também é entender o que se passa com o outro e responder conforme achamos conveniente em cada caso?

– Sim, entendo. E vejo que ainda tenho muito que aprender – respondeu-me.

A circulação da palavra

> Da própria identidade até o encontro com os outros, existe um caminho a ser percorrido, que será mais leve e prazeroso *à* medida que seja acompanhado pela escuta, pelo respeito e pelo carinho dos adultos, e, também, conforme sejam criados meios para que a própria criança encontre nas palavras uma via idônea para se mostrar, para compreender e ser compreendido.
>
> *Mari Carmen Díez Navarro* (2005, p. 55)

A seguir, relato alguns momentos anotados em vários ***Diários de classe*** nos quais se observa como a circulação da palavra controla, acalma, ordena, gera aprendizagens, ajusta o grupo e ajuda a compreender.

Invejas

Quase todos os dias, escuto falarem dos irmãos, da família, das casas, dos aniversários, dos filmes, dos animais, do que é "verdade" e do que não é, dos namorados, da morte etc. Também dos contos que lemos, das ordens, dos amigos, das brincadeiras. Tem um grupo de meninos que fala e brinca de piratas e de cavalheiros. Algumas meninas que brincam de fadas. Três meninas que dançam, e um trio de meninos que opta por construir e destruir infinitamente.

Eu as escuto falar do clima, de timidez, de vergonha, de raiva, de temperamento, de tristeza. Conto-lhes de minhas memórias, de minhas aprendizagens, de meus costumes e de minhas manias, falo sobre as coisas que valorizo, como a amizade, a ajuda, os sonhos, a imaginação. E as instigo a aprenderem, a serem boas e a respeitarem os outros. Acredito que falte incluir tempo no horário escolar para esse falar natural, "sem regras", porque é necessário exercitar a aprendizagem do pensamento e a opinião, a explicitação das dúvidas, as experiências, os saberes e os desconhecimentos. Poder pensar em voz alta, argumentar as ideais ou os desejos, poder dialogar, escutando e buscando compreender os demais.

Normalmente, as crianças falam enquanto estão colorindo, durante a refeição, nos momentos de brincadeira livre... Às vezes, expressam: "*Temos que falar de algo que aconteceu*", pedindo um tempo para conversar em grupo. Às vezes, sou eu a que propõe o momento de falar, porque observo que acontecem algumas coisas que convêm comentarmos. Depois da celebração de Natal que fizemos na escola, pedi a elas que falassem sobre esse dia.

Como se sentiram, do que mais gostaram (ou do que menos gostaram), o que ensinaram aos seus pais que aprenderam na aula... Quando acabaram os comentários, trouxe à tona algo que presenciei e ainda não tínhamos tido a oportunidade de comentar:

– Eu aproveitei muito a festa; pude falar com os pais de vocês.

Vocês estavam lindos, dançaram muito, entre outras coisas. Apesar disso, também aconteceu algo de que não gostei e que me fez pensar.

Me refiro ao que disse uma menina daqui sobre outra colega.

Alba, você, que estava perto e ouviu, poderia contar?

– Sim. É que, quando Patri entrou, Luciana lhe disse: "*Voce esta muito feia*"; mas não era verdade, porque estava muito bonita com seu laço, sua saia e seu colete.

– Isso foi o que aconteceu, sim, mas o que eu não sei é por que Luciana faria isso. Estava brigada com Patri? O que você pode dizer sobre isso, Luciana? E os demais, o que acham?

– Eu não disse isso – defendeu-se Luciana.

– Sim, eu escutei você, e você disse duas vezes – insistiu Alba.

– Será que estava com inveja do cabelo de Patri, que é bem cacheado? Eu gosto muito – aventurou-se Héctor.

– Será porque ela quer ter os olhos azuis, como os de Patri? – adicionou Lía.

– Vocês estão falando de invejas possíveis, mas não será porque algo as havia chateado?

– Não, não estavam brigadas; elas não brincam juntas.

– E você, Patri? Quer dizer algo?

– Que eu escutei isso mesmo, mas como eu sei que eu estava bonita, tudo bem, eu perdoo, e pronto.

– O que você responde a isso, Luciana?

– Que sim, que era inveja, porque eu achei que ela estava mais bonita do que todos os outros dias, e eu queria ser a mais bonita das meninas.

– Vocês estavam muito lindas, todas as meninas, cada uma com seu estilo. Lembre-se de sua camisa de brilho. Os meninos também estavam muito bonitos. Não convém que se ataque a outra pessoa por algo que você sente, isso é coisa sua.

– E você, o que faz se tem inveja? – perguntou-me Luciana com verdadeiro interesse.

– Pois costumo fazer duas coisas: uma é pensar nas coisas boas que eu tenho, e a outra é me aguentar.

"*Sexta-feira é meu dia de folga!*"

Assim Aitana expressou, aos 4 anos, a alegria que sentia ao se aproximar da única tarde em que não tinha zumba nem inglês, aulas que a ocupavam de segunda a quinta-feira. Essa menina falante e extrovertida deixou explícito o que pensava e o que sentia, com a força e a segurança de seus comentários realmente reveladores:

– Sexta-feira é meu dia de folga!

– Queria ficar doente, assim, não teria que ir fazer inglês.

– Vi umas nuvens. Se chover é melhor, aí, minha mãe não me vai me levar para fazer zumba.

– Mas você não disse que gostava da zumba?

– Sim, gosto, mas não para ir tantas vezes.

– E o que você faria à tarde se não tivesse aulas?

– Eu ia comer de pijama, vendo desenhos, e, depois, brincar com meus brinquedos.

Lembro-me, também, de Ángel, um menino calmo que ansiava por brincar com seus brinquedos e fazer campeonatos de jogo da glória[1] com seu irmão mais velho. Dizia que nunca podia fazer essas coisas porque tinha que ir ao caratê e ao inglês. Uma tarde, quando sua mãe veio buscá-lo, ele disse que estava com muita dor no pé. Ela me perguntou se ele havia caído. Eu disse que não, nem havia reclamado em nenhum momento. Então, vendo-se pego, ele se pôs a chorar, dizendo que queria "*viver mais tranquilo*".

E o fato é que o tempo de estar junto, de conversar, de resolver, de brincar, de discutir ou de perder tempo foi suplantado por outras coisas: aulas extraescolares, lições de casa (às vezes, excessivas), e, sobretudo, telas, embora saibamos muito bem que elas absorvem, isolam e desconectam a criança do que os cerca: da família, dos brinquedos, dos amigos e, até mesmo, de uma bela montanha para explorar.

Talvez devêssemos escutar melhor o que acontece em nossa casa, para ver se, assim, teríamos coragem de fazer coisas diferentes e de escolher o que parece melhor para a nossa família, embora as coisas que

[1] N. do E.: jogo de tabuleiro em que é preciso percorrer uma espiral (dividida em casas) até o centro dela; quem chega até esse ponto primeiro é o vencedor.

prometem um futuro brilhante estejam na moda. Porque, embora o futuro seja importante, para alcançá-lo é preciso passar por um presente que já está aqui, e que nos pede para, como disse Ángel, "*viver mais tranquilos*".

Acordos

Carlos comentou hoje com a turma que fez em sua casa um contrato com seus pais, e os três assinaram:

– E o que vocês acordaram? – perguntei-lhe.

– Nada, era um papel que dizia contrato, e, abaixo, tinham as assinaturas.

– É que *contrato* significa "combinar com outros sobre algo, entrar em acordo sobre alguma coisa".

– Ah, eu não sabia.

– Se você quiser, podemos fazer um contrato, você e eu – propus-lhe. Poderíamos combinar que você vai se sentar quando precise, e não depois, como você costuma fazer. O que você acha?

– Bom, sim.

– Escreva você mesmo, e assinamos os dois.

Assim, fizemos, e houve um bom cumprimento do acordo, coisa que exaltei diante do grupo. Quando terminei de falar, Lía disse:

– Pois aqui tem mais gente que precisa fazer esses contratos.

– Quem? – perguntei. E todos foram dizendo o que pensavam que uns e outros tinham que melhorar.

– Você deveria combinar que não vai bater mais.

– E você, que vai comer tudo.

– Você, que vai trabalhar mais do que agora.

– Vocês poderiam combinar que não vão jogar sempre futebol, porque vocês ficam muito chatos com as boladas.

– E vocês, não discutir tanto para ver quem manda no dia.

– Eu vou combinar de falar mais.

Na manhã seguinte, Carlos surgiu com um montão de papéis na mão. Em todos eles, tinha contrato escrito com sua letra; o conteúdo estava por se delimitar.

Como eu gosto dessas coisas, que me surpreendem e me fazem admirar as redes de aprendizagem e de relação nas quais se movimenta cada grupo! Com seu ritmo e do seu jeito. Com as contribuições de uns e de outros. Com os entusiasmos ou as passividades. Com a boa e rica mistura que supõe estarmos juntos nisso que é aprender.

Zombarias

Como vinham ocorrendo muitos casos com as zombarias como denominador comum, decidi abordar o tema com as crianças. Assim, disse a elas:

– Percebi que alguns de vocês, às vezes, zombam dos outros e gostaria de falar sobre isso.

– Sim! Ontem, ele disse que as crianças da África tinham o nariz escorrendo.

– E por que você disse isso? Para se sentir engraçado? Por que eles estavam longe e não podiam ouvir você? Se eles o ouvissem, certamente, ficariam magoados ou irritados.

– Eu estava brincando.

– Não, isso não é brincadeira, e você sabe, porque falamos disso mais vezes.

– Não era só eu. Os outros também falaram. E algumas meninas.

– Mas meu pai me falou que ninguém tem direito de zombar de ninguém.

– Não, você não pode zombar.

– Se zombar de um amigo, ele vai embora, e não você não terá mais amigos.

– As zombarias ferem o coração.

– Podíamos fazer um cartaz que dissesse isso.

– Um na sala e outro no pátio, pois é no pátio que a gente caçoa.

– Ou fazemos uma pulseira e colocamos em quem zomba dos outros.

– E o que escreveria na pulseira?

– "É proibido zombar, porque íamos *nos* sentir mal."

Gostei dessa ideia e disse isso a eles. Concordamos que é certo, porque todos sofrem com a zombaria, os que recebem e, também, os que a fazem, "***porque, tarde da noite, ficam tristes por terem feito isso***".

A consciência moral se constrói lentamente. Sentir a necessidade de cuidar dos outros não é algo simples num momento tão narcisista e autocentrado como as primeiras idades. Ter consideração pelos outros supõe olhar para si mesmo e sentir-se suficientemente cheio de autoestima. Só então você pode começar a olhar ao redor.

Manolo

Certa vez, li um poema ilustrado por Carlos Ortin que me entusiasmou, tanto pelas palavras, quanto pelos desenhos, animados, soltos, graciosos, sonhadores. O poema era de Gloria Fuertes (2004) e dizia assim:

Ya ves qué tontería,	Veja que besteira,
me gusta escribir tu nombre,	gosto de escrever seu nome,
llenar papeles con tu nombre,	encher papéis com seu nome,
llenar el aire con tu nombre;	encher o ar com seu nome;
decir a los niños tu nombre,	dizer às crianças seu nome,
escribir a mi padre muerto	escrever a meu falecido pai
y contarle que te llamas así.	e lhe contar que você se chama assim.
Me creo que siempre que lo digo me oyes.	Acredito que sempre que o digo me ouves.
Me creo que da buena suerte.	Acredito que dá boa sorte.
Voy por las calles tan contenta	Vou pelas ruas tão contente
y no llevo encima más que tu nombre.	e não levo comigo mais do que seu nome.

Na ilustração, era possível ver algumas casas, paredes com letreiros, uma sacada com uma menina tocando piano, uma garrafa jogada no mar com uma carta dentro dela, alguém que gritava do alto de uma torre. E todos eles com o objetivo comum de anunciar aos quatro cantos do mundo um nome: *Manolo*, *Manolo*, *Manolo*, *Manolo*, *Manolo*.

Acontece que eu dava aula em uma turma em que havia um menino chamado *Manolo*, que ficou encantado com o poema. Ele acreditava que era praticamente seu e me pedia para lê-lo sempre. Olhava o livro, ria e até o memorizou. Depois, quis uma cópia para que seus pais pudessem lê-lo.

As outras crianças também se sentiram provocadas pelo poeminha, riam e o invejavam. Creio que queriam ser tão nomeados e tão protagonistas quanto Manolo. Uma das meninas trouxe palavras e uma proposta ao delicado momento:

> *Pensei que cada um poderia fazer um desenho bonito e escrever muitas vezes seu nome, porque me deu vontade de fazer isso quando vi o desenho de Manolo no livro. Eu vou me desenhar em carrinhos de bate-bate e vou encher o meu vestido, o carro, a pista e até o céu com meu nome: Candela. Candela. Candela... E vou fazer colorido, mesmo que demore muitos dias pra terminar.*

O céu de baixo

Uma tarde, escutamos discutir aos gritos dois meninos que estavam no banheiro. A discussão continuou quando entraram na sala e se estendeu a toda a classe. Joel nos assegurava que "o cometa o acompanhava até sua casa", à tarde, quando saía do colégio, e Rubén dizia que os cometas "estão quietos, e não acompanham a gente".

Esse primeiro enfrentamento acalorado foi acompanhado de uma série de perguntas coletivas, que mobilizou a curiosidade de todos:

– O cometa é uma estrela com rabo ou um planeta?

– Não é a estrela de Belém?

– É de fogo?

– Não sei se é um meteorito ou um cometa.

– Não sei se ele se move ou se está parado.

– Eu sempre vejo a Lua me seguindo.

– Pois eu, quando corro pra casa, vejo que o Sol me acompanha. Isso deve ser porque o mundo é uma bola gigante, por isso, quando ficamos tontos, parece que estamos caindo aos pés do mundo.

– Mas por que em alguns lugares é noite quando em outros é dia?

– Onde as estrelas se escondem? Vão dormir em casa ou se apagam?

– E o Sol? Ele se esconde no mar?

– Não, ele fica no céu de baixo.

– Existem dois céus?

– Sim, se ele se escondesse no mar, apagaria.

– O cometa de agora, vejo todo dia de minha sacada e da janelinha de meu carro ao voltar pra casa.

– Não pode ser. A gente devia aprender sobre cometas.

Assim expressa Beatriz Trueba Marcano (1999, p. 192) sobre o lugar da escuta nos projetos de trabalho:

> Trabalhar por Projetos é um desafio. Não tanto por precisar de condições e materiais especiais, mas, sim, porque requer, antes de tudo, um novo enfoque, uma mudança de atitude por parte do educador. Fundamentalmente, coloca-nos como adultos em uma postura consciente de escuta atenta diante da criança como ponto de partida. Observar o que realmente lhe interessa, por meio de suas ações, de suas perguntas, para "enganchar" com seu pensamento, alimentando sua profunda necessidade de aprender, sem perder as muitas ocasiões que nos oferecem a cada passo.

Jacobo

Carlos sujava a boca e as mãos com iogurte, falava gritando ou à meia-língua, "como se fosse bebê", irritava-se caso o contradissessem ou não prestassem atenção nele. Às vezes, até me respondia mal. Perguntei-lhe por que fala dessa maneira. Respondeu que não sabe, só é assim:

– Mas antes ele não fazia isso, no ano passado, por exemplo – disse Carol.

– É verdade, porque eu falava muito com ele – acrescentou Carla.

– Nunca tinha feito isso – comentou Héctor, seu grande amigo.

– Talvez esteja com vontade de fazer isso agora que está mais velho, já que ele não tinha feito antes – eu disse.

– Como Jacobo, como Jacobo – seguiu dizendo Héctor.

– Quem é esse Jacobo? – perguntamos vários de nós.

– É um que meu pai sempre fala: "Você está igual Jacobo, quanto maior, mais bobo".

– Puxa, que ditado mais engraçado!

Carlos alternava entre a expressão de riso e a de emburrado. Assim ele estava: dividido entre o desejo de ser maior e o de voltar a transitar aos anos em que não fez as coisas que as crianças habitualmente fazem. Sempre fora muito formal.

Nesses momentos, sua linguagem oscilava entre os gritinhos agudos de um "bebê grandão" e suas habituais frases pomposas. E sua posição oscilava num espaço intermediário entre aquele que costumava ocupar, no qual não pode brincar nem errar, e o lado brincalhão e zombeteiro que estava experimentando ocupar. Até aquele momento, ocupara um espaço mais próximo dos adultos do que do das crianças, um lugar que se aproximava dos mais velhos e o separava dos colegas de classe. Ultimamente, por sorte, tem mudado, mas seu processo era tão chamativo que admirou a todos.

Você fala muito, pouco ou mais ou menos?

Observo que Hilario me olha de soslaio e praticamente não fala comigo, a menos que precise muito de alguma coisa. Gustavo se dirige a mim com sorrisos sonolentos e alguns elogios. Amelia me conta sobre as comidas de que gosta e como fez o colar de sementes que usa. Ester me pergunta coisas, pinta e cantarola quando há silêncio. Pili fala sobre bebês; ela se preocupa se "*acontecer alguma coisa*" com os bebês que aparecem nos contos ou nos filmes, com aqueles que vão para a aula dos menores e, claro, com a "dela"... Hilda espera que todos os colegas saiam ao pátio para conversar comigo. Nesses curtos instantes de privacidade, mostra-se segura, alegre, conta-me como é seu quarto, como dança, que tem um namorado muito alto etc.

Pedro é distraído e brincalhão, fala pouco diante da classe; ao chamá-lo, metade das vezes, não me ouve, está disperso. Quando está com os demais, mostra-se carinhoso e desenha com força e alegria; delineia as figuras com segurança e consegue resultados bonitos e criativos. Não sei o que acontece com os conteúdos que precisam de mais atenção. Martín intervém aos gritos e repete o que quer dizer várias vezes até se sentir escutado e respondido por mim. Gosta de falar de animais e de jogos de fliperama, mas, com frequência, tenho que lhe pedir que não levante a voz, coisa que o incomoda. Outro dia, chamei a atenção dele por "cortar" a fala de outro menino, e Martín ficou muito alterado, fazendo birra. Mario fala toda vez que eu falo. Sempre tem algo a dizer, a corrigir ou a sugerir. Parece um pequeno professor, com seus desenhos elaborados, suas propostas, suas explicações e seus magníficos talentos de diretor de teatro.

Ao notar essa disparidade de formas de expressão, propus às crianças que anotassem em um gráfico os que falavam "*muito, pouco ou mais ou menos*", para ter consciência do fato naquele momento específico e poder aferir possíveis mudanças. Assim, pedi que cada um dissesse o quanto achava que falava. Alguns diziam que não sabiam, e os colegas e eu lhes dávamos dicas ou dizíamos nossa opinião. Duas meninas disseram que falavam muito, mas eram as que menos falavam! Um dos falantes disse que falava pouco, e todos disseram que não, que ele falava muito. E os que falavam muito, disseram que falavam "*um montão*".

Uma vez montado o gráfico, comentei que ele permite que todos saibamos de todos, mas que cada um é do seu jeito e tem o direito de falar o que quiser, embora fosse importante que ninguém ficasse com vontade de falar, mas não dissesse nada por vergonha ou por outros motivos.

Flores para a aranha

Hoje, Pepe chegou de sua casa com um buque de flores para colocar no túmulo da aranha que enterrou outro dia no pátio:

– Como sei o lugar exato, vou colocar uma cruz e um papel escrito: "ADEUS, ARANHA. DE PEPE".

Nico e Alberto o acompanharam em seu projeto e em seu ritual, portanto, ele consentiu que assinassem o papel. O restante acompanhou o enterro. Agora, o pátio tem um novo elemento, tão antigo como o mundo, um pequeno lugar para abrigar um ente que se foi. É assim que as crianças vão aprendendo o que é morrer: com os bichos, os animais ou as flores que secam, porque "*o que vive, morre. A vida é assim...*", como sempre diz Anaís.

E, do mesmo jeito que não podemos evitar isso, tampouco convém ocultá-lo, dissimulá-lo, convertê-lo em tabu ou comprar para a criança um animal igualzinho ao que partiu, "para que não se assuste nem sofra ao saber que morreu". Pelo contrário, o interessante é que saiba que se nasce e se morre, que devemos estimar a vida e cuidar dela, porque "é a única que temos... e não podemos perdê-la", como disse Ana Luisa Ramírez (2005) em seu livro *Así es la vida*.[2]

---

[2] N. da T.: *Assim é a vida*, em tradução livre.

Refletir com as crianças, dar espaço para suas palavras, constatar as diversas realidades em que vivem, escutar, compreender, ter clareza e acompanhar é o que podemos oferecer na escola. É suficiente.

Uma escola do jeito que as crianças gostam

As crianças são as melhores para nos ajudar a encontrar a escola que querem, uma escola na qual haja escuta, atenção, ternura e vínculo.

Se elas falassem "direto ao ponto", diriam que querem uma escola na qual possam ficar tranquilas; na qual possam crescer vivendo minuto a minuto, com imaginação, com prazer e sem pressas; na qual possam observar com folga os objetos cotidianos, o reflexo do sol na janela ou as coisas bonitas que possam se aproximar de seus olhos, de suas mãos e de seus ouvidos jovens.

Uma escola na qual possam se movimentar, brincar, conhecer, tocar e experimentar de tudo, com a permissão e a colaboração dos adultos responsáveis; na qual se sintam vistas, protegidas, escutadas, compreendidas e acompanhadas ao longo de todo o dia; na qual possam saber que falamos delas, sonhamos com e para elas, observamo-las, admiramo-las, esperamo-las, percebemo-las como diferentes e únicas.

Uma escola na qual se valorize tanto as brincadeiras quanto a aprendizagem, tanto os livros quanto a natureza, tanto as palavras quanto os afagos, tanto os sentimentos quanto as reflexões, tanto o vínculo quanto a solidão, tanto a autonomia quanto a dependência; na qual seus protagonistas, suas famílias e seus professores estejam de acordo para educar conjuntamente, com respeito, coerência e criatividade.

Uma escola na qual a sujeira e o barulho convivam com a higiene e a música; na qual o movimento e a exploração estejam de mãos dadas com os poemas e os contos; na qual os conflitos e as teimosias caminhem com os beijos e o início de novas amizades.

Uma escola que cresça com as crianças e que aprenda sua história, suas inseguranças, seus desejos e seus sonhos.

Referências

DÍEZ NAVARRO, Mari Carmen. ***Caramelos de violeta***. São Paulo: Phorte, 2021.

DÍEZ NAVARRO, Mari Carmen. Dentro y alrededor: escuelas y maestros para estos niños. ***In***: INFANCIAS Y ***problemas sociales en un mundo que cambia***: la familia, los nuevos conceptos, la función docente y la tarea en el aula. Buenos Aires: Novedades Educativas, 2005. p. 54-95.

DÍEZ NAVARRO, Mari Carmen. ***La oreja verde de la escuela***: trabajo por proyectos y vida cotidiana en la escuela infantil. 2. ed. Madrid: De La Torre, 1998.

DÍEZ NAVARRO, Mari Carmen. ***Mi escuela sabe a naranja***: estar y ser en la escuela infantil. Barcelona: Graó, 2007.

FUERTES, Gloria. Ya ves qué tontería. ***In***: HIDALGO, Herrín (org.). ***Narices, burritos, volcanes y otros poemas ilustrados***. 2. ed. Ilustrações de Carlos Ortín. Valencia: Mediavaca, 2004. (Colección para niños, n. 2).

JEANSALLE, Nora Sofía; TRAMONTI, Gabriela. Reunir a los padres ¿para qué?: reformulando estrategias de encuentro. Buenos Aires: Colihue, 2004.

RAMÍREZ, Ana Luisa. ***Así es la vida***. Ilustrações de Carmen Ramírez. Valencia: Dialogo, 2005.

TRUEBA MARCANO, Beatriz. ***Talleres integrales en educación intantil***: una propuesta de organización del escenario escolar. Madrid: De La Torre, 1999.

Bibliografia consultada

DÍEZ NAVARRO, Mari Carmen. Anselmo habla más que yo. ***Infància***: Revista Digital de La Associación de Maestros Rosa Sensat, n. 94, p. 23-9, nov.-dic. 2005.

DÍEZ NAVARRO, Mari Carmen. Escuchar para comprender: la escuela infantil, lugar de encuentro y de comunicación. ***Infància***: Revista Digital de La Associación de Maestros Rosa Sensat, n 149, p. 22-8, 2015.

10

Legados das pedagogias indígenas

Maritza Díaz Barón

Cruzando fronteiras

Os campos disciplinares nos espaços e nas práticas educativas e pedagógicas formais e não formais delineiam novas questões que demandam incursões em outras referências conceituais, necessidades, práticas e transformações. O diálogo interdisciplinar contribui para reorientar os caminhos do trabalho pedagógico que, entre outros objetivos, tem a missão de contribuir para a construção da sociedade. Problemas associados aos processos de transmissão e de construção de conhecimentos, presentes na diversidade étnica, humana e cultural, na História, nos relatos situados, nos significados ou nas crenças, hoje, posicionam-se na formação educacional e pedagógica.

A abordagem de correntes de pensamento, de enfoques, de perspectivas e de pesquisas distintas da Antropologia da Infância e da Educação têm permitido uma ampliação de significados para abordar o contexto específico do menino e da menina, dos formadores, das famílias, das instituições ou das comunidades nas quais circulam, além de noções de infância, de desenvolvimento e de cuidado, não como processos universais ou mecânicos, mas como formas de interação social, cultural e política. Essas concepções e práticas são amplas e abrangem o corporal, o afetivo, do comum e costumeiro ao mais ritualizado que acontece na vida cotidiana. Com isso, quero destacar que, além de conhecer as formas de conceber e de praticar a educação que, durante séculos, expandiu-se da Europa e da América do Norte como modelos universais, para os planos de estudos e para a formação de profissionais desde a formação inicial, é fundamental que se aprofunde em outras práticas educacionais para criar pedagogias com identidade própria.

Nesse quadro de reflexões, este artigo assinala seções da investigação que se desenvolveu no campo da Antropologia da Infância e da Antropologia da Educação entre o povo *Pãmiwa*, comumente chamado de Cubeo. Proponho-me a expor apenas um aspecto entre os muitos que formam a complexidade do que se concebe e se vive como infância, formas de construção do conhecimento ou integridade na infância *Pãmiwa*.

Como se aprende a ensinar entre o povo Pãmiwa

Piramiri é um pequeno povoado situado na região do rio Cuduiari, vertente do rio Uaupés na região amazônica colombiana. Ali habitam os *Pedikűa*, um clã do povo *Pãmiwa*. Ao longo de diversas estadias entre 1993 e do último encontro em 2016, a experiência etnográfica levou-me a vivenciar recortes de sua vida cotidiana e a manter uma conversa prolongada, guiada sobretudo por mulheres. Minha atenção centrou-se na infância *Pãmiwa*.

Uma pergunta tem me levado regularmente a cada encontro por caminhos imprevistos, a fim de compreender o lugar da infância na sociedade *Pãmiwa*. Em minha última estadia, fui para Piramiri com a seguinte questão central: *Como se aprende a cuidar e a ensinar meninos e meninas para que possam viver no mundo Pãmiwa?*

Elas, as mulheres, responderam de imediato e quase em uníssono: "*é necessário falar da preparação das meninas quando elas têm o primeiro sangramento e se faz o isolamento. Aí, aprende-se o mais importante*". Essa resposta me chamou a atenção, em especial, por conectar a infância diretamente à preparação adequada da jovem durante o que os Cubeos chamam de ***nomiado***, também conhecido como isolamento, reclusão ou ***pelazón***. Trata-se do ritual de iniciação feminina, que marca a passagem da infância à vida adulta. A resposta é significativa, porque expõe a circulação de saberes que as mulheres *Pãmiwa* expuseram sobre o cuidado e as aprendizagens da infância.

Com essa premissa, reuníamo-nos para conversar diariamente aos fins de tarde com um grupo de 15 mulheres acompanhadas por meninos e meninas. Foram falas direcionadas por elas mesmas e nas quais as mais velhas orientavam as mais jovens. As conversas vieram entrelaçadas por dramatizações do que elas viveram em seus próprios enclausuramentos. Evidenciou-se que várias jovens não tiveram sua reclusão por estarem em internatos católicos no período de sua menarca e a preocupação com as repercussões que essa omissão significou para a alteração do comportamento habitual dos *Pãmiwa*. Assumiu-se, então, que essas conversas de reconstrução seriam feitas para recuperar o saber e as práticas vitais preparatórias para os próximos isolamentos. Eu ajudava na preparação das pinturas corporais, observava, escutava atentamente e participava por meio de questionamentos adicionais. Às noites, escrevia meu diário e, no dia seguinte, líamos em grupo. Então, as mulheres mais velhas confirmavam ou corrigiam o que havia sido registrado. No entanto, ressaltaram que os saberes e as práticas de hoje foram reduzidos em relação ao que acontecia na época de seus ancestrais.

Os rituais de iniciação feminina têm sido foco de grande interesse nas análises etnográficas. Remontam à aceitação da puberdade em Samoa, descrita por Margaret Mead (1928), passando pela ideia de contaminação e tabu, estudada por Mary Douglas (1966). A análise de Françoise Héritier (1997, p. 292), que enfatiza a recorrência da dominação masculina, tem norteado diversos estudos. A caracterização das fases de ***separação*** do estado anterior, o ***período de liminaridade*** como a fase ambígua da transição e a ***agregação*** como um retorno à sociedade em um novo estado, proposto por Victor Turner (1988) e Arnold van Gennep (2008, p. 112), retomados por Silvia Citró (2009, p. 299). Eles explicam a complexidade das elaborações sobre um marco na vida das mulheres em diferentes sociedades. Noções como contaminação, tabu, fertilidade, corporeidade, proteção, sexualidade, poder e dominação, natureza ou alteridade sobre-humana para a conformação das mulheres têm sido alguns dos aspectos presentes em abordagens antropológicas também desenvolvidas na Amazônia colombiana nesse limiar na vida das mulheres. Portanto, marca a passagem da infância para a idade adulta feminina, sendo particularmente relevante na circulação de saberes sobre o ensino e a aprendizagem presentes no cuidado à infância.

O momento em que a mulher tem a possibilidade de procriar se estabelece com a chegada da menarca. Quando a jovem púbere tem sua primeira menstruação uma mulher mais velha, preferencialmente sua mãe ou avó, oferece-se como "madrinha do isolamento". Ela, em certas ocasiões, acompanhada por outras mulheres, estará encarregada de orientar e de cuidar da jovem. Então, integram-se ao seu corpo eventos de experiências anteriores, emoções e conhecimentos, que se relacionam com o processo de procriação e a maneira de educar, incluindo as relações com todos os seres que a rodeiam, envolvendo, também, os animais, as plantas e tudo ao seu redor.

Para os *Pãmiwa*, o espírito de um bebê provém de seus ancestrais e eles acompanham a chegada da alma à existência física de um menino ou de uma menina. Esse processo conduz à formação do ser da pessoa *Pãmiwa*. Organizam seu corpo, seu caráter e seu comportamento, integrando-o à sabedoria ancestral. Essa compreensão do ser como articulado ao universo circundante dá sentido à integralidade das pessoas, conectando-o com a sociedade, com os antepassados e com o mundo ao redor. Essa noção de integralidade acompanha o ser desde o início de sua existência, ao longo de toda a sua vida e em seu retorno à casa dos espíritos.

Embora não se possa falar de uma consonância total entre os passos do enclausuramento e os rituais que acompanham a primeira infância, é possível identificar equivalências significativas. No processo de isolamento, espera-se que a jovem desenvolva uma série de qualidades que lhe ensinem e ela deve aprender pela observação, pela reconstrução de experiências prévias, pela assimilação de conselhos e de seu próprio modo de agir. As brincadeiras infantis e, em geral, sua participação na vida social são retomados, e, agora, dizem-lhe: "***Bom, você já é uma mocinha, então, agora, deve saber fazer as coisas de mulher***".[1]

Para desenvolver essas características na jovem, reconstroem práticas corporais e conhecimentos que a menina acumula como filha ao lado de sua mãe, de outras mulheres e de membros da comunidade. As intervenções no corpo da jovem em isolamento, como o corte de cabelo, a alimentação, os banhos ou as massagens, a pintura corporal têm propósitos voltados para fortalecer seu corpo contra enfermidades, mal-estar ou prevenir o envelhecimento precoce e, ainda, buscam dar ao corpo a beleza desejada. O que acontece com seu corpo não é meramente físico ou espiritual, mas também emocional: a maneira de sentir, de expressar emoções e de se relacionar com os outros é parte fundamental dessa preparação.

O ensino às meninas e aos meninos tem um princípio lembrado à jovem no isolamento e que diz: "***Não se deve ensinar às crianças o que elas já sabem. Se já sabem, já sabem***". Ela mesma, em suas explorações da infância, foi assistida por perguntas que lhe permitiram associar os conhecimentos com suas próprias decisões. Isso lhe possibilita reconhecer sua identidade individual, seus ritmos pessoais, e promover sua autonomia. Sua experiência pessoal é reconhecida por meio de perguntas para reconstruir o que observou e experimentou como menina-filha e o que ouviu dizer sobre elas. O que expressou como menina nos jogos simbólicos e na criação de situações imaginárias é retomado no futuro como insumo para seu autorreconhecimento. Aqui, identifica-se a correspondência entre o cuidado recebido pela menina púbere, os cuidados

[1] Palavras de Gladys Vargas, conforme transcrito no diário de campo realizado em Piramiri (Vaupés, Colômbia, 2 de janeiro de 2014).

que ela aprende a prestar aos outros e a si mesma, e os cuidados e a maneira de aprender e ensinar aos meninos e às meninas.

A missão de quem educa: cuidar para que a alma permaneça no corpo

Os conhecimentos acerca do conjunto de elementos que acompanham o cuidado, o ensino e a aprendizagem que são recapitulados e projetados na jovem em seu isolamento ressignificam-se à medida que passam a fazer parte de sua missão como mulher, futura mãe e, portanto, educadora. As práticas de cuidado presentes na criação dos filhos não só preveem o crescimento saudável e sua proteção, como também são constituintes da identidade da mulher em seu papel de esposa e mãe, o que significa ser pessoa e educar para ser *Pãmiwa*.

A etnografia contemporânea reconhece que o processo investigativo implica um questionamento mútuo entre os sujeitos envolvidos, mantendo um diálogo constante em todos os sentidos. Em cada estadia em Piramiri, minhas companheiras me formulavam perguntas muito precisas. Nessa ocasião, a inquietude foi contundente. Em tom de suspeita e de reprovação, perguntaram: "*Mari, é verdade que 'as brancas' colocam seus bebês para dormir em um ambiente separado do delas? Você fez isso?*". Respondi afirmativamente, amenizando a faixa etária com que essa prática é realizada, que oscila entre semanas e meses. Seus rostos não contiveram o espanto e a preocupação. Então, trouxe uma réplica: "*Por que isso incomoda vocês? O que acontece com o bebê quando dorme em um ambiente separado de sua mãe?*". As respostas abriram toda uma nova reflexão acerca da missão educadora.

A mãe ou o responsável por cuidar de um recém-nascido até seus primeiros anos de vida tem como missão garantir que a alma, ou, literalmente, *a respiração* (*ũme*) do bebê permaneça sempre conectada ao seu corpo. Para tanto, ela deve saber se comunicar com a alma do neném, a fim de garantir seu desenvolvimento. Apesar de os cuidados serem constantes, o sono do bebê requer uma atenção especial. É necessário atender a quatro aspectos para proteger a união corpo-alma: ***tristeza***, ***satisfação***, ***tranquilidade*** e ***respiração***.

A ***tristeza*** (***ũme etayü***) se manifesta na respiração do recém-nascido, e a mãe deve escutar como ele inspira (***ũme daviyü***), captando o que lhe faz mal, e como exala (***ũme dapuyü***), expulsando isso; dessa maneira, sabe como ajudá-lo. Entende-se que os bebês choram para expressar o que sentem, mas é necessário aprender a entender seu pranto, para que este não seja demasiado, deixando-os em desalento e se convertendo em uma tristeza permanente que se instale em seu ser.

A ***satisfação*** é muito importante, porque o bebê deve sentir o quanto é apreciado. Para manter esse estado, é importante alimentá-lo quando pedir e que ele saiba quando estiver saciado, mas sem excessos. A fim de que saiba ser paciente, é bom fazê-lo esperar um pouco.

A ***tranquilidade*** é vital para que a alma permaneça sem medo (***ũme parücü***), não abandone o corpo e possa crescer forte (***ũme tutuyayü***). A intranquilidade se reconhece pelas batidas do coração, por isso, a mãe deve aprender a sentir o coração (***ũmedü***) do bebê, para saber como se sente e tranquilizá-lo, conseguindo, também, acalmar a si própria e compassar seus batimentos com os do bebê. Pode-se dizer que ela estabelece um canto de corações, ligando as batidas ao ritmo da tranquilidade.

A ***respiração*** da mãe, ou do cuidador, deve ser forte e, como a canção das batidas do coração, é compartilhada por meio da respiração (***ũme japuyü***), soprando suavemente em sua cabeça. Com essa prática, a força é transmitida.

O xamã será a figura central que acompanha cada passo e evoca o ambiente que envolve a preparação da jovem. Alguns dos conjuros transmitidos pelo pajé são feitos de forma que ela fique protegida até ter um marido, ao passo que outros são de prevenção para toda a vida. Além do corpo e do espírito da jovem, o xamã reza pelos alimentos, pelas substâncias, pelos objetos, pelos espaços e pelas pessoas envolvidas no isolamento. O breu (cera de abelha) com o qual se produz o incenso, os instrumentos com que se corta o cabelo, a ***caraña*** ou o ***carayurú*** (tintas) para o rosto e o corpo, os alimentos que ingere, isto é, tudo o que acontece com e em torno dela. Os resíduos do corpo da jovem e os lugares em que se depositam também são objeto de conjuros.

A esses conjuros, somam-se, ainda, os conselhos do xamã que em cada ato envolve a jovem, com o conhecimento dos ancestrais. É um saber que revitaliza cada mulher e cada um dos filhos e das filhas que ela gerará, restaurando seu espírito. Isso também acontece com o recém-nascido, e esse conhecimento é transmitido à jovem: "*Assim como aconteceu quando ela nasceu, como está acontecendo agora, será com seus filhos*". Ela deve compreender muito bem que a ausência da reza e dos conjuros do xamã deixa meninas e meninos desprotegidos, expostos a ataques por seres como peixes, aves ou, até mesmo, do bosque. Eles podem retirar o espírito do bebê (*umé*) na hora do parto e levá-lo para a "casa dos peixes", "casa dos pássaros" ou "casa da árvore". Por meio dos conjuros, pedem permissão a esses seres, ficam gratos por poder compartilhar com eles e os afastam, para que a mãe e o bebê fiquem a salvo. Como aponta Correa (2016, p. 90),

> A informação evidencia como todos os ritos têm por objetivo fortalecer a consciência do indivíduo sobre sua identidade e alteridade, de acordo com sua posição e sua participação na sociedade, e suas relações com outros seres que habitam este mundo. Os primeiros anos de vida são acompanhados por cerimônias que inauguram as relações com todos esses seres, notavelmente materializadas no consumo de substâncias e de alimentos vernáculos e cerimoniais, que devem ser conjurados para convocar o poder dos ancestrais que garantem a estabilidade do ser.

As precauções, que envolvem cautela, orientação e autonomia, mantêm uma ética de relações que se reflete no conjunto de práticas do cotidiano vinculadas à cosmogonia.[2] O menino e a menina recebem cuidados para que, além de satisfazer suas necessidades básicas, como alimentação, abrigo ou saúde, tenham o desenvolvimento esperado, cuidem de seu espírito e de sua identidade como ***Pediküa*** e ***Pãmiwa***. É assim que o cuidado e a aprendizagem na infância se desdobram na sociedade ***Pãmiwa***, de forma entrelaçada com uma noção de integralidade muito mais ampla do que a habitualmente considerada na pedagogia ocidental e nas políticas públicas para a primeira infância.

Com a força construída da ligação com a alma e o corpo em uma noção profunda e extensa de integralidade que avança passo a passo no início da vida e a que, no Ocidente, chamaríamos de primeira infância, em um momento preciso (comumente entre os 2 e 3 anos), com a mediação do xamã, a menina ou o menino recebe um primeiro nome próprio e dá um passo protegido no mundo (***Tũcübü***). Para inaugurar esse momento, a mãe e o(a) filho(a) percorrem a selva e o rio; levando-o(a) cara a cara com o mundo enquanto cantam, ela apresenta o(a) bebê (*ũmüjicü*) a este, e apresenta a ele(a) os elementos e seres do mundo para que o(a) acolham e se compreendam mutuamente: "[...] ***palma, este é o(a) meu(minha) filho(a). Quando vier pegar sua cera, por favor, dê um pouco. Filho(a), eu apresento você à palma. Quando precisar de cera, ela vai lhe dar, mas se lembre de pedir licença e de agradecer*** [...]".

Notas para transformar concepções e práticas

A correspondência entre o cuidado recebido pela menina durante a puberdade, os cuidados que ela aprende a prover e a ter consigo mesma, e os cuidados que recebeu quando pequena inverte-se no modo de aprender

[2] N. do E.: doutrinas (por vezes, religiosas) que explicam a origem do Universo.

e, depois, de ensinar os meninos e as meninas. Essa relação carrega uma noção de ***vínculo*** e de ***integralidade*** que se contrasta à orientação das práticas pedagógicas ocidentais.[3] A ***noção de integralidade*** presente na maioria dos programas de Educação Infantil e das políticas à primeira infância,[4] embora seja bastante ampla e busque resguardar os direitos da criança, contrapõe-se às práticas dos *Pãmiwa*, uma vez que se restringe a um esquema de prestação de serviços e de cuidados, articulando ações intersetoriais, segurança alimentar e nutricional e serviço de educação.

Ainda assim, os saberes e as práticas das pedagogias indígenas diferem das separações próprias da "modernidade" ou da "pós-modernidade" do Ocidente, que comprometem os pilares da educação e da pedagogia: conhecimento, corpo, alma, razão, liberdade, sujeito, indivíduo, desenvolvimento, interpretações, entre outros.

O ***vínculo*** é um dos paradigmas do trabalho pedagógico que, no Ocidente, descobriu-se como uma relação entre saber e poder (Foucault, 2005), em que o conhecimento passado pelo professor serve como meio de controle do aluno, que nada sabe, o que dificulta a aprendizagem. Rogers (1980) o apresenta como um compromisso pessoal que implica o autoconhecimento e o conhecimento do outro para gerar confiança e respeito na relação professor-aluno ou como uma responsabilidade do docente de moldar a personalidade do alunado de maneira integral (Charur, 2003).

Com exceção de Foucault e alguns autores, o vínculo tende a ser exposto como uma construção pessoal na relação entre os indivíduos. O vínculo mobilizado entre os *Pãmiwa* fundamenta-se em uma conexão explícita entre a autorreferência à história pessoal que conecta as experiências de vida com o ensino-aprendizagem, a psique da mãe com a do filho, além de retomar e vincular a ordem do universo com o modo de ser dos meninos e das meninas em uma mediação simbólica do cuidado que se recebe e se provê como forma de cuidar dos legados identitários e

[3] Na Colômbia, as diretrizes e as noções como a integralidade para meninos e meninas entre 0 e 5 anos e 11 meses se consignam na política pública mediante a Lei nº 1804, de 2016.
[4] Noção da lei de integralidade, conforme a Lei nº 1804, De zero a sempre.

da própria construção social. Isso é possível em virtude da integralidade presente na concepção da pessoa e do universo. Esse sentido de ***integralidade*** questiona a delimitação de dimensões ou pilares universais do desenvolvimento infantil proposto em nossa sociedade.

Legados portentosos, como o de Paulo Freire, mostram-nos o poder de dar identidade às nossas pedagogias ao questionarem a visão eurocêntrica da educação que, de muitas maneiras, silenciou e interpretou erroneamente a história e a riqueza de saberes dos conhecimentos externos ao seu domínio reproduzidos em uma América Latina que tende a se comportar como periferia do que os outros ditam, convertendo-se em executora de modelos. Reconhecer os legados das pedagogias próprias dos povos indígenas não deve ser entendido como curiosidade diante do exótico ou algo parecido. Trata-se de encontrar as contribuições da interculturalidade, reconhecer e nos inspirar em seus legados para construir pedagogias próprias em contextos não indígenas. Os povos ameríndios têm trazido luz sobre a relação com a natureza e o cuidado do meio ambiente, mas seus conhecimentos vão muito além. Retomar a diversidade no conhecimento e suas epistemologias é algo que se irradia pelas relações de submissão ante um saber centralizado e dominante, que tão claramente expõe Boaventura de Sousa Santos (2010, p. 50) no conceito de ***descolonização do conhecimento***.

> Em todo o mundo, não só existem diversas formas de conhecimento da matéria, da sociedade, da vida e do espírito, mas também bastantes e muito diversos conceitos do que conta como conhecimento e dos critérios que podem ser usados para validá-lo. No período de transição em que estamos entrando, no qual as versões abismais de totalidade e de unidade de conhecimento resistem, é provável que necessitemos de um requisito epistemológico geral residual para avançar: uma epistemologia geral da impossibilidade de uma epistemologia geral.

O reconhecimento das pedagogias próprias como possibilidade de valorização da diversidade e a interculturalidade revelam práticas educativas, concepções de infância, de indivíduo, de sociedade, formas de construção do conhecimento e processos de ensino-aprendizagem que, para além dos processos intraculturais dos povos indígenas, acrescentam à nossa sociedade outras formas de conhecimento que podem ser inspiradores diante da urgência de descolonização do saber.

> A educação própria se dá no cumprimento da Lei de Origem, Lei de Vida, Direito Maior ou Direito Próprio de cada povo, mantendo a unidade, a relação com a natureza, com outras culturas, com a sociedade geral e conservando cada uma seus próprios hábitos e costumes; desenvolve-se da sabedoria e do conhecimento, de forma experiencial, com a participação de ancestrais especialistas, de autoridades, de anciãos, da família e da comunidade em geral. (Contecepi, 2013, p. 19)

Referências

Charur, Carlos Zarzar. ***La formación integral del alumno que es y como propiciarla***. México: CFE, 2003.

Citró, Silvia. ***Cuerpos significantes***: travesías de una etnografía dialéctica. Buenos Aires: Biblos, 2009.

Comisión Nacional de Trabajo y Concertación de Educación para los Pueblos Indígenas (Contecepi). ***Perfil del Sistema Educativo Indígena Propio (S.E.I.P.)***. Bogotá: ONIC, AICO, IAC, CIT, 2013.

Colômbia. Congreso de la República. Ley 1804 de 2016. Por la cual se establece la política de Estado para el Desarrollo Integral de la Primera Infancia de Cero a Siempre y se dictan otras disposiciones. ***Diario Oficial***, Bogotá, n. 49.953, 2 ago. 2016. Disponível em: https://www.icbf.gov.co/cargues/avance/docs/ley_1804_2016.htm. Acesso em: 29 set. 2021.

Correa, François. La construcción del ser y el poder de los ancestros entre los Pãmiwa (cubeo). ***In***: Díaz, Maritza Barón; Caviedes, Mauricio (ed.). ***Infancia y educación***: análisis desde la antropología. Bogotá: Pontificia Universidad Javeriana, 2016.

DOUGLAS, Mary. ***Purity and danger***: an analysis of concepts of pollution and taboo. London: Routledge, 1966.

FOUCAULT, Michel. ***Vigilar y castigar***. 30. ed. México: Siglo XXI, 2005.

HÉRITIER, Françoise. ***Masculino/femenino***: el pensamiento de la diferencia. Barcelona: Ariel, 1997.

MEAD, Margaret. ***Coming of age in Samoa***: a psychological study of primitive youth for western civilization. New York: William Morrow and Company, 1928.

ROGERS, Carl; FREIBERG, H. Jerome. ***Libertad y creatividad en la educación***. Barcelona: Paidós, 1980.

SANTOS, Boaventura de Sousa. ***Descolonizar el saber, reinventar el poder***. Montevideo: Trilce, 2010.

TURNER, Victor. ***El proceso ritual***. Madrid: Taurus, 1988.

VAN GENNEP, Arnold. ***Los ritos de paso***. Madrid: Alianza, 2008.

Bibliografia consultada

CITRÓ, Silvia. Creando una mujer. *In*: HIRSCH, Silvia (coord.). ***Mujeres indígenas en la Argentina***: cuerpo, trabajo y poder. Buenos Aires: Biblos, 2008. p. 12-36.

DÍAZ, Maritza Barón. La exploración asistida: orientación del conocimiento en la educación inicial de indígenas Cubeo del Amazonas. *In*: DÍAZ, Maritza Barón; VÁSQUEZ, Socorro (ed.). ***Contribuciones a la antropología de la infancia***: la niñez como campo de agencia, autonomía y construcción cultural. Bogotá: Pontificia Universidad Javeriana, 2010.

DÍAZ, Maritza Barón; VÁSQUEZ, Socorro (ed.). ***Contribuciones a la antropología de la infancia***: la niñez como campo de agencia, autonomía y construcción cultural. Bogotá: Pontificia Universidad Javeriana, 2010.

DÍAZ, Maritza Barón; CAVIEDES, Mauricio (ed.). ***Infancia y educación***: análisis desde la antropología. Bogotá: Pontificia Universidad Javeriana, 2016.

LEVINE, Robert A. *et al*. The comparative study of parenting. *In*: LEVINE, Robert A.; NEW, Rebecca S. (ed.). ***Anthropology and child development***: a cross-cultural Reader. Victoria, Australia: 2008.

OVERING, Joanna; PASSES, Alan (ed.). ***The anthropology of love and anger***: the aesthetics of conviviality in Amazonia. London: Routledge, 2000.

11

Escutar a realidade, dialogar com o meio

Montserrat Pedreira Álvarez

Para visualizar em cores as imagens deste capítulo, acesse o *QR code*:

Ao longo deste trabalho, especialistas de referência na área da Educação escreveram ampla e exaustivamente sobre escutar a infância, motivo pelo qual este capítulo se centrará especificamente na escuta da natureza, no modo de organizar diálogos em que possam intervir crianças, adultos e, também, o mundo em que vivemos.

Escutar é ser receptiva, estar atenta, ter a intenção de entender... Trata-se de um passo necessário para chegar ao diálogo, a um intercâmbio multidireccional, em que os participantes, com respeito e intenção de compreender as ideias dos demais, expõem e justificam suas próprias ideais para se fazer entender. Entender e ser entendido. Compreender e ser compreendido. Oferecer boas respostas e fazer perguntas melhores.

Por que aproximar meninos e meninas do conhecimento do meio?

A Ciência é uma construção humana. O conhecimento de como funciona o mundo em que vivemos é relacionado à Ciência, que, por sua vez, em nível popular, é associada à ideia de disciplinas muito complicadas e inacessíveis, cujo domínio está reservado aos homens (não às mulheres), brancos, muito brilhantes e um tanto quanto "singulares". Essa é uma ideia equivocada que a escola deve se esforçar para mudar. A ideia de Ciência é mais simples, democrática e autêntica se a entendermos como a maneira pela qual a humanidade, consensualmente, interpreta os fenômenos do mundo. Em termos mais acadêmicos, como uma construção humana a serviço dos interesses de uma comunidade imersa em um marco de valores que, como atividade humana, implica e emociona (Izquierdo, 2013; Lemke, 1997; Márquez Bargalló, 2010). Uma definição que nos permite falar de Ciência desde o berço, pois, desde que nascem, as crianças abrem os olhos e começam a interpretar os fenômenos ao seu entorno mediante a formação de teorias (Gopnik e Meltzoff, 1999; Sigman, 2016).

A Ciência evolui. Em dado momento histórico, a comunidade científica decide que certo fenômeno se explica de determinada maneira. E está claro que isso é uma ideia provisória, sujeita a mudanças: do geocentrismo de Ptolomeu ao heliocentrismo de Copérnico às órbitas elípticas de Kepler... Está claro que as ideias sobre o mundo evoluem com as experiências, os avanços tecnológicos, as novas maneiras de interpretar, os novos olhares sobre os fenômenos etc. Esse é o processo que nossos meninos e nossas meninas seguem por meio das experiências vividas que, do contato com adultos que interpretam seus comportamentos e seu próprio desenvolvimento pessoal, vão modificando sua maneira de interpretar os acontecimentos. Assim, a escola tem a clara missão de ajudar meninos e meninas a aproximarem suas interpretações das da comunidade científica. Aproximar, não impor. Mas aproximar é importante, porque fazemos parte de uma cultura que tende a explicar o meio à sua maneira e que necessita ser compartilhada com os recém-chegados ao mundo.

A Ciência atrai e emociona. Qualquer um que tenha tido contato com crianças nas primeiras idades tem consciência de seu interesse intrínseco por conhecer o mundo que as rodeia. Fascinam-se com os seres vivos, com as repetições infinitas de movimentos, com o raio de luz que entra pela janela, com as gotas de água que se unem... Se a realidade é tão fascinante para os pequenos, como podemos deixar escapar tamanha oportunidade de envolvê-los em sua própria aprendizagem? Seguramente, a fascinação não deixa de ser um mecanismo de sobrevivência: quanto mais sabemos sobre o funcionamento do meio, melhor poderemos controlar a incerteza inerente a ele, e, portanto, dar respostas melhores a qualquer problema. Um mecanismo de muita utilidade para a aprendizagem.

A alfabetização científica é necessária para a cidadania no século XXI. Ciência e tecnologia são dois âmbitos de conhecimento muito importantes na sociedade atual e qualquer um que fique à margem disso está à mercê de charlatães e golpistas. Não se trata de uma exigência que todo o mundo seja científico, mas todo cidadão deve ter um conhecimento básico mínimo sobre os saberes científicos que lhe permitam ser crítico e tomar decisões racionais e razoáveis com responsabilidade.

Como provocar o diálogo entre as crianças e o meio?

Todo diálogo se inicia colocando as partes em contato. Portanto, é necessário colocar meninos e meninas em contato com a natureza, com a tecnologia, com materiais, enfim, com a realidade. Vivemos em uma sociedade muito urbana, que tende cada vez mais para a infância com muito contato com telas, que não sujam, não pesam, não apodrecem, não cheiram, e que podem ser facilmente guardadas em qualquer canto sem ocupar espaço. Muita comodidade, mas nenhuma riqueza sensorial. Muita virtualidade, mas nenhuma resposta real às adversidades do meio. Se, no âmbito familiar, as telas vão ganhando terreno, na Educação Infantil, é a realidade que deve ganhar espaço. A escola, nas primeiras idades, deve se comprometer com esforço necessário para proporcionar às crianças uma experiência mais direta dos fenômenos do mundo.

Todo diálogo requer também que os participantes tenham a possibilidade de seguir por iniciativa própria. Se obrigarmos meninos e meninas a repetir a ação ou as palavras de outros, não os ajudaremos a evoluir. Aprendem a responder o que é esperado para satisfazer o adulto, mas isso não acrescenta nenhum interesse em aprender.

Todo diálogo necessita que os participantes se sintam confortáveis para expressar suas opiniões. Não há problema com a realidade, que, de todo modo, fornece-nos respostas obstinadas, mas é importante garantir que as crianças se sintam empoderadas para expor suas maneiras de pensar.

Meninos e meninas em contato com a natureza dialogam de maneira natural com o meio: procuram animais, abrem caminhos para a água, perguntam-se quem teria feito aquele buraco, o que seriam essas bolinhas que aparecem no chão, juntam folhas se perguntando se existe razão para suas diferenças etc. As crianças perguntam e a realidade responde: os animais se escondem, mas encontramos alguns rastros, a terra oferece muita ou pouca resistência, as bolinhas exalam odores...

Trata-se de um diálogo que deve ter continuidade na aula. A escola deve manter uma relação fluida com seu entorno: sair para explorá-lo e deixá-lo adentrar a realidade da sala de aula.

Uma possibilidade de promoção do diálogo crianças-realidade na escola é a organização de um *espaço de Ciência de livre escolha*, isto é, um ambiente organizado com propostas diversas que oferecem às crianças possibilidades de contato com os fenômenos em uma ação livre não dirigida. Um espaço que lhes proporcione tempo de experiência direta com o meio.

Oferecer aos meninos e às meninas tempo para entrarem em um espaço repleto de materiais atraentes com o *slogan* "você pode ir aonde quiser, com quem quiser, pelo tempo que quiser e decidir fazer o que quiser com os materiais" é transformar a proposta em um brincadeira. Nas palavras de Vygotsky (1988, p. 125-6), "enquanto durar a brincadeira, a criança estará sempre acima de sua idade; na brincadeira, é como se ela fosse maior do que é na realidade". Uma brincadeira que o adulto deve avaliar como aprendizagem, garantindo, por um lado, um ambiente seguro e agradável, e por outro, a preparação cuidadosa das propostas, que visem orientar a mobilização de algum conceito ou procedimento de interesse do ponto de vista científico. Alcançar uma brincadeira com valor de aprendizagem faz os interesses das crianças coincidirem com as intenções dos adultos, um ajuste altamente desejável em qualquer proposta escolar.

Nada simples nem banal. Não vale qualquer material nem qualquer proposta. Desde a experiência realizada no Projeto Lab 0-6,[1] foram identificadas algumas características a serem levadas em consideração para criar propostas atrativas e potentes.

Propostas focalizadas

O adulto deve ter esclarecidos quais conceitos e/ou quais procedimentos do âmbito científico pretende mobilizar com a proposta. Pôr algumas pedras ao alcance dos pequenos com canetinhas para provocar que as pintem não mobiliza nenhuma ideia relacionada com a Ciência. Expor penas em um recipiente e deixar que as usem para fazer cócegas não mobiliza nenhuma ideia relacionada com a Ciência.

Em contrapartida, esse módulo da imagem, criado para enfocar diversas propriedades de rochas e de minerais, tem uma orientação clara: limas, raladores e pincéis destinam-se a chamar a atenção para a propriedade das rochas de liberarem areia com mais – ou menos – facilidade; ardósia natural chama a atenção para rochas que pintam ou não; as lupas permitem obter um olhar mais profundo das variadas amostras; a caixa com componentes modificáveis pretende provocar classificações diversas; a estante transparente oferece um espaço para admirar minerais que não podem ser deixados ao alcance das crianças; o tubo contém amostras para observar a sedimentação pelo tamanho do grão; o centro, dando destaque a algumas peças, permite o contato direto com rochas e minerais diversos muito atrativos. Tudo na proposta visa facilitar o surgimento de ideias de base científica.

· Figura 11.1 - Módulo de rochas e minerais: Lab0_6.

Propostas abertas

A orientação a um conceito relacionado à Ciência tem que ser compatível com a existência de possibilidades de iniciativas diversas. Meninos e meninas precisam conservar a autonomia da ação. Em uma proposta em que, ao apertar um botão, as crianças apenas possam olhar o que acontece, exclui-se o "pensar" da equação. As propostas com materiais promovem o "fazer", mas devem ser acompanhadas pela possibilidade de expressar as hipóteses (ainda que seja como ação) das crianças. Pensar e fazer são intrínsecos, devem ocorrer simultaneamente.

A opção de tomar iniciativas variadas, além de necessária, pode ser de grande utilidade para modificar as propostas.

Figura 11.2 - Uso não convencional das alavancas. Feira de experimentação Umanresa.

A proposta da imagem apresenta duas alavancas, uma com o eixo centralizado e outra com o eixo descentralizado, além de peças de um mesmo material e tamanhos proporcionais, para favorecer a comparação. Os materiais deixam ao alcance das crianças o funcionamento das alavancas e visam ajudar a gerar perguntas com base na diferença no comportamento das duas alavancas.

No entanto, a menina da Figura 11.2, em vez de se dedicar a equilibrar a alavanca, usa sua parte superior como uma rampa, da qual se vê obrigada a aumentar a inclinação para que os materiais deslizem. Uma iniciativa inesperada, que dá um novo uso ao material, bem como aos conceitos científicos subjacentes. Uma iniciativa que não precisa ser redirecionada pela pessoa adulta, que deve ter flexibilidade suficiente para reconhecer o valor da ação e se juntar ao fio condutor do roteiro de investigação da pequena.

Propostas potentes

As propostas que apresentam um desafio, um mistério ou uma questão têm muito mais apelo. O material na Figura 11.3 consiste em uma prancha de madeira ligeiramente inclinada com um distribuidor de bolas na parte superior e um recipiente na parte inferior. O dispensador e a meta ficam em um lugar definido. Como podemos fazer a bola chegar até o gol quando a deixarmos cair? Temos que brincar com a disposição das peças de madeira (em razão do ângulo e da situação na rampa) para controlar a trajetória da bola. Um desafio evidente, que promove a ânsia de resolvê-lo, de controlar o fenômeno. Um desafio engajador.

FIGURA 11.3 - A trajetória da bola. Lab 0_6.

Propostas pensadas para favorecer a interação

Se estivermos convencidos do papel dos outros na criação do conhecimento, as propostas devem ser traçadas para o acesso a pequenos grupos, a fórmula mais adequada, segundo Malaguzzi (2001), para desenvolver a complexidade das interações necessárias à aprendizagem. A proposta da Figura 11.4 é uma maquete com um trem, que pode ser carregado com materiais distintos, com acesso externo pelos quatro lados e um acesso interno. Ela é montada de forma que uma única criança não consiga movimentar todo o trem: o arranjo favorece a interação e requer a cooperação.

FIGURA 11.4 - Maquete do trem. Explora 0-6.[2]

Propostas inclusivas

As propostas devem ser pensadas para que ninguém seja excluído. As meninas devem se sentir convidadas a todas as propostas do espaço de Ciência, fugindo dos estereótipos de gênero ou das estéticas relacionadas ao gênero masculino. É preciso que as propostas permitam o acesso sem limites a meninos e a meninas, com diversidade funcional. O espaço deve oferecer referências de etnias diversas ou de coletivos minoritários... Em resumo, devem ser propostas respeitosas e que contribuam para aproximar a Ciência de todos os cidadãos.

***

Além desses critérios conceituais que orientam a criação das propostas, também é importante levar em conta os critérios logísticos.

- *Materiais de qualidade.* Meninos e meninas merecem a mesma qualidade que os adultos buscam. As balanças colocadas no espaço não precisam ser necessariamente muito precisas, mas, sim, bem calibradas. As lentes de aumento do espaço devem realmente aumentar e ser substituídas quando, inevitavelmente, arranharem-se. As amostras devem manter a atratividade. Os equipamentos estragados ou danificados devem ser consertados ou substituídos.
- *Materiais cotidianos.* Trazer a Ciência para mais perto de meninos e meninas não requer materiais específicos, porque a Ciência da infância é a Ciência da vida cotidiana (Pedreira Álvarez, 2009). Dessarte, qualquer fenômeno do mundo é suscetível de ser revisto do ponto de vista científico.
- *Materiais seguros.* Quanto menores as crianças a quem se dirige a proposta, maior o cuidado necessário para evitar situações de risco. Materiais atóxicos, peças de tamanho de acordo com as normas de segurança preestabelecidas pelo órgão competente, sem arestas nem nada que possa espetar etc.
- *Materiais resistentes.* Manter o diálogo dos pequenos com a realidade em sala de aula requer que propostas e materiais empregados sejam muito firmes. A pressão do contato diário com crianças inquietas, exploradoras incansáveis, inventoras de usos inimagináveis por adultos produz grande desgaste nos materiais. Um espaço científico sustentável precisa de propostas para resistir ao teste do tempo com pouca deterioração.

- *Materiais fáceis de mover.* O espaço físico da escola costuma ser escasso e, muitas vezes, tem mais de um uso habitual; por isso, é improvável que haja um espaço exclusivo para a Ciência. Em todo caso, é preciso procurar maneiras pelas quais os materiais da proposta possam ser armazenados e transportados mais facilmente (em embalagens, sobre rodas etc.) tornará seu uso mais tranquilo, tanto para retirá-los da sala como para guardá-los em armários ou depósitos.

Finalmente, como apontava Steve Jobs, em um folheto publicitário da Apple, em 1977, "A simplicidade é a maior sofisticação" (Segall, 2018). Fazer a essência das ideias científicas ser refletida da maneira mais simples possível aumenta o valor da proposta.

Quando intervir no diálogo das crianças com o meio?

Incorporar a escolha livre como organização habitual na escola transforma o papel do adulto.

A professora deixa de ser o centro de controle de toda ação da turma, já que meninos e meninas têm autonomia para decidir o que fazer, e, desse modo, não fazem todos a mesma coisa. Perde o protagonismo e ganha critérios. Reduz a necessidade de habilidades de comunicação e aumenta as de observação. Abandona o servilismo às diretrizes de um suposto especialista de um livro de cartões e adquire capacidade de tomada de decisão. Isso diminui sua dependência e aumenta seu empoderamento.

Nas últimas pesquisas realizadas sobre intervenção do adulto em um espaço de escolha livre, Haldón Lahilla, Lemkow-Tovias e Pedreira Álvarez (2021) apontam claramente que o primeiro passo para uma intervenção de qualidade na escolha livre é a observação. Antes de intervir, a professora deve observar para buscar entender o que a criança pensa, a fim de interpretar, por meio de suas ações ou de suas palavras, que fio de conhecimento o menino ou a menina está seguindo para poder se incorporar a ele. Uma intervenção que busque promover o diálogo da criança com o conhecimento deve ser feita em sintonia com esse diálogo, o que requer a observação prévia da ação.

Uma vez que a professora se situe na teoria da criança, ela deve decidir segundo seus critérios se intervirá ou não, mas sempre com um tipo de intervenção levantada com base no respeito ao percurso do menino ou da menina, sem pressa, sem a impaciência de buscar resultados rápidos. Uma pergunta, um comentário sobre determinado aspecto, facilitar um material, servir de modelo... Existem muitas maneiras de intervir sem atropelar.

Em geral, uma das intervenções mais complicadas é perguntar, por isso, é importante perguntar a si mesmo sobre os tipos de perguntas feitos na escola. Perguntas de resposta única, aquelas que ou você sabe ou não há nada mais a fazer, são muito interessantes para competições na televisão, mas não contribuem muito para a criação de conhecimento.

No entanto, existem três tipos de perguntas que merecem ser resgatados.

- *Perguntas produtivas*. Diferentemente do tipo de pergunta citado, que poderíamos chamar de reprodutivo, uma vez que leva a uma resposta automática e que não ativa o pensamento, a pergunta produtiva (Márquez Bragalló e Pujol Vilallonga, 2006) abre novos caminhos, obriga a relacionar conhecimentos, surpreende e provoca uma busca entre os próprios modos de pensar. É muito mais interessante. Trata-se da diferença entre perguntar o nome dos ossos do corpo humano e perguntar como um osso pode crescer, ou entre propor desenhar uma paisagem com um rio, que costuma terminar com um desenho estereotipado, e desenhar um rio impossível (Pedrinaci Rodríguez, 2002), o que leva a questionar quais são as características dos rios, para poder quebrá-las.
- *Perguntas reflexivas*. Outra categoria de perguntas que visam potencializar a reflexão e podem ser muito úteis para ajudar a

tomar consciência do próprio processo educativo. Perguntas como: "*Poderia me explicar...?*"; "*Você estabeleceu a conexão entre...?*"; "*O que você acha de...?*". Ainda, o simples retorno da pergunta que acabaram de fazer pode contribuir para a evolução das ideias.

- *Perguntas centradas na pessoa*. Finalmente, uma questão sutil, mas interessante para sua incorporação nas salas de aula. Essas perguntas são focalizadas no indivíduo: "*O que você acha que pode ser?*" em vez de centrá-las no conceito "*O que é?*". Na segunda fórmula, ou você sabe a resposta correta ou erra, ao passo que a expressão "*O que você acha*" ou "*O que você pensa sobre isso*", permite que nos expressemos e justifiquemos nossas próprias ideias.

De todo modo, oferecer respostas a perguntas nunca feitas ou revelar a estratégia adulta para solucionar um desafio sem dar tempo às tentativas, e, por conseguinte, aos erros e aos acertos das crianças, só forneceria uma resposta obediente, automática, sem intervenção de suas maneiras de pensar e, portanto, com uma curta trajetória no caminho da aprendizagem.

Com base na observação, no diálogo com os meninos e as meninas, o adulto deve buscar entender em qual teoria, ou maneira de pensar, a criança se situa e, dessa forma, avaliar e refletir se sua intervenção apresenta possibilidades de contribuição para abrir um novo caminho a uma interpretação mais ampla – ou não.

Ouvir a realidade, dialogar com o meio, uma interação nada simples de promover na escola, mas imprescindível se quisermos trabalhar por um futuro sustentável para o planeta e uma vida melhor e mais responsável para todos os cidadãos.

Referências

EXPLORA 0-6. Disponível em: https://mnactec.cat/es/exposicion-detalle/explora-0-6. Acesso em: 30 set. 2021.

GOPNIK, Alison; MELTZOFF, Andrew N. *Palabras, pensamientos y teorías*. Madrid: Visor, 1999.

Haldón Lahilla, Jessica; Lemkow-Tovias, Gabriel; Pedreira Álvarez, Montserrat. La intervención de la persona adulta en un espacio de ciencia de libre elección. *In*: Congreso Internacional en Investigación en Didáctica de las Ciencias, 11., Lisboa, 2021. ***Actas eletrónicas*** [...], 2021. p. 467-70. València: Revista Enseñanza de las Ciencias, 2021. Disponível em: https://congresoenseciencias.org/wp-content/uploads/2021/09/Actas-Electronicas-del-XI-Congreso_DEF_compressed.pdf. Acesso em: 01 out. 2021.

Izquierdo, Mercé. Consideraciones acerca de la diferencia entre "contexto del alumno" y "contexto de modelización científica escolar" y de las dificultades que de ella se derivan. *In*: Seminari Perspectives sobre el context en educació científica: Aproximacions teòriques i implicacions per a la pràctica educativa, 1., Barcelona, 2013. ***Actas*** [...]. Barcelona: UAB, 2013. p. 20-31. Disponível em: https://ddd.uab.cat/pub/poncom/2013/132369/Seminari_Context_LIEC_final.pdf. Acesso em: 29 set. 2021.

Lab 0_6. Disponível em: https://www.umanresa.cat/es/lab-06. Acesso em: 30 set. 2021.

Lemke, Jay L. ***Aprender a hablar ciencia***: lenguaje, aprendizaje y valores. Barcelona: Paidós, 1997.

Malaguzzi, Loris. ***La educación infantil en Reggio Emilia***. Tradução de Alfredo Hoyuelos. Barcelona: Octaedro, Rosa Sensat, 2001.

Márquez Bargalló, Conxita. ***Les competències***: una mirada des de les ciències de la naturalesa. Barcelona: UAB, 2010. p. 132-9.

Márquez Bargalló, Conxita; Pujol Vilallonga, Rosa M. Una reflexió entorn de la conversa a les classes de ciències. ***Articles de Didàctica de La Llengua i de La Literatura***, n. 37, p. 31-43, 2006. Disponível em: https://gent.uab.cat/conxitamarquez/sites/gent.uab.cat.conxitamarquez/files/una%20reflexio%20entorn%20de%20la%20conversa%20a%20les%20classes%20de%20ci%c3%a8ncies.pdf. Acesso em: 29 set. 2021.

Pedreira Álvarez, Montserrat. ***La ciencia de la cotidianidad***. Barcelona: Graó, 2009. p. 51 5.

Pedrinaci Rodríguez, Emilio. Acerca de la erosión de un río imposible. ***Aula de Innovación Educativa***, Barcelona, n. 113-114, p. 85-96, 2002.

Segall, Ken. ***Incrivelmente simples***: a obsessão que levou a Apple ao sucesso. Rio de Janeiro: Alta Books, 2018.

Sigman, Mariano. ***La vida secreta de la mente***: nuestro cerebro cuando decidimos, sentimos y pensamos. Barcelona: Debate, 2016.

Vygotsky, Lev Semionovitch. ***Pensament i llenguatge***. Vic: EUMO, 1988.

12

A beleza do caos no cotidiano: um olhar da coordenação

Patrícia Romeu

Quando nada acontece há um grande milagre
acontecendo que não estamos vendo.
Guimarães Rosa

Para visualizar em cores as imagens deste capítulo, acesse o *QR code*:

Sempre temos um cenário em uma escola, em algum lugar, com algumas crianças, no qual nos deparamos com a correria frenética que o cotidiano nos proporciona. Na minha experiência, não acontecia diferente: todos os dias havia muitos barulhos, o barulho das rodinhas das bolsas das crianças, o apito do professor de Educação Física, o abrir e fechar de portas e janelas, choros e risadas se misturavam e muitos outros barulhos, ah! Tinha também o relógio: "tic tac, tic tac"..., barulho esse que, como no poema *O Tempo*, de Mario Quintana (2015, p. 110), não me deixava terminar nada, ou melhor, condicionava-me a uma escravidão em que o ***tempo*** era sempre meu inimigo...

> *O Tempo*
>
> A vida é o dever que nós trouxemos para fazer em casa.
> Quando se vê, já são seis horas!
> Quando se vê, já é sexta-feira!
> Quando se vê, já é natal...
>
> *Mario Quintana*

Além de um barulho que era só meu, ahhhh...! Esse, sim, de fato, incomodava-me. Um barulho que dizia sempre a mesma frase: O que faço com as crianças? Como faço? Mas, todos os dias, entrava na minha sala e fazia tudo exatamente como sempre, até que um dia uma criança me disse com tanta convicção que queria ser igual a mim, uma professora e teria que ser naquela escola, naquele momento no olhar daquela criança que meu mundo parou, como em uma cena de filme. Eu devo ter ficado com meu olhar vitrificado nela por cerca de 2 minutos que, para mim, parecia ter sido uma vida toda. Um filme passou em segundos na minha mente e, como uma resposta para minhas inquietações, era isto: eu precisava parar, escutar, e isso traria sentido para tudo o que eu viesse propor às crianças. Porém, lá estava eu, tendo que entender que o tempo deveria ser mais bem utilizado por mim e que esperar, acalmar-me, poderia ser um grande investimento de tempo que poderia gerar bons resultados. Para isso, era necessário silenciar aquele turbilhão de sentimentos, de barulhos e de pensamentos que estavam dentro de mim.

A frase daquela criança me perseguia todos os dias, como se todos os barulhos que antes estavam confusos dentro de mim se resumissem àquela suave e assustadora frase. Pensava na responsabilidade que aquela frase me trazia, no quanto estava em jogo o futuro daquela criança e no que de fato tudo aquilo era verdade para mim principalmente. Então, como as coisas vão acontecendo, e a gente sempre está sem tempo para observar a beleza dos detalhes que o cotidiano proporciona, fui convidada a conhecer uma escola que, inspirada na leitura que eu estava realizando, trazia em sua trajetória um olhar diferente sobre como abordar as crianças, um olhar de respeito para a primeira infância, eu, no automático, fuiiiii... Como tudo com o que estava habituada, era mais uma viagem de estudos pedagógicos, na minha concepção.

Lembro-me como se fosse hoje do que senti ao entrar naquele lugar. Consigo sentir os arrepios que tomaram conta do meu corpo. Quanta verdade existia naquelas paredes... Havia muito mais do que apenas atividades para mostrar para os pais; havia respeito, continuidade, história; havia VIDA daqueles que ali habitavam. Dentro de mim, uma mistura de sentimentos que – confesso – divagavam entre o que meus olhos estavam enxergando e as diversas leituras realizadas sobre a ESCUTA. Sem contar que minha vontade "oscilava" entre querer ficar naquele lugar e nunca sair de lá, afinal, o que senti ali nunca havia sentido antes, era como se a junção da teoria e da prática estivesse naquele lugar, naquele momento, embora ainda muito confusa, porque a complexidade existente naquele lugar exigia uma maturidade, que – confesso, mais uma vez – não havia desenvolvido ainda.

Voltei para minha escola no interior do Paraná e pensei: "E agora? O que faço com tudo que vi?". Mas, dessa vez, com uma concepção diferente: eu tinha a certeza que não poderia ser mais nada feito sem sentido, tudo tinha que ser pensado, planejado minuciosamente, cuidando dos detalhes, e só então realizado. Comecei a buscar um PORQUÊ das coisas nos livros e, sobretudo, em minha própria sala, com minhas crianças, as quais me recebiam diariamente sedentas pela escuta, e eu ali, ainda iniciando esse processo, mas atenta, como nunca estive, para cada detalhe. E perdida, claro! Por onde começar? O que observar? O que anotar? O que fazer com o que vou anotar?...

Segundo Malaguzzi, a metáfora da sonda, interpretada por Houyelos e Riera (2019, p. 92), seria como uma investigação em profundidade, "uma espécie de busca que, com insistência sobre o mesmo ponto, procura revelar a complexidade das riquezas ocultas e originais da criança".

Então, fui para a escola e falei para mim mesma: "***Hoje, eu vou enxergar o que eu nunca enxerguei antes!***". Doce ilusão... Entrei, montei um contexto com fubá, carrinhos e uma mesa de luz, porque, claro, quando retornamos ao colégio compramos mobílias, a primeira atitude de todos que recebem essa injeção de ânimo. Contudo, as mobílias, por si só, não mudam olhares. Voltando à cena, fiquei lá, ansiosa, esperando que as crianças chegassem. Meus olhos brilhavam e meu coração estava acelerado, pois esse seria o marco da minha história como educadora. As crianças chegaram, guardaram as bolsas, colocaram o lanche no lugar conforme faziam diariamente e... mais uma vez, estava eu, em estado de choque, porque, quando as crianças chegaram, elas olharam, perceberam que não estava como antes, que algo havia sido modificado no cenário, mas não mexeram em nada, e o pior: em seus olhares, estava o pedido de permissão, e isso me matou, por perceber que ali estava o poema de Loris Malaguzzi (*apud* Houyelos, 2020, p. 9), ***As cem linguagens da criança***, não a parte bonita que falava que a criança tem cem linguagens, mas, sim, aquela que falava que a escola lhe rouba 99...

A criança
é feita de cem.
A criança tem
cem linguagens
cem mãos
cem pensamentos
cem maneiras de pensar
de brincar e de falar
cem, sempre cem,
maneiras de ouvir
de surpreender, de amar
cem alegrias
para cantar e entender
cem mundos
a descobrir
cem mundos
a inventar
cem mundos
a sonhar.
A criança tem
cem linguagens
(e então cem, cem, cem)
mas roubam-lhe noventa e nove.
A escola e a cultura
separam a cabeça do corpo.
Dizem para ela:
pensar sem as mãos
fazer sem a cabeça
ouvir e não falar
entender sem alegria
para amar e se surpreender
apenas na Páscoa e no Natal.
Dizem para ela: descobrir o mundo
que já existe
e, de cem, roubam-lhe noventa e nove.
Dizem para ela:
que o jogo e o trabalho
a realidade e a fantasia
a ciência e a imaginação
o céu e a terra
a razão e o sonho
são coisas que não estão juntas.
Em suma, dizem para ela
que as cem não existem.
A criança diz:
ao contrário, as cem existem.

Loris Malaguzzi

Mais uma vez, meu mundo caiu! Não me contive e precisei chamar uma amiga para me recompor, pois as lágrimas rolavam lentamente, de forma natural. Tentei disfarçar, para não fragilizar minha colega, e, por alguns instantes, pensei: "Meu Deus, o que eu fiz com essas crianças?". Mas, como disse anteriormente, algo estava diferente, e, dentro de mim, ainda estava a vontade de acertar. Então, enxuguei as minhas lágrimas, olhei para a minha colega de trabalho e disse: "*Temos que reverter isso. Elas estão como se estivessem sendo treinadas. Parecem robôs aguardando serem programados, e não podemos mudar nada e nem ninguém se não exercermos a reflexão e a criticidade dessas crianças*".

Imediatamente, veio-me uma ideia: pedi para que minha colega iniciasse a brincadeira, envolvesse-se e mostrasse para elas que tudo bem se jogar de corpo inteiro no fubá, que sujar a sala era o que menos importava naquele momento. E ela fez, e foi lindo! Aos poucos, as crianças foram se soltando e entrando de tal forma que parecia que haviam retirado de seus corpos uma armadura social de bons costumes, que as engessavam e as faziam permanecer estáticas. As crianças voltaram a ter vida, a apresentar comportamento de quem vive por inteiro cada momento, com liberdade de expressão e autonomia de existência, e eu iniciei o meu processo como educadora. Ali, naquele instante, eu realmente comecei a entender um pouco da complexidade do meu papel, o verdadeiro papel do educador...

De acordo com Benachio e Placco (2012, p. 58), a formação continuada em serviço é:

> Um processo complexo que envolve a apropriação de conhecimentos e saberes sobre a docência, necessários ao exercício profissional, em que se toma a escola como *locus* privilegiado para a formação.
>
> Parte-se do pressuposto do professor como sujeito capaz de criar e recriar sua própria formação, assumindo-se como protagonista desse processo. Entende-se que a formação é um processo em que o professor vivencia de forma deliberada e consciente a construção de sua autonomia e autoria profissional, em um movimento de ser, pensar e fazer docência.

Passado um tempo, o desafio maior apareceu, pois veio o convite para trabalhar como coordenadora de um grupo de professoras de Educação Infantil na mesma escola, e, novamente, a frase da criança que nunca esqueci voltou à tona, e, com ela, a cena daquelas crianças aprisionadas em uma armadura social. A diferença é que, agora, não seriam as crianças, mas, sim, as professoras. Eu sabia que encontraria nelas muitas daquelas crianças, não porque eram professoras ruins, mas porque nunca haviam tido uma experiência genuína que as fizessem repensar suas práticas, e que, provavelmente, encontraria de tudo um pouco: professoras que gostariam e estariam dispostas a vivenciar esse processo; professoras que seriam contra esse movimento; professoras que não sabiam ao certo do que realmente gostariam. Sabia, também, que não seria tão simples desenvolver esse olhar trazido como a revelação da riqueza, então, fiquei me questionando, como escutar no papel de coordenadora? E como validar esse papel em meio a antigos colegas de trabalho?

Muitas dúvidas surgiram, como: Por onde começar? Como intervir? Planejamento? Quais as melhores ações? O que não poderia faltar? Como afetar...? Esta foi a pergunta que decidi levar para essa nova caminhada, nada fácil, diga-se de passagem. Afinal, agora, estava eu com diversas pessoas com expectativas altas a meu respeito e com o trabalho que iria desenvolver com elas, e pior do que isso: é provável que replicassem o que eu fizesse ou dissesse.

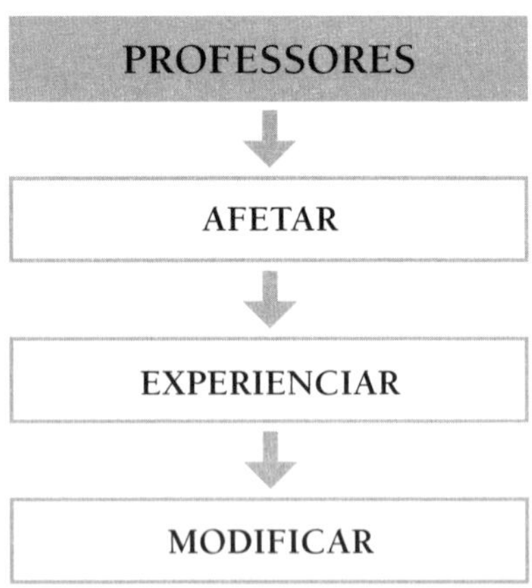

FIGURA 12.1 - Projeção mental de formação.

Sabendo ainda que a ESCUTA é um exercício, e que eu estava iniciando o processo com as minhas crianças, rapidamente, pensei na lógica existente nesse processo e montei o seguinte esquema na minha cabeça (Figura 12.1):

A ideia parecia simples: o foco estava nos professores, a minha intenção era afetá-los, para que sentissem o que eu senti e percebessem a importância de um novo olhar para o cotidiano, o TEMPO e todas as questões que envolvem a rotina de uma escola de Educação Infantil. Mais do que isso: não somente uma simples rotina, mas a vida cotidiana na primeira infância; experienciar seria necessário para que tivessem a oportunidade de sentir o que as crianças poderiam sentir, partindo do pressuposto de que a professora precisa ter repertório para oferecê-lo aos pequenos. E, então, dessa forma conseguissem compreender a necessidade desse olhar atento, da escuta e da percepção das cem linguagens; além disso, que desenvolvessem diversas linguagens que talvez nem soubessem que existiam. Vivemos de tudo, desde salas estruturadas por espaços, por contextos, para que chegassem e se deparassem com a acolhida do lugar, a intencionalidade das propostas, a estética da qual todos temos direito, até experiências com estudos de campo, mas, isso, quero relatar com mais detalhes, a fim de que se consiga imaginar ao realizar esta leitura.

Um olhar além do óbvio: a subjetividade que a natureza produz

Figura 12.2 - O olhar subjetivo.

> Sou hoje um caçador de achadouros da infância.
> *Manoel de Barros*

Provocados pelo imenso conhecimento de mundo que a natureza nos oferece, decidimos desafiar os professores com a ideia de experienciá-la, dando voz à infância e à criança de cada um, recordando momentos de infância. Nesse caso, digo "decidimos", no plural, porque, para que essa caminhada aconteça, é importante que o coordenador tenha ao lado dele pessoas que compartilham da mesma ideia, e eu tenho algumas, entre elas, as mantenedoras da escola na qual eu idealizo os projetos e a minha assessora pedagógica, que me ajuda a perceber e a potencializar a mim e à minha equipe. Mas, voltando à experiência vivida, pensamos que a própria natureza seria nosso contexto, então, solicitamos que levassem para essa pesquisa de campo alguns cestos, para guardar o que encontrassem pelo caminho, os "*achadouros da infância*": pedras, gravetos, sementes, folhas etc., uma vez que tudo isso poderia ser usado mais tarde, em outro contexto, com as nossas crianças. Também solicitamos que registrassem o que julgassem importante.

No caminho, fizeram algumas descobertas, por exemplo, a maneira como as formigas buscam a terra para formar sua casa, ou o pé de quiabo, cujas folhas são largas e grossas, flores cheirosas e belas, entre outras. Enquanto caminhavam pela natureza, perceberam que ela tem cheiro, cor, formas, texturas, espécies, tamanho, pesos, medidas, sabores...

Muitos desses conceitos nos parecem um tanto óbvios, porém, na verdade, não são, pois, conforme nos tornamos adultos, acostumamo-nos com o olhar e, de fato, deixamos de enxergar, porque ficamos automaticamente ligados no movimento frenético social. Portanto, essa experiência tinha como intenção "desautomatizar" o olhar.

Ao retornarem com a tarefa realizada, traziam, além de todo esse repertório, um sorriso largo e um brilho no olhar, que tanto aparece nas leituras que realizo. Naquele momento, mais uma chama se acendia dentro de mim, cada relato deles me dava a certeza do caminho que estávamos começando a trilhar e, cada vez mais, tudo fazia sentido. Seus relatos da experiência vivida eram carregados de suas infâncias, o que comprovava que as emoções que os afetaram estavam ali, embora adormecidas, ainda dentro de cada educador. Tivemos em palavras o relato de muita complexidade...

Partilha. Conexão. Escuta. Infância. Ressignificação. Trocas. Experiências. Olhar. Sentimento. Respeito. Boniteza. Criança. Valores. Amizade. Verdade. Sentidos. Memórias. Complexidade. Estética. Linguagem. Investigação. Pesquisa. Saberes. Admiração. Emoção. Tempo. Marcas. Recordações. Intencionalidade. Interpretação. Vivências. Criatividade. Documentação. Gratidão!

Entre todos, teve um relato, de uma professora, que me chamou a atenção ao dizer que, depois de tudo o que sentiu naquele lugar, se ela pudesse, colocaria os cheiros sentidos dentro de uma caixinha e os levaria para as crianças. Então, eu pensei: "*Yes*, é isso!". Mas claro que esse é um processo único de formação, no qual o coordenador é um provocador de desejos para que sua equipe estude e reflita as ações do cotidiano. O dia acabou e, como bem diz o ditado popular, "Tudo o que é bom dura pouco". Realmente, durou pouco, mas o necessário para que cada um repensasse sua prática, em seu tempo, levando em consideração suas lembranças da infância e sua história de vida, e com muita leitura.

Voltei para casa e, como sempre fazia, coloquei-me a pensar se os atingi, quem atingi e como poderia dar continuidade, exatamente como antes, com as crianças, porém, com a diferença de que, agora, eu sabia onde queria chegar. Estava, então, analisando a minha trajetória com os professores que ocupavam, naquele momento, o lugar daquelas crianças que me despertaram lá atrás, trazendo o PORQUÊ verdadeiro pelo qual eu havia escolhido ser educadora. A ideia sempre era recalcular a rota se necessário para AFETAR, palavra esta que, segundo o dicionário, tem muitos significados, mas que, para mim, resumia-se em um SENSIBILIZAR para a ação porque somente assim aconteceria uma mudança genuína que não se espera no outro, seja ele o coordenador, seja ele o diretor, seja ele um colega de trabalho. Ter a certeza do porquê realizar as propostas com os pequenos diz muito sobre o conceito de cada um a respeito da CRIANÇA/INFÂNCIA.

Dessa forma, esse quesito não pode faltar na mala de um educador. Nesse critério está a essência que tanto procuramos, que vai além de um diploma. É como se compreendesse o real e complexo papel com cada um; como se cada criança, ao passar pela vida do profissional, pudesse ter o seu currículo respeitado pelo educador sensível e pesquisador que o acompanhará naquele período, seja curto, seja longo, pois os dias são únicos, e as possibilidades de aprendizagens estão nos detalhes mais subjetivos que, com a correria do dia a dia, dificilmente conseguimos enxergar por deixarmos de valorizar a beleza do caos no cotidiano.

Essa calibragem do olhar necessita de um coordenador potente e atento às necessidades de sua equipe; um coordenador que exerça esse papel de ouvinte. Segundo Dunker e Thebas (2020, p. 129),

> A jornada da escuta é a jornada do agora rumo ao amanhã passando pelo ontem. Não acontece num futuro idealizado e nem se apoia no que poderíamos ter projetado dela anteriormente. Escutar é uma experiência que se renova a cada encontro.

Dessa maneira, o coordenador deve promover para a sua equipe diversos encontros, sejam individuais, sejam em duplas, sejam em grupos, e, a cada encontro, estar por inteiro, de ouvido e coração aberto, a fim de ajudar o professor nessa caminhada, não de formá-lo, porque cada um vive seu processo e é responsável pela sua formação. Cabe a nós, coordenadores, olharmos para isso, olharmos para eles e, juntos, calibrarmos nossos olhares para o que, de fato, é importante na primeira infância.

Desde que comecei a enxergar a subjetividade das relações, percebo que eu e minha equipe temos avançado, ainda a passos lentos, pois, como mencionado anteriormente, são processos únicos, que envolvem história de vida de cada um. Entretanto, o mais bonito de tudo o que tem acontecido é o fato de nos percebermos enxergando o belo existente no processo de aprendizagem, depois de tanto tempo às escuras. É como se voltássemos a enxergar após uma cirurgia. Saber que isso é possível faz-nos querer mais, faz-nos ter vontade de buscar leituras e de continuar buscando compreender o complexo mundo das incertezas que a primeira infância nos desperta, além da beleza nela contida.

***

Consegui acalmar uma parte do barulho que havia em mim. Hoje, trabalhamos incansavelmente para desenvolver em nós as 99 linguagens que, um dia, foram-nos retiradas. Assim, tornarmo-nos professoras potentes para formar crianças também potentes e capazes de modificar o mundo.

Referências

BENACHIO, Marly das Neves; PLACCO, Vera Maria Nigro de Souza. Desafios para a prática de formação continuada em serviço. *In*: PLACCO, Vera Maria Nigro de Souza; ALMEIDA, Laurinda Ramalho de (org.). *O coordenador pedagógico*: provocações e possibilidades de atuação. São Paulo: Loyola, 2012. p. 57-70.

DUNKER, Claudio; THEBAS, Christian. *O palhaço e o psicanalista*: como escutar os outros pode transformar vidas. São Paulo: Planeta do Brasil, 2019.

HOYUELOS, Alfredo. *A estética no pensamento e na obra pedagógica de Loris Malaguzzi*. São Paulo: Phorte, 2020.

HOYUELOS, Alfredo; RIERA, Maria Antonia. *Complexidade e relações na educação infantil*. São Paulo: Phorte, 2019.

QUINTANA, Mario. *Antologia poética*. Rio de Janeiro: Objetiva, 2015.

Bibliografia consultada/recomendada

ABELLEIRA BARDANCA, Ángeles; ABELLEIRA BARDANCA, Isabel. *Os fios da Infância*. São Paulo: Phorte, 2018.

EDWARDS, Carolyn; GANDINI, Lella; FORMAN, George. *As cem linguagens da criança*: a abordagem de Reggio Emília na educação da primeira infância. Porto Alegre: Artmed, 2008.

PLACCO, Vera Maria Nigro de Souza; ALMEIDA, Laurinda Ramalho de (org.). *O coordenador pedagógico e as relações interpessoais no ambiente escolar*: entre acertos e desacertos. São Paulo: Loyola, 2017.

13

Diálogos entre Pedagogia da Infância e formação docente na Educação Infantil

Rodrigo Saballa de Carvalho

> [...] uma pedagogia é inseparável de relações culturais, econômicas e políticas. [...] sabemos que ela não é uma cartilha a ser aplicada, mas um punhado de ferramentas e crenças com as quais podemos operar no mundo e na escola tal qual eles se apresentam hoje e, ao mesmo tempo, atravessando-os por desejos e perspectivas. (Migliorin, 2015, p. 182)

Propor diálogos entre a ***Pedagogia da Infância*** (Rocha, 1998, 2001) e a formação docente na Educação Infantil é o desafio que sugiro nesta escrita, tendo em vista a importância de pensarmos a potência da docência com crianças e suas reverberações nos processos de constituição profissional. Desse modo, considero imprescindível situar o leitor a respeito do lugar de onde compartilharei minhas reflexões, já que que "vir a ser professor é algo que se aprende mediante o esforço permanente de estudos e proposições" (Santana, 2017, p. 53).

Primeiramente, destaco que sou professor. Fui professor de Educação Infantil, coordenador pedagógico dessa etapa e, nos últimos anos, tenho exercido a docência como professor no curso de Licenciatura em Pedagogia da Faculdade de Educação da Universidade Federal do Rio Grande do Sul (UFRGS), no Programa de Pós-Graduação em Educação dessa instituição e em ações de formação continuada de profissionais que atuam em instituições públicas e privadas. Na graduação, atuo na área de Educação Infantil, em disciplinas didáticas voltadas para formação pedagógica e nos estágios docentes. Na Pós-Graduação, enquanto professor e pesquisador, atuo na Linha de Pesquisa Estudos das Infâncias, orientando mestrandos, doutorandos e pós-doutorandos, interessados em desenvolver pesquisas com crianças, no âmbito dos Estudos Sociais da Infância. Considero essa apresentação necessária, pois a temática de discussão do texto que apresento faz parte de meu trabalho como professor e pesquisador que atua diretamente na formação inicial e continuada de professores de Educação Infantil. A discussão sobre a importância de que os princípios da ***Pedagogia da Infância*** (Rocha, 1998, 2001) deem suporte à formação docente tem sido uma temática presente em minha produção intelectual como pesquisador.

Após tal exposição, considero oportuno esclarecer que a formação docente tem sido pensada majoritariamente em nosso país (tanto no âmbito da formação inicial quanto no da continuada) com base na prescrição de modelos de exercício da docência, pautados em pedagogias e em experiências profissionais consideradas exitosas, muitas vezes, alheias ao nosso contexto econômico, político e cultural. Desse ponto de vista de formação docente, tem-se definido um padrão profissional, prescrito competências a ser desenvolvidas por meio da formação e instaurado uma avaliação que define quem é considerado bom ou mau professor. Essa idealização docente (por vezes) tem provocado o desestímulo profissional pela impossibilidade de os indivíduos que efetivamente vivenciam os desafios da prática pedagógica no cotidiano das escolas alcançarem a miríade de metas estabelecidas pelos formadores, em relação ao que consideram como sendo as competências a ser desenvolvidas pelo "bom" professor. De uma perspectiva prescritiva de formação, tem-se buscado definir uma identidade docente, regular, estável e permanente, que atenda à "nova razão do mundo" (Dardot e Laval, 2016), marcada pelas demandas contemporâneas do mercado.

Em contrapartida, com base nos profícuos estudos desenvolvidos por Pereira (2013), Alliaud (2017) e Santana (2017), considero possível pensarmos de uma perspectiva mais complexa de formação de professores, pautada na discussão de modos de constituição docente (sempre contínuos, provisórios e passíveis de reinvenção) emergentes das experiências individuais e coletivas de formação pessoal e profissional do indivíduo que escolhe ser professor de Educação Infantil. Corroborando o argumento, Alliaud (2017, p. 161) afirma que a formação docente "já não pode ser realizada a partir de fórmulas estandartizadas, nem de conhecimentos mínimos". Em outras palavras, é necessário perguntar: "Como se é professor? Como é ser professor? [...] em vez de perguntar: O que é ser professor?" (Pereira, 2013, p. 21). Tal perspectiva, ética, política e pedagógica de pensar a formação docente, que assumo no texto, cria a oportunidade de abrir espaço à discussão, à troca de experiências e à produção de indicativos que possibilitem a autoria docente.

Tendo em vista que entendo a ***Pedagogia da Infância*** (Rocha, 1998, 2001), como uma produtiva possibilidade de pensarmos a formação de Educação Infantil, com base em "uma educação que não antecipa o mundo por vir, [mas, que,] ao mesmo tempo, inquieta-se e rebela-se com o atual" (Migliorin, 2015, p. 201), considero importante apresentar o modo como organizei as discussões que apresento neste capítulo. Esclareço que o texto está organizado em cinco seções. Posteriormente a esta seção introdutória, compartilho, na segunda seção, o conceito de Pedagogia de Infância, assim como alguns princípios que a movimentam. Na terceira seção, discuto o intervalo existente entre os princípios da ***Pedagogia da Infância*** e a formação docente. Por fim, apresento, nas considerações finais, alguns desafios a serem enfrentados para estabelecermos diálogos entre a ***Pedagogia da Infância*** e a formação de professores de Educação Infantil.

Pedagogia da Infância: da emergência à constituição de princípios em defesa da Educação Infantil

Os estudos que possibilitaram a emergência do conceito de ***Pedagogia da Infância*** foram as investigações de Faria (1999) e Rocha (1998). A peculiaridade de ambas as pesquisas foi a interlocução profícua com os estudos da Sociologia da Infância, os quais, a partir da década de 1990, em nosso país, passaram a ser utilizados como referências importantes nas pesquisas acadêmicas sobre a Educação Infantil. O foco da investigação de Faria (1999) foram os parques infantis do Departamento de Cultura da Prefeitura de São Paulo durante os seus primeiros anos de funcionamento (1935-1938), na gestão de seu idealizador, Mário de Andrade. Em seu estudo, Faria (1999) defendeu o argumento de que a experiência do Parque Infantil Mário de Andrade poderia contribuir com elementos para o conhecimento da criança brasileira e, sobretudo, para a construção de uma Pedagogia da Educação Infantil não escolarizante, interdisciplinar e que tivesse como propósito o conhecimento da criança, em ambiente coletivo, na produção das culturas infantis.

Dessa perspectiva teórica, mas com outro enfoque analítico, Rocha (1999) realizou um mapeamento produção científica sobre Educação Infantil, realizadas no Brasil no período de 1990-1996. As pesquisas de Faria (1999) e Rocha (1998) foram decisivas no campo de estudos da Educação Infantil no Brasil, pelo fato de indicarem a necessidade de constituirmos uma Pedagogia específica para o trabalho com as crianças nas creches e nas pré-escolas. Assim, Rocha (1998), com base no mapeamento das produções sobre Educação Infantil, inventariadas em sua pesquisa, cunhou o conceito de ***Pedagogia da Infância***, defendendo que a que a instituição de Educação Infantil teria como fim a complementaridade em relação à educação familiar, diferenciando-se, desse modo, do Ensino Fundamental. Desse ponto de vista defendeu o argumento de que a creche e a pré-escola têm como sujeito as crianças e como objeto as relações educativas (Rocha, 1998). Nesse sentido, a ***Pedagogia da Infância***, desde a sua emergência, foi entendida como uma espécie de "divisor de águas" entre a Educação Infantil e o Ensino Fundamental. Historicamente, tal distinção pode ser considerada como imprescindível ao detalhamento do caráter pedagógico das creches e pré-escolas. Isso, porque Rocha (1998, p. 62) defendeu que o objeto de preocupação da ***Pedagogia da Infância*** seria a "própria criança e seus processos de constituição como seres humanos em diferentes contextos sociais, sua cultura, suas capacidades intelectuais, criativas, estéticas, expressivas e emocionais".

Tendo em vista que o conceito de ***Pedagogia da Infância*** (Rocha, 1998, 2001) foi cunhado, nos anos seguintes à homologação da Lei de Diretrizes e Bases (LDB), nº 9394/1996, que reconheceu a Educação Infantil como primeira etapa da Educação Básica, é importante enfatizar que os estudos de Rocha (1998) contribuíram indefectivelmente para que pudéssemos pensar nas peculiaridades da Educação Infantil e na necessidade de uma formação específica para os professores. A discussão sobre a ***Pedagogia da Infância*** (Rocha, 1998, 2001) promoveu o avanço nas pesquisas com crianças e nas investigações sobre formação de professores, na reformulação dos currículos de cursos de Licenciatura em Pedagogia, assim como nas políticas educacionais voltadas para a Educação Infantil, possibilitando a defesa da garantia dos direitos das crianças à proteção, à provisão e à participação presentes na Convenção sobre os Direitos da Criança (ONU, 1989). Certamente, nas últimas décadas, a defesa de uma ***Pedagogia da Infância*** (Rocha, 1998, 2001) não tem sido uma tarefa fácil. Inúmeros desafios têm sido enfrentados, como:

- a ampliação do Ensino Fundamental para nove anos e a consequente redução da pré-escola;
- a obrigatoriedade da pré-escola e de modo correlato à redução de oferta de vagas em creches para crianças de 0 a 3 anos de idade;

- a intensificação do apostilamento das instituições de Educação Infantil e, mais recentemente, a aprovação de edital para adoção de livros didáticos nas creches e nas pré-escolas;
- a persistência de uma concepção docente propedêutica de preparação das crianças na pré-escola para o Ensino Fundamental.

Embora, os desafios enfrentados não se esgotem nos aspectos indicados, o que se reivindica com a defesa da consolidação de uma *Pedagogia da Infância* (Rocha, 1998, 2001) é que se promova uma ação pedagógica efetivamente comprometida com as crianças, já que "na educação contemporânea nos acostumamos a olhar o mundo, organizar suas necessidades – que na verdade são nossas – e, a partir disso, decidirmos como as crianças se encaixarão nesse mundo" (Migliorin, 2015, p. 201). Desse modo, tendo em vista que "uma pedagogia é necessariamente uma construção individual e coletiva, que trabalha as possibilidades pessoais dos indivíduos e seus engajamentos com a comunidade, com a diferença e com a alteridade" (Migliorin, 2015, p. 181). Isso, porque, assim como Dardot e Laval (2017, p. 615), considero que "princípio não é um 'início' que tenha a virtude de 'apagar-se diante do que vem depois', ou simplesmente 'ponto de partida' que se deixaria definitivamente para trás, nunca mais voltando". Como os referidos autores, compreendo que os princípios constituem "um verdadeiro começo, um 'começo sempre a começar', isto é, um começo que rege e domina tudo o que vem depois" (Dardot e Laval, 2017, p. 615). Portanto, compartilho, a seguir, alguns princípios da *Pedagogia da Infância* (Rocha, 1998, 2001) que podem servir para pensarmos a formação de professores de Educação Infantil:

- A afirmação da infância como "categoria geracional, social, histórica e geograficamente construída, atravessada por variáveis de classe, gênero, etnia" (Barbosa, 2010, p. 1).
- O entendimento de que

> [...] a tarefa das instituições de Educação Infantil não se limita ao domínio de conhecimentos, assumindo funções de complementaridade e socialização relativas tanto à educação como ao cuidado e tendo como objeto as relações educativas-pedagógicas estabelecidas entre e com as crianças. (Rocha, 2001, p. 33)

- O reconhecimento de que

> [...] enquanto a escola tem como sujeito o aluno, e como objeto fundamental o ensino nas diferentes áreas, através da aula, a creche e a pré-escola têm como objeto as relações educativas travadas em um espaço de convívio coletivo que tem como sujeito a criança. (Rocha, 2001, p. 31)

- "A defesa de que não sejam reproduzidas práticas pedagógicas dos Anos Iniciais do Ensino Fundamental na Educação Infantil" (Silva e Carvalho, 2020, p. 498), assim como o tensionamento da lógica propedêutica de preparação das crianças na Educação Infantil para o Ensino Fundamental, tendo em vista o desenvolvimento das "competências" que serão exigidas na etapa seguinte.
- O apoio a uma concepção plural de currículo que considera as crianças e a diversidade de seus contextos socioculturais (Barbosa, 2010).
- A defesa

> [...] de uma imaginação pedagógica que dê conta das demandas contemporâneas em torno desses pressupostos – da horizontalidade da relação educativa, das crianças como partícipes dessa relação, dos direitos das crianças, de um projeto educativo que estabeleça a mediação entre as culturas infantis e a cultura mais ampla. (Rocha, Lessa e Buss-Simão, 2016, p. 46)

- A afirmação de uma prática docente

> comprometida política e socialmente, que dê suporte às aprendizagens das crianças, por meio de um contexto educativo que leve em consideração, tempos, espaços, materiais e as relações entre os sujeitos. (Carvalho, 2019, p. 87)

- A importância "de que os professores de Educação Infantil se afastem de roteiros preestabelecidos e passem a considerar as singularidades das crianças e dos grupos pelos quais são responsáveis" (Silva e Carvalho, 2020, p. 502).

Posto isso, penso que reconhecermos que "o debate acerca da infância e do tipo de educação que esta deve receber é condicionado pela própria concepção" (Santomé, 2011, p. 10) que temos a respeito da educação, assim como "pelo modelo de sociedade no qual vivemos e que queremos construir num futuro a médio e longo prazo" (Santomé, 2011, p. 11), é imprescindível que estejamos atentos aos princípios que sustentam a ***Pedagogia da Infância*** (Rocha, 1998, 2001). Tal atenção é imprescindível para que possamos fazer tais princípios, produzidos no âmbito epistêmico da comunidade acadêmica da área, reverberar nos processos de formação de professores de Educação Infantil.

Intermezzo: possibilidades de diálogo entre Pedagogia da Infância e a formação docente

Contemporaneamente, a formação de professores de Educação Infantil tem recebido inúmeras críticas. A crítica central é a de que existe um "abismo" entre a formação e a prática docente com as crianças nas instituições. Nessa direção, é comum ouvir o argumento de que a ***Pedagogia da Infância*** (Rocha, 1998, 2001) não se torna efetiva na ação pedagógica docente pelo fato de os cursos de formação de professores não serem capazes de atender as demandas profissionais. Contrariando essa perspectiva, defendo a ideia de que não existe um "abismo" entre a formação e a prática docente, mas um *intermezzo*, ou seja, um intervalo entre ambas as esferas. Isso, porque, como Alliaud e Antelo (2005), entendo que o trabalho de educar se funda em uma *desconformidade*, na qual os ideais educativos – *as grandezas da educação* – nunca são plenamente alcançadas. De fato, atribuem-se expectativas grandiosas aos docentes e ao seu desempenho profissional, incumbindo-os da tarefa de "transformar" a educação.

Diante desse cenário, Alliaud e Antelo (2005, p. 6) afirmam que "assumir a grandeza de educar (como todo projeto grandioso) tem alto componente simbólico que enaltece a quem realiza", mas que, em contrapartida, pode causar frustração, já que a prática educativa sempre é vista como insuficiente. Contrariando esse ponto de vista prescritivo, ouso dizer que é a desconformidade que possibilita aos professores avançarem na discussão sobre a própria constituição profissional e, ao mesmo tempo, poderem fazer as suas escolhas, problematizando os modelos formativos que reiteram modos unívocos de exercício da docência. Ora, sempre é bom lembrar que "formar-se é da ordem da impermanência, isto é, diz respeito aos sucessivos movimentos de vir a ser" (Santana, 2017, p. 63).

Assumindo a existência de uma desconformidade na tarefa de educar, a qual incide na produção de um intervalo entre a formação docente e a prática profissional, considero importante abordar as potencialidades da formação inicial (referente ao curso de Licenciatura em Pedagogia, que habilita para docência com crianças) e continuada (relativa aos cursos de extensão de curta e longa duração realizados pelos professores com base em suas escolhas profissionais) de professores de Educação Infantil. Como professor que atua no curso de Pedagogia e pesquisador envolvido diretamente com a formação de professores de Educação Infantil, entendo que a formação inicial tem o potencial de mobilizar o desejo de atuação dos futuros profissionais, assim como o aprendizado de conhecimentos fundamentais a respeito das infâncias, das crianças, das pedagogias, das didáticas, além de "conhecimentos políticos da realidade educacional brasileira, da sociedade e da cultura" (Barbosa, Cancian e Weshenfelder, 2018, p. 58). Em vista disso, considero que "a leitura e a discussão dos clássicos da área, geralmente baseados em experiências pedagógicas, [...] são um fator fundamental para superar o lugar do senso comum (doxa) da área" (Barbosa, Cancian e Weshenfelder, 2018, p. 53-4).

De fato, na formação inicial, conforme Alliaud (2017), é importante que sejam aprendidos e acionados os saberes pedagógicos da docência (relativos às especificidades da ação pedagógica em creches e pré-escolas), com base em leituras, seminários, discussões, planejamentos, práticas nas escolas e em aproximações com o campo de atuação profissional. Além disso, na formação inicial, os acadêmicos devem ter a oportunidade de "exercitar paulatinamente o seu ofício: provando, ensaiando, experimentando e colocando-se à prova em diferentes situações" (Alliaud, 2017, p. 121) que os possibilitem avançarem em seus aprendizados em relação à docência. Desse modo, conhecer cada vez mais sobre a profissão docente se tornará uma possibilidade de "criar, descobrir e fazer processos subjetivos em caminhos não traçados no emaranhado que inclui o conhecido e os buracos em que o conhecimento é colocado como pura contingência" (Migliorin, 2015, p. 199).

Por todos esses aspectos que venho indicando, também destaco a relevância da formação continuada docente. Tendo em vista que a formação de docentes para atuar na Educação Infantil "é complexa, com processos formativos interdisciplinares, e vinculada ao cotidiano, ao cuidado, à atenção ao Outro – ao corpo, à brincadeira, às relações" (Barbosa, Cancian e Weshenfelder, 2018, p. 52), é imprescindível que o estudo sobre o ofício docente, seja cada vez mais adensado após a conclusão da formação inicial. Desse ponto de vista, considero que a formação continuada possibilita a apropriação de novos conhecimentos, promove a constituição de grupos e de redes de apoio entre professores, além da partilha de experiências e da cooperação entre os profissionais. Nessa lógica, a formação continuada também permite que os professores problematizem concepções naturalizadas sobre a docência, as infâncias, as crianças, aprendendo a se apoderarem dos modos de produção de si mesmos, com base nas escolhas que realizam e na problematização dos documentos que prescrevem suas atribuições, assim como dos "modelos pedagógicos" que sobrecarregam a profissão, ao não considerarem os contextos sociais, nos quais estão situadas as instituições em os professores atuam. Em vista disso, é necessária uma formação pedagógica, didática e política consistente, a qual encontra na formação continuada uma possibilidade de aprofundamento.

Com base em toda essa premissa, considero imprescindível afirmar que superar as críticas e assumir o "*intermezzo*" entre a formação e a prática nas escolas é uma possibilidade produtiva de compreendermos que "a formação é um processo de infinitas combinações possíveis que se entrecruzam saberes, referências particulares e universais com as quais o sujeito é impelido a negociar" (Santana, 2017, p. 63). Portanto, ouso dizer que nenhuma formação é capaz de dar conta de toda a complexidade que envolve a docência com as crianças. Em contrapartida, a formação docente tem a potencialidade de colocar os professores em movimento com base no desenvolvimento do senso crítico destes, além de diminuir distâncias entre os princípios da ***Pedagogia da Infância*** e as práticas nas escolas.

À guisa de conclusão: alguns desafios para pensar a formação docente na Educação Infantil

Com vistas em que ser professor de Educação Infantil envolve "exercer uma profissão nova, ainda em construção, que acontece entre teorias, especificidades da prática em creche e pré-escola e conhecimentos da área" (Barbosa, Cancian e Weshenfelder, 2018, p. 61), entendo que a formação docente deve contribuir para a ampliação "de conhecimentos científicos, de conhecimentos pedagógicos, de formação cultural e também artística, tendo em vista a abertura de novas perspectivas" (Alliaud,

2017, p. 157-8). Para tanto, conforme Alliaud (2017), nos processos de formação, é importante que os professores tenham a possibilidade de:

- "recuperar, em momentos distantes da prática, as situações escolares protagonizadas pelos docentes em formação" (Alliaud, 2017, p. 124), possibilitando que os profissionais recuperem reminiscências de suas práticas pedagógicas e possam pensar sobre elas;
- "aprender com a própria experiência é fundamental para aprendizagem de qualquer habilidade, bem como é altamente formativo aprender com base nas experiências dos outros" (Alliaud, 2017, p. 132);
- "assim como é um componente fundamental da formação artística o contato e familiarização com 'boas obras de arte', o mesmo poderia ser pensado em relação ao contato dos docentes com obras de 'grandes' professores" (Alliaud, 2017, p. 147), que sirvam de referência para a constituição do ofício profissional.

Corroborando os aspectos apresentados, Santana (2017, p. 62) afirma que "não podemos esquecer que se aprende a ser professor não só com os êxitos, mas também com os erros e decepções, possibilidades sempre presentes nas diferentes trajetórias". Isso implica dizer que recuperar as reminiscências da prática possibilita avaliar percursos, pensar em alternativas e replanejar ações.

Desse modo, em virtude de a formação ser "um processo de infinitas combinações possíveis, em que se entrecruzam saberes, referências particulares e universais com as quais o sujeito é impelido a negociar" (Santana, 2017, p. 63), à guisa de conclusão do texto, compartilho, a seguir, alguns desafios que considero importantes de serem pensados contemporaneamente nos processos de formação de professores de Educação Infantil:

- tornar a *Pedagogia da Infância* um "objeto de trabalho prioritário, não somente na forma de declaração de princípios, mas traduzida em modos de fazer inteligíveis, que possam ser apropriados por educadores reais – e não apenas por alguns profissionais excepcionais" (Campos, 2012, p. 19);

- ratificar o argumento de que ***a docência é constituída por composições*** (Carvalho, 2011), portanto, não existe um modelo docente, mas modos de exercer a docência, sempre passíveis de reinvenção;
- compreender a singularidade das crianças que frequentam o contexto de vida coletiva das instituições de Educação Infantil, assim como a pluralidade das infâncias vivenciadas por elas;
- entender que não existe a instituição de Educação Infantil, mas diferentes instituições com seus limites, seus desafios e suas possibilidades, os quais demandam engajamento e disponibilidade para construção de projetos pedagógicos que garantam os direitos das crianças, sustentem seus processos de aprendizagens e promovam a interlocução com as famílias;
- experimentar a autoria no exercício da docência, com base em uma densa formação ética, política, cultural e pedagógica, que leve em consideração as relações entre currículo e o cotidiano das instituições, tendo em vista compreender melhor as crianças e seus modos de vida.

No intuito de finalizar as reflexões compartilhadas no texto, lembro da provocação de Migliorin (2015, p. 182), quando afirma que "uma pedagogia [e, neste caso, também incluo a ***Pedagogia da Infância***] não pode nem aceitar cegamente o mundo tal qual ele se apresenta [...], nem pode negar certas ordens existentes, sob o risco de ser apenas uma matéria desgarrada, isolada em seu próprio mundo". É por essa razão que reitero a defesa de um diálogo cada vez mais profícuo, entre a formação de professores de Educação Infantil e a ***Pedagogia da Infância*** (Rocha, 1998, 2001), em vista das possibilidade de pensarmos em outros modos de exercício da docência, os quais possibilitem autoria, invenção e descoberta. Afinal, ***a docência é feita de composições*** (Carvalho, 2011).

Referências

ALLIAUD, Andrea; ANTELO, Estanislao. Grandezas y miserias de la tarea de enseñar. *Linhas*, Florianópolis, v. 6, n. 1, p. 41-57, jan./jun. 2005.

ALLIAUD, Andrea. *Los artesanos de la enseñanza*: acerca de la formación de maestros con oficio. Buenos Aires: Paidos, 2017.

BARBOSA, Maria Carmen Silveira. Pedagogia da infância. *In*: OLIVEIRA, Dalila Andrade; DUARTE, Adriana Cancella; VIEIRA, Lívia Maria Fraga. *Dicionário*: trabalho, profissão e condição docente. Belo Horizonte: UFMG/Faculdade de Educação, 2010. p. 1-3.

BARBOSA, Maria Carmen Silveira; CANCIAN, Viviane Ache; WESHENFELDER, Noeli Valentina. Pedagogo generalista – professor de Educação Infantil: implicações e desafios da formação. *Rev. Faeeba*: Ed. e Contemp., Salvador, v. 27, n. 51, p. 45-67, jan./abr. 2018.

BRASIL. Presidência da República. Casa Civil. *Lei nº 9.394, de 20 de dezembro de 1996*. Estabelece as diretrizes e bases da educação nacional. Brasília, DF: PR, 1996.

CAMPOS, Maria Malta. Infância como construção social: contribuições do campo. *In*: VAZ, Alexandre Fernandez; MOMM, Caroline Machado (org.). *Educação Infantil e sociedade*: questões contemporâneas. Nova Petrópolis: Nova Harmonia, 2012. p. 11-20.

CARVALHO, Rodrigo Saballa. *A invenção do pedagogo generalista*: problematizando discursos implicados no governamento de professores em formação. 2011. 302 p. Tese (Doutorado em Educação) – Faculdade de Educação, Universidade Federal do Rio Grande do Sul, Porto Alegre, 2011.

CARVALHO, Rodrigo Saballa. Práticas de governamento em livros de formação de professores de educação infantil: sensibilidades, disposições e conscientizações em discurso. *ETD*: Educação Temática Digital, Campinas, v. 21, n. 1, p. 84-104, jan./mar. 2019.

DARDOT, Pierre; LAVAL, Christian. *A nova razão do mundo*: ensaio sobre a sociedade neoliberal. São Paulo: Boitempo, 2016.

DARDOT, Pierre; LAVAL, Christian. *Comum*: ensaio sobre a revolução no século XXI. São Paulo: Boitempo, 2017.

FARIA, Ana Lúcia Goulart. *Educação pré-escolar e cultura*: para uma pedagogia da educação infantil. Campinas: Editora da Unicamp: Cortez, 1999.

MIGLIORIN, Cezar. *Inevitavelmente cinema*: educação, política e mafuá. Rio de Janeiro: Beco do Azougue, 2015.

ORGANIZAÇÃO DAS NAÇÕES UNIDAS (ONU). *Convenção sobre os Direitos da Criança*. Nova York: ONU, 1989.

PEREIRA, Marcos Villela. *Estética da professoralidade*: um estudo crítico sobre a formação do professor. Santa Maria: Editora da UFSM, 2013.

ROCHA, Eloisa Acires Candal. *A pesquisa em educação infantil no Brasil*: trajetória recente e perspectivas de consolidação de uma pedagogia. 1998. 291 f. Tese (Doutorado em Educação), Faculdade de Educação, Universidade Estadual de Campinas, Campinas, 1998.

ROCHA, Eloisa Acires Candal. A pedagogia e a educação infantil. *Revista Brasileira de Educação*, n. 16, p. 27-34, jan./abr., 2001.

ROCHA, Eloisa Acires Candal; LESSA, Juliana Schumaker; BUSS-SIMÃO, Márcia. Pedagogia da infância: interlocuções disciplinares na pesquisa em educação. *Da investigação às práticas*, Lisboa, v. 6, n. 1, p. 31-49, jan./mar. 2016.

SANTANA, Anthony Fábio Torres. *Um olhar acerca do sentido da experiência na formação de professores*. 2017. 100 p. Tese (Doutorado em Educação) – Pontifícia Universidade Católica do Rio Grande do Sul, Porto Alegre, 2017.

SANTOMÉ, Jurjo Torres. Compreender a génese dos sistemas e das políticas educativas para poder intervir na sua reforma. *In*: POPKEWITZ, Thomas S. *Políticas educativas e curriculares*: abordagens sociológicas críticas. Mangualde: Pedago, 2011. p. 7-16.

SILVA, Marcelo Oliveira; CARVALHO, Rodrigo Saballa. Concepções sobre currículo na Educação Infantil: ressonâncias da pedagogia da infância em narrativas de professoras. *Currículo sem Fronteiras*, v. 20, n. 2, p. 497-514, mai./ago. 2020.

14

A tênue linha entre formação inicial e continuada

Tona Castell

Minha intervenção no ciclo de reflexões *Dedo de Prosa* foi intitulada *Formação de professores da Educação Infantil: Por quê? Para quê?*, em que expliquei quais áreas devem ser contempladas pelo perfil de professora de Educação Infantil. Com base nas perguntas dos participantes, incorporei aspectos de formação contínua e permanente, sabendo que a formação inicial, no Brasil e na Espanha, provém de realidades distintas. No presente texto, ambos os componentes do perfil e da educação continuada são precisos, permitindo aos leitores indagar sobre a fronteira sutil entre a formação inicial e a continuada.

Para isso, parto do objeto e do sujeito que motiva a formação docente: a infância e as crianças.

Assim como me apresentei em *Dedo de Prosa*, atuo na direção da revista *In-fàn-ci-a*, da Associació de Mestres Rosa Sensat, na revisão e análise dos artigos que chegam à redação e que publicamos, periódico no qual abordamos a realidade das escolas de Educação Infantil. Também sou professora associada da Universidade Autônoma de Barcelona e ministro aulas na Graduação em Educação Infantil – curso de quatro anos que deve ser realizado na Espanha para ser professora – e, atualmente, trabalho na área de Formação de Professores do Departamento de Educação da Generalidade da Catalunha.

Porém, para mim, o mais importante é poder dizer que sou professora de Educação Infantil pelos estudos e, também, pelo exercício, já que fui professora ativa em diferentes escolas por 20 anos.

Nesse texto, utilizo o termo no feminino, *professoras*, para falar sobre todos os profissionais da educação que atendem à Educação Infantil.

O contexto da infância

O ponto de partida para todos os educadores, professoras e pedagogos é compartilhar o conceito de criança. Devemos entender o menino e a menina como uma pessoa com direitos. Direito à identidade pessoal, à dignidade e à liberdade.

Assim, entendemos que devemos compartilhar a imagem da criança como uma pessoa que aprende desde o nascimento e, consequentemente, é educável desde o nascimento.

No livro da coleção Temes d'Infància, v. 25 (2014, p. 15), que aborda o pensamento pedagógico de Loris Malaguzzi, encontramos entre tantos saberes:

> Uma criança que desde o nascimento deseja sentir-se parte do mundo, utilizar ativamente uma complexa (e ainda não valorizada) rede de capacidades e de aprendizagens, e ser capaz de organizar mapas de orientação pessoal, interpessoal, social, cognitiva,afetiva e até simbólica.
>
> A escolha dessa dimensão da criança como organismo representativo de um forte dinamismo evolutivo, em expansão, interativo e que exige, de nossa parte, a adoção de uma estratégia de relação e de comunicação completamente distinta dos estereótipos, envolve uma nova visão, sinérgica e complementar, entre os aspectos biológicos e ambientais, e torna obsoleta a velha antinomia entre o inato e o adquirido.

Uma criança que, ao nascer, tem necessidades que não consegue satisfazer sozinha e que requer a atenção de um adulto para seguir em frente.

Pepa Òdena Savé, professora e pedagoga, em seu livro ***L'infant i l'escola bressol***[1] (2011), afirma que, fundamentalmente, essas necessidades são físicas: saúde, alimentação, descanso, higiene, proteção contra perigos, tranquilidade ambiental e temperatura adequada. E que a criança também tem necessidades:

- *Necessidades afetivas*: de amar e ser amada, de ser tratada individualmente pelo mundo sensorial que a circunda pela quantidade, qualidade, variedade e interconexão com as percepções e as sensações sensoriais, tanto visuais, auditivas, táteis, gustativas, olfativas como cinestésicas e proprioceptivas.
- *Necessidades emocionais*: rir, ser feliz, conhecer o mundo com ordem, estabilidade, segurança, respeito.
- *Necessidades pessoais*: de atividade, de crescimento e de autocontrole na jornada, na autonomia que gradativamente a leve a cuidar de si mesma e permita que passe de uma dependência total do adulto a uma independência satisfatória e a uma iniciativa em suas necessidades básicas.
- *Necessidades intelectuais*: conhecimento do mundo, das pessoas, do meio ambiente, conhecimento de si mesmo de sua conexão sensorial com o mundo e com a linguagem, e, também, do desenvolvimento da capacidade de atenção, de memória, de imaginação, de observação, de comparação, de lógica, de curiosidade.
- *Necessidades sociais*: de relação, de comunicação e de expressão com os outros – adultos e outras crianças, e, também, a relação e a intervenção com o mundo, com respeito, estima, solidariedade

Tudo isso constitui a personalidade da criança, o conhecimento de si mesma e em relação aos outros, o domínio das próprias possibilidades como elementos fundamentais da ação, dentro e fora de si mesma.

[1] N. do E.: *A criança e o jardim da infância*, em tradução livre.

Malaguzzi (2001) falava acerca da abordagem dos *aspectos biológicos e ambientais* já no final do século XX. Em 2020, com base na análise dos diferentes cenários em que a criança se desenvolve, vemos perfeitamente como a infância também está influenciada/mediada pelos fenômenos sociais que impactam e transformam essa infância.

Relatamos, a seguir, alguns pontos a serem considerados.

- *As variadas estruturas familiares*: o modelo familiar expandiu-se em virtude da adaptação de circunstâncias diversas, como famílias monoparentais; com dois pais do mesmo sexo, ou seja, homoparentais; com irmãos só de pai ou só de mãe e com pais que mantêm um relacionamento, mas não a convivência; famílias com crianças adotadas de outras culturas; famílias que sofreram migração e reunificação. O nexo é a unidade familiar na vida dos meninos e das meninas.
- *O papel do mercado*: quase todas as demandas, os desejos, até mesmo, a solicitação de conhecimentos (como atividades extracurriculares, tanto esportes quanto idiomas ou reforço) que a sociedade tem são satisfeitas por meio do mercado, e isso reforça o consumo da publicidade de bem-estar e de sucesso.
- *Os meios de comunicação e o uso da tecnologia na vida cotidiana*: destaca o papel da informação (e, agora, também das "*fake news*") em mídias fortemente arraigadas: rádio, televisão, computador, *tablet* e até mesmo telefones celulares, os *smartphones*.
- *As transformações sociais e culturais*: qualquer país está em busca contínua de seu ideal de sociedade, de acordo com suas características e condições, por exemplo, um país do Norte da Europa (Suécia, Finlândia, Noruega) não é igual a um do Leste Asiático (Japão, China). E, mesmo assim, um imaginário para uma sociedade mais igualitária e justa se forma de uma perspectiva global. Temos o exemplo de campanhas globais para tornar visíveis as mulheres com plenos direitos trabalhistas

e econômicos, para visibilizar a liberdade sexual, contra o racismo, contra a exploração infantil.

- *As transformações educacionais*: no que se refere ao período da Educação Infantil, nas últimas décadas, o acesso à escola a partir dos 3 anos tornou-se universal, e a etapa entre o nascimento até os 3 anos tem sido reivindicada como período educacional, com entidade própria, em que ocorre o primeiro ciclo evolutivo do ser humano. Devemos, também, levar em consideração a mudança na concepção educacional para crianças que precisam de suportes educacionais por disfunções, dificuldades, deficiências ou transtornos. A educação como direito de todas as crianças se materializa em um modelo de educação inclusiva que valoriza a diversidade como elemento enriquecedor do processo ensino-aprendizagem e, consequentemente, facilitador do desenvolvimento humano. Essa educação inclusiva, que foi concebida no documento ***Index for Inclusion***,[2] de Tony Booth e Mel Ainscow (2002), é sintetizada em três princípios (Echeita e Ainscow, 2011):
    - a presença, que se refere à frequência escolar;
    - a participação, que tem a ver com a qualidade das experiências que a criança tem na escola e está relacionada ao seu bem-estar pessoal e social;
    - e o progresso, que se refere à aprendizagem, que, por sua vez, deve ser significativa e adaptada às características e às necessidades individuais de cada menino e menina. Precisamos identificar quais barreiras podem interferir no trabalho educativo, a fim de eliminá-las.

Em suma, infâncias que se referem a uma gama de múltiplos processos e experiências caracterizadas por diversidades, diferentes oportunidades e, também, desigualdades.

---

[2] N. do E.: *Índice para a inclusão*, em tradução livre.

O perfil profissional

Sabendo de que infância estamos falando, como deve ser o perfil profissional das professoras, educadoras que optam por trabalhar em uma escola para crianças de 0 a 3 anos, de 3 a 6 anos, de 2 a 6 anos e, até mesmo, de 0 a 5 anos?

Gino Ferri, em seu livro *I ara què? Escrits d'un inconformista pedagògic*[3] (2019, p. 25) diz:

> Uma das principais funções do professor é entender o que realmente são os fenômenos sobre os quais a criança se questiona, que constituem suas verdadeiras demandas cognitivas. Estamos falando de um adulto que considera o conhecimento do contexto um elemento essencial para basear a ação cotidiana.

Para saber, é preciso dotar-se de estratégias de pensamento adequadas com base em instrumentos operacionais válidos.

Apesar de o acesso à prática como professora e educadora na Educação Infantil ser diferente a depender do país, em que é necessário cursar graus diferentes – seja pela formação específica em Educação Infantil, uma vez obtida a Licenciatura em Pedagogia, como é no Brasil, seja por meio de uma Graduação Universitária em Educação Infantil, como na Espanha –, o perfil profissional da docente requer prioridade e características comuns.

Em essência, a formação deve estar pautada em padrões mínimos que cada gestão educacional deve garantir, no rigor pedagógico e no compromisso com a educação.

Essa primeira capacitação ou formação inicial, distinta em diferentes países e, portanto, sujeita a decisões políticas e administrativas diversas, deve formar profissionais altamente capacitados, que atuem como cidadãos responsáveis, competentes e comprometidos. O objetivo

[3] N. do E.: *E agora? Escritos de um pedagógico inconformista*, em tradução livre.

da função e da competência profissional é conhecer e contrastar conhecimentos teóricos e práticos, para que seja possível ser e atuar como docente. Essa formação oferece, também, competências e estratégias que nos permitem responder às dimensões relacionadas ao desenvolvimento integral de meninos e meninas, que inclui as funções de desenvolvimento, de crescimento físico, emocionais, sociais, de saúde mental, de linguagem e de comunicação, bem como questões afetivas, de autonomia, habilidades motoras, de higiene, levando sempre em consideração a sua diversidade e as suas condições individuais.

Se lermos diferentes definições de ***professor*** (***maestro***, em espanhol), de acordo com o ***Diccionario de la lengua española***, da Real Academia Española (RAE, [20--]), como um substantivo, podemos encontrar "pessoa que ensina ciência, arte ou ofício, ou tem um diploma para fazê-lo", também "pessoa tem experiência em um assunto e o maneja com desenvoltura", e, como um adjetivo, "dito de uma pessoa ou de uma obra: de relevante mérito entre os da sua categoria". Por isso, o perfil da professora em geral, não só a da Educação Infantil, deve ser o de uma pessoa culta, uma pessoa dotada de cultura e com formação. Portanto, a professora deve ser preparada para adquirir sabedoria e experiência.

A seguir, desdobramos o perfil profissional de professora como pessoa culturalmente formada em diferentes âmbitos e as funções pedagógicas específicas da fase da Educação Infantil. A professora é:

- A pessoa que combina conhecimentos pedagógicos, científicos e didáticos:
  - pelo conhecimento do estágio evolutivo de crianças de 0 a 6 anos, reconhecendo suas capacidades, suas potencialidades, suas emoções e suas necessidades; também pelo conhecimento sobre a construção da identidade da criança, do vínculo com o adulto, das bases no nível da autonomia nas ações cotidianas, da colaboração e do respeito pelo outro;

- pela formação ampla e reflexiva nos referenciais pedagógicos que embasam a ação educacional atual e dão sentido ao modelo didático-pedagógico;
- pelo conceito definido e compartilhado de infância;
- pelo conhecimento sobre como ocorre a aprendizagem – quando, o que e como as crianças aprendem;
- pelo estudo sobre o marco legal da Convenção sobre os Direitos da Criança e, também, pelas leis educacionais que, defendendo os direitos da criança, foram aprovadas nos últimos anos;
- pela consideração das ideias fundamentais sobre a atenção educacional no quadro de um sistema educacional inclusivo;
- pela identificação da normativa vigente, do currículo e de suas diretrizes.

- A pessoa que tem a capacidade de transformar esse conhecimento em aprendizado valioso com base na intencionalidade educacional por meio:
  - da adaptação aos interesses das crianças para que desenvolvam as suas capacidades no seu nível e no seu ritmo;
  - da adequação do ambiente como parte ativa do fato educativo, pois a criança precisa dar sentido ao mundo ao seu redor e se construir em relação a esse mundo;
  - da incorporação na escola de conteúdos e de atividades em que as crianças avancem no raciocínio para a construção de um pensamento cada vez mais complexo e abstrato;
  - da observação, análise e avaliação constante da própria prática para favorecer efetivamente o desenvolvimento integral da criança.
- A pessoa investigadora que sabe sondar, a fim de dar sentido ao fato educativo:
  - pela organização dos materiais, dos espaços – o espaço interior e o exterior – e do tempo, atendendo à diversidade etária;

  - pelo conhecimento de estratégias e de metodologias que favoreçam cenários de aprendizagem em espaços harmoniosos, personalizados esteticamente apropriados e que promovam a escolha, livre ou direcionada, de objetos e de materiais;
  - pela adaptação às constantes e aceleradas mudanças tecnológicas no âmbito da gestão da informação e da comunicação, que não consiste em conhecer e reter, mas em explorar, tratar, elaborar criticamente e fazê-lo de forma relevante.
- A pessoa que tem consciência social e ética para educar cidadãos críticos em valores democráticos por meio:
  - do compromisso enraizado no compromisso político e na responsabilidade social, que se reflete nas ideias de Paulo Freire, associado à autonomia e a uma ideologia mais social, que visa à mudança para a melhoria global;
  - da atenção e da promoção do direito à educação como oportunidade de superação das desigualdades sociais;
  - do impulso das relações sociais para a geração de uma posição crítica diante das diversas situações e transformações de caráter social, cultural e econômico;
  - da atuação diante dos problemas sociais que afetam o desenvolvimento e os processos educacionais das crianças, como problemas relacionados à violência, aos conflitos armados, aos maus-tratos infantis, ao abuso sexual, ao trabalho infantil, entre outros;
- Por fim (e muito importante), a pessoa que sabe ser e estar com os filhos, reconhecendo-os como únicos.

Portanto, o perfil das professoras de Educação Infantil exige que tenham estudado e, também, continuem sua formação, pelo fato de estarem em uma sociedade em transformação, em processos que se modificam constante e dinamicamente. Novos cenários e processos desconhecidos aparecem, como o que vivemos, do súbito isolamento forçado, que durou muito mais do que as primeiras previsões.

Mais do que nunca, destaca-se a necessidade de estar informado, de atualizar nossos conhecimentos, de ler e de reler. E, acima de tudo, de compartilhar.

As competências pessoais e profissionais

Na condição de graduadas, as pessoas que desejem trabalhar na Educação Infantil devem adquirir um conjunto de competências, de capacidades ou de aptidões solidamente desenvolvidas, a fim de enfrentar o futuro profissional de forma proativa e firme.

Em nosso imaginário ilustrado, podemos pensar em copos comunicadores de maneiras diferentes, em que não importa de qual copo o fluido líquido é aplicado (a competência), pois o importante é o equilíbrio entre os copos quando está em repouso. Mesmo assim, Galileu Galilei explicou que, se derramarmos líquidos diferentes nos copos, as alturas que os líquidos ocupam serão diferentes: os mais densos estarão no fundo, e menos ficarão mais acima; no meio, ficarão os outros, de acordo com a razão inversa de sua densidade. Quais são as competências mais importantes e consolidadas (fluido mais denso) e quais são as menos prioritárias (fluido menos denso) depende das políticas educacionais e do conhecimento pessoal. O que realmente importa é que, em todas as competências, é preciso ter um nível homogêneo.

Fragmentar e dividir o conhecimento, dando a alguns mais intensidade do que a outros, pode ameaçar a preparação e a formação.

Por isso, o perfil da professora de Educação Infantil exige o desenvolvimento de competências-chave de igual importância em cada uma delas.

Para mostrar a lista de competências, baseamos o seguinte esquema nas contribuições do grupo de trabalho da Faculdade de Ciências da Educação da Universidade Autônoma de Barcelona (Martínez Muñoz e Badillo Jiménez, 2015), com o qual colaborei e por meio do qual elaboramos dois guias internos para orientar e favorecer o desenvolvimento das competências nos alunos da graduação em Educação Infantil. Esses guias são acompanhados de uma proposta de cronograma de um conjunto de ações de orientação acadêmica e profissional em diferentes momentos do curso, tendo sido publicados ***online*** em 2015. No presente texto, redefino algumas competências e as amplio, no exercício de atualização da exposição.

Distinguimos, primeiramente, dois tipos de competências:

- competências pessoais e interpessoais, relacionadas às aptidões que permitem o sucesso no contexto educacional e de interação social;
- competências profissionais, referentes à formação didática, pedagógica e metodológica.

Pretende-se, com essas duas dimensões, que os alunos saibam autorregular-se nos dois tipos de competências com base em uma prática essencialmente autorreflexiva, orientada e pautada em identificar os objetivos do próprio itinerário, em reconhecer os pontos fortes e os aspectos que podem ser aprimorados e em enfrentar o projeto profissional de uma posição melhor.

Competências pessoais

- Competências de caráter pessoal e interpessoal:
  - envolver-se na aprendizagem das crianças e na sua vida em grupo;
  - enfrentar os deveres e os dilemas éticos da profissão;
  - ter uma atitude respeitosa e assertiva;
  - ser tolerante e paciente;
  - saber ouvir e saber observar;
  - ter energia, entusiasmo e dedicação, e, ao mesmo tempo, saber manter a calma;

- respeitar as decisões coletivas;
- praticar habilidades criativas para encontrar iniciativas e atividades que despertem o interesse, a imaginação, a curiosidade e a admiração;
- ter a capacidade de acompanhar, de incentivar, de motivar e de inspirar as crianças, com maturidade, sem cair em espetáculos desprovidos de conteúdo;
- saber como reagir em uma situação de conflito ou de confronto de ideias;
- estar ciente de seus próprios pontos fortes e fracos e aprender a compensá-los;
- ter a capacidade de fazer autocrítica.

- Competências comunicativas:
  - comunicar-se oralmente diante de outras pessoas (sejam colegas, sejam familiares, sejam filhos) para expressar uma ideia, avaliar um resultado e construir propostas de melhoria;
  - ter a capacidade de se expressar com clareza, oralmente e por escrito, de maneira coesa e coerente;
  - saber como se expressar não verbalmente (por meio dos olhos, do corpo etc.);
  - escrever sem erros gramaticais, sintáticos e ortográficos;
  - saber tirar fotos e gravar vídeos muito bem;
  - demonstrar empatia.

Competências profissionais

- Competências de organização:
  - organizar e otimizar cenários e situações de aprendizagem por meio do planejamento, da execução, da avaliação, da proposta de mudanças etc.;
  - atuar de maneira autônoma e proativa, implementando ações sem a necessidade de orientação e assumindo as responsabilidades decorrentes das ações;

- realizar, coordenar e priorizar diferentes tarefas, para que os planos de trabalho sejam estabelecidos e cumpridos;
- saber como envolver as crianças na sua aprendizagem na escola;
- participar da gestão da instituição;
- manter o *saber fazer*: desde saber gerir o grupo de crianças até ter capacidade para resolver conflitos, em sentido amplo, tomar decisões e definir limites, se necessário;
- elaborar seu próprio material ou adquiri-lo, se necessário, além de encontrar e adaptar objetos e recursos complementares;
- ter competência digital suficiente para aplicar e gerenciar o conhecimento prático do uso de tecnologias;
- trabalhar em equipe com outros professores e/ou com outros profissionais;
- conhecer, tratar, dialogar e envolver as famílias, sem julgá-las pelo que fazem ou por como vivem.

- Competências de gestão do ensino-aprendizagem:
  - compreender e administrar a progressão dos processos de desenvolvimento e de aprendizagem, avaliando criticamente o próprio trabalho e com base na observação;
  - elaborar projetos curriculares (programações, unidades de ensino etc.) e projetos com base em uma análise e de forma criativa;
  - documentar os processos de ensino-aprendizagem;
  - elaborar e colocar em prática estratégias de atenção à diversidade;
  - organizar a própria formação contínua, com o equilíbrio pessoal assentado numa prática essencialmente autorreflexiva, que vise promover o autoconhecimento pessoal e profissional.

Todas essas capacidades, competências e habilidades são adquiridas equilibrando a teoria com a prática. A responsabilidade das instituições de ensino e dos gestores em oferecer uma formação inicial útil para o dia a dia da professora é fundamental. Apesar disso, as poucas práticas nas escolas realizadas ao longo da formação inicial não conseguem consolidar o que se aprende na carreira. A partir do momento em que falamos sobre pessoas, as circunstâncias são tão variadas quanto os diferentes cenários que intuímos nas escolas.

A motivação para trabalhar como docente esbarra no encontro com realidades não descritas ao longo dos estudos, embora sejam consideradas as várias capacidades a desenvolver na formação. O pensamento "Não me ensinaram isso" surge em cada uma das pessoas que iniciam sua carreira profissional.

A tênue linha entre formação inicial e continuada

O modelo ocupacional atual exige perfis de professoras com ampla formação prática, o que não condiz com o modelo de prática estabelecido nas diferentes carreiras docentes. Tampouco coincide formações iniciais excessivamente acadêmicas e pouco orientadas para carreiras profissionais diversificadas.

Isso nos leva a pensar em um modelo no qual as universidades estejam envolvidas no reconhecimento dos resultados da aprendizagem, e não apenas na obtenção do diploma. A formação inicial poderia ser ampliada com a avaliação de processos de construção da identidade profissional das alunas/professoras em práticas já no meio da jornada de trabalho em uma escola, como uma confluência entre saberes formais e pragmáticos. Decerto, os benefícios podem ser muito relevantes desde a motivação até dar sentido aos conhecimentos teóricos adquiridos, e tudo isso em contato direto com professoras e profissionais ativas na área da Educação.

A formação inicial deve ir desde a formação para *trabalhar* como professora até a formação para *ser* professora. Porque começar a ser professora, apesar dos bons estudos e competências iniciais, acarreta muitas incertezas, talvez até uma crise que mistura a alegria de ser professora à responsabilidade esperada e, ao mesmo tempo, temida, além de um esquecimento diligente de tudo o que se aprende na formação.

O projeto prático para superar essa delicada situação, seguindo o exposto, e com a forma de ingresso e de acesso ao sistema educativo profissional que temos atualmente, poderia ser o investimento em apoio durante o primeiro ano de exercício. Pode-se pensar no acompanhamento de um colega que atue como baluarte ou suporte e que, aos poucos, dá lugar ao exercício mais individualizado de cada nova professora.

Acompanhar como quem escuta e observa porque conhece o processo de aprendizagem, o objetivo ao qual se dirige a aprendizagem dessa criança (que é o que o currículo nos dá de forma ampla) e, também, facilita e provoca (por meio de espaços, de tempos, de materiais) essa aprendizagem. A melhor formação para compreender seu papel é ser capaz de observar sua dinâmica em sala de aula. E, então, essa professora sozinha, com o formador ou em um pequeno grupo, percebe seus pontos fortes (por exemplo, porque ela aprende a dar tempo as crianças, e não avança em suas descobertas) e aqueles que são mais fracos (porque ela tem uma atitude muito intrusiva, e não deixa espaço para a iniciativa).

Com esse apoio, a professora supera a crise no seu próprio ritmo, percebendo o que aprendeu na profissão docente e resgatando as ideias, as anotações, as didáticas e, também, as teorias que dão sentido ao dia a dia profissional. Essa abordagem incentiva e amadurece a autonomia, ao mesmo tempo que ensina o pensamento crítico, pois cada sessão é acompanhada por um debate pedagógico com pessoas mais experientes.

Há, também, um argumento interessante nesse modelo: a professora designada como suporte atua não só como especialista, mas também como aluna, porque sua ação se forja com a contribuição intelectual de quem concluiu seus estudos acadêmicos. O vínculo estabelecido permite que a relação seja bidirecional. O envolvimento diário da professora especialista dilui os conceitos e os conhecimentos apreendidos em sua formação inicial. Ser um suporte implica relembrar e repensar contextos, referências, significados etc.

Hoje, essas ideias são apenas suposições. Partindo das universidades, há um longo caminho para repensar e desenvolver projetos que vinculem a formação inicial à continuada.

A realidade é que uma professora iniciante se depara com um processo de aprendizagem profissional em que, seja por uma necessidade intrínseca individual, seja por uma necessidade como integrante de uma equipe educativa, avalia a complementação de sua formação com a formação continuada e suas modalidades e atividades abrangentes. Busca uma aprendizagem que a leve à satisfação e à recompensa de seguir sua formação.

O interessante reside no fato de que a formação continuada deve responder às incertezas e ter um efeito compensatório dos *deficit* e, também, uma atualização de conteúdo.

A formação continuada é entendida como a práxis que se relaciona às diferentes formas de construção do conhecimento de modo individual ou coletivo.

O objetivo dessa formação é conseguir uma reflexão maior sobre a prática no próprio local de trabalho para o amadurecimento das competências pessoais e profissionais. Deve ser um incentivo à atualização e à ampliação de conhecimentos curriculares, de metodologias, de experiências que demonstrem práticas de respeito com o desenvolvimento das crianças etc.

E cabe aos gestores educacionais realizarem uma capacitação em formação continuada de alto rigor pedagógico, assim como é finalidade das universidades oferecerem uma formação inicial de qualidade.

O papel das instituições

Um bom programa ou projeto de formação continuada de docentes, quanto aos conteúdos, deve levar em consideração as competências e as funções pedagógicas que se exigem da professora, com especiais atenção e apoio ao conhecimento sobre a infância e a aprendizagem.

O desenvolvimento abrangente requer também treinamento global. Muitas vezes, ficamos apenas com uma função ou competência, o que é correto no início, mas uma formação em médio prazo deve ser programada para levar em conta esse aprendizado global.

Uma formação dirigida a equipes de Educação Infantil deve antecipar e realizar uma prospecção com base em diferentes temas. Nem todas têm o mesmo conteúdo prático, nem as mesmas características. Um modelo a levar em conta é o aconselhamento, em que os objetivos da formação são pensados e elaborados pelos auxiliares, considerando a realidade da escola, ou seja, a formadora e as professoras. Assim, a estrutura do treinamento será significativa, útil e relevante para as docentes. Ademais, no decorrer da formação, os objetivos podem ser sempre reformulados. A formadora deve oferecer materiais, leituras, vídeos que auxiliem no conhecimento e na reflexão desejados, para, depois, projetá-los em sua escola, que tem suas próprias características. É fundamental sua atitude e, também, sua aptidão para formar. É preciso ser uma pessoa humilde em seu jeito, assertiva na comunicação e empática em suas explicações, além de saber que o tempo das professoras é muito valioso. Por conseguinte, deve saber e reconhecer o ponto de partida na escola, pois é assim que se identificam os pontos fortes da equipe de professoras.

Modalidades atuais da formação continuada

A formação continuada é um processo de mudança no tempo, no espaço e na própria concepção da formação.

Um modelo bastante adequado, já descrito, é a modalidade de aconselhamento que é abordada com base na diversidade profissional e na própria escola, a fim de viabilizar as estratégias necessárias ao aprimoramento das práticas profissionais *in loco*. Essa formação é realizada em horário laboral não letivo, ou seja, durante o tempo em que as professoras permanecem na escola, e não coincide com o atendimento às crianças. Esse tipo de formação tem se mostrado mais eficaz quando voltado à análise e ao aprimoramento da própria prática docente. É uma forma de contextualizar o próprio projeto curricular e de responder às necessidades e aos projetos específicos da escola. A formação de professoras em atuação naquele local aumenta a sua eficácia na resolução de problemas práticos na sala de aula e na escola, bem como implica a vontade de refletir e planejar projetos colaborativos.

Além desse modelo, há formações mais acadêmicas, cursos presenciais de longa ou curta duração, sessões de impacto sobre um tema específico e leituras recomendadas, sejam livros de referência, sejam revistas específicas, como o periódico *In-fàn-ci-a*.

No entanto, também passamos para uma multiplicidade de formatos muito interessante e para uma universalização que era inconcebível até alguns anos atrás.

Durante o isolamento, expandiram-se modelos de formação que não podemos tratar como anedóticos: em um nível sincrônico, as "*lives*" (no Instagram ou no YouTube) tornaram-se uma formação rápida, verdadeira e, acima de tudo, global, oferecendo a possibilidade de participação por meio de *chats*. Também vivemos, mediante *softwares* de videoconferência, em grupo e sem fronteiras, e vimos crescer *Dedo de Prosa*. Essas reuniões virtuais permitiram a coexistência de participantes de locais remotos e, também, próximos, permitiram a simultaneidade entre palestrantes e participantes, compartilhando vídeos, apresentações e, até mesmo, lousas. Uma verdadeira comunidade educativa foi criada.

A gestão do tempo tende a se diluir na formação individual: assistir a uma videoconferência que acaba de ser realizada e gravada ou ler um artigo no seu celular não exige acertar um horário preciso nem fazer ações de *download*, mas a informação vai direto ao nosso pensamento por meio do dispositivo móvel.

Já o desafio da formação é como usamos esses impactos e registros para beneficiar o nosso trabalho, apesar de, muitas vezes, terminar com mais perguntas do que com respostas.

Mais do que pensar na formação, temos que repensar a formação e adaptá-la à nossa experiência e ao nosso ambiente atual para que seja útil, significativa e relevante.

Em suma...

A formação continuada deve ser dada e ser desenvolvida em um contexto educativo com base na rigorosidade pedagógica, na provocação significativa, com a relevância do ensino-aprendizagem e em uma interação real entre professoras.

Formar-se deve conduzir à transformação educacional tendo como base os quatro pilares da educação: aprender a conhecer, aprender a fazer, aprender a conviver, aprender a ser (Delors, 1996).

E sempre com base no conceito de infância respeitosa, segura e autônoma.

Referências

BOOTH, Tony; AINSCOW, Mel (ed.). ***Index for inclusion***: developing learning and participation in schools. Bristol: CSIE, 2002. Disponível em: http://csie.org.uk/resources/translations/IndexEnglish.pdf. Acesso em: 01 out. 2021.

DELORS, Jacques. Los cuatro pilares de la educación. ***In***: DELORS, Jacques (dir.). ***La educación encierra un tesoro***. Madrid: Unesco, Santillana, 1996.

ECHEITA, Gerardo; AINSCOW, Mel. La educación inclusiva como derecho: marco de referencia y pautas de acción para el desarrollo de una revolución pendiente. ***Tejuelo: Revista de Didáctica de la Lengua y la Literatura***, v. 12, p. 26-46, 2011. Disponível em: https://repositorio.uam.es/handle/10486/661330. Acesso em: 01 out. 2021.

FERRI, Gino. ***I ara què?***: escrits d'un inconformista pedagògic. Barcelona: Rosa Sensat, 2019. (Collecció Temes d'Infància, v. 75).

MALAGUZZI, Loris. ***Malaguzzi i l'educació infantil a Reggio Emilia***. Barcelona: Rosa Sensat, 2014. (Collecció Temes d'Infància, v. 25).

MARTÍNEZ MUÑOZ, Màrius; BADILLO JIMÉNEZ, Edelmira (coord.). ***Balanç de competències interpersonals i acadèmiques***: grau d'Infantil. Barcelona: Universitat Autònoma de Barcelona, 2015. Disponível em: https://ddd.uab.cat/pub/recdoc/2015/132423/Guia_competencies_acad_interpersonals_Grau_Infantil.pdf. Acesso em: 01 out. 2021.

ÒDENA SAVÉ, Pepa. ***L'infant i l'escola bressol***. Barcelona: Rosa Sensat, 2011. (Collecció Temes d'Infància, v. 4).

REAL ACADEMIA ESPAÑOLA (RAE). ***Diccionario de la lengua española***. Madrid: RAE, [20--]. Disponível em: https://dle.rae.es/maestro#KBvPW08. Acesso em: 05 nov. 2021.

Bibliografia consultada

DEPARTAMENT D'ENSENYAMENT; SERVEI D'ORDENACIÓ CURRICULAR D'EDUCACIÓ INFANTIL I PRIMÀRIA (coord.). ***Currículum i orientacions***: educació infantil – primer cicle. Barcelona: Generalitat de Catalunya, Departament d'Ensenyament, Servei de Comunicació i Publicacions, 2012. Disponível em: https://repositori.educacio.gencat.cat/bitstream/handle/20.500.12694/176/curriculum_orientacions_educacio_infantil_1_cicle_2012.pdf?sequence=1&isAllowed=y. Acesso em: 01 out. 2021.

Departament d'Ensenyament; Servei d'Ordenació Curricular d'Educació Infantil i Primària (coord.). ***Currículum i orientacions***: educació infantil – segon cicle. Barcelona: Generalitat de Catalunya, Departament d'Ensenyament, Servei de Comunicació i Publicacions, 2016. Disponível em: https://educacio.gencat.cat/web/.content/home/departament/publicacions/colleccions/curriculum/curriculum-infantil-2n-cicle.pdf. Acesso em: 01 out. 2021.

Departament d'Ensenyament; Servei d'Ordenació Curricular d'Educació Infantil i Primària (coord.). ***Orientacions per a l'avaluació***: educació infantil – primer cicle. Barcelona: Generalitat de Catalunya, Departament d'Ensenyament, Servei de Comunicació i Publicacions, 2015. Disponível em: https://educacio.gencat.cat/web/.content/home/departament/publicacions/colleccions/curriculum/orientacions-avaluacio-infantil-1cicle.pdf. Acesso em: 01 out. 2021.

Departament d'Ensenyament; Servei d'Ordenació Curricular d'Educació Infantil i Primària (coord.). (2020). ***Orientacions per a l'avaluació***: educació infantil – segon cicle. Barcelona: Generalitat de Catalunya, Departament d'Ensenyament, Servei de Comunicació i Publicacions, 2020. Disponível em: https://educacio.gencat.cat/web/.content/home/departament/publicacions/colleccions/curriculum/orientacions-avaluacio-infantil-2cicle.pdf. Acesso em: 01 out. 2021.

15

Criar para poder contar

Vicente Blanco | Salvador Cidrás

Para visualizar em cores as imagens deste capítulo, acesse o *QR code*:

Jerome Bruner, em *La educación, puerta de la cultura*[1] (1997), apresenta duas formas gerais de pensamento com as quais os seres humanos organizam e gerenciam seu conhecimento do mundo: o lógico-científico (para tratar as questões físicas) e o narrativo (para tratar questões relacionadas às pessoas e às suas situações). Em uma sociedade altamente tecnológica como a que vivemos, o primeiro se manifesta nos currículos escolares, ao passo que o segundo – a habilidade narrativa para construir uma visão pessoal do mundo – é considerado algo inato e, portanto, não é necessário desenvolvê-lo no espaço educacional. No entanto, isso não está certo.

Em uma época dominada pelo pensamento neoliberal, em que a infância é vista como um nicho de mercado, as narrativas de meninos e meninas – ou seja, suas possibilidades de contar o mundo e, nele, contar-se – perdem espaço para narrativas alienadas: comerciais, genéricas e descontextualizadas, que escondem, ou, até mesmo, eliminam a diversidade de aspectos sociais, étnicos, culturais, de gênero etc. e alienam as crianças de suas próprias experiências e contextos.

Observamos como produtos comerciais, alheios aos interesses das crianças, também são introduzidos no ambiente escolar e ocupam, de forma silenciosa e gradual, os espaços que estavam reservados à experiência e à criação pessoal. A metodologia de cartões, muito difundida na Espanha, por exemplo, induz a um modo de resolução mecânico, homogêneo e pré-projetado por adultos, sem intervenção infantil. Em nossa área do conhecimento, na Educação Artística, essas narrativas importadas por meio de imagens comerciais são chamadas de ***estereótipos***.

[1] N. do E.: ***A educação, porta da cultura***, em tradução livre.

Agirre (2005) define o problema dos estereótipos nas fases iniciais da educação como "o uso e abuso de esquemas gráficos, cromáticos ou plásticos, que, alheios à expressividade singular e natural das experiências infantis, povoam a generalidade das suas produções plásticas". Para estimular um trabalho mais pessoal, é necessário banir do imaginário infantil esses esquemas configurados que vêm, na maioria das vezes, do mundo adulto.

Desde meados do século XX, autores como Lowenfeld e Brittain (2008), referência em Educação Artística, alertam para os perigos da cópia de imagens: copiar anula a criatividade, evita incorporar a experiência pessoal das crianças diante do que desenham, anula seu imaginário pessoal, frustra seus processos pessoais e as torna dependentes desses modelos adultos. Meninos e meninas precisarão de nosso conhecimento, apoio e segurança para transcender os modelos estereotipados e encontrar um estilo pessoal com base em seus próprios interesses.

Entretanto, banir estereótipos do sistema educacional é mais complexo do que parece (em parte, porque fomos educados neles), e é necessária uma mudança profunda na formação docente. Como professores de Educação Artística em uma Faculdade de Formação de Professores, abordamos essa questão em duas direções.

Por um lado, haveria a formação do senso estético[2] nos professores, fator que normalmente não é levado em conta na formação dos professores. A educação estética implica educar-se em referências amplas que abarquem a diversidade e permitam o reconhecimento das produções infantis com valor em si mesmas, e não como um acúmulo de erros que deveriam ser corrigidos da perspectiva do adulto. Sem essa formação estética, é muito provável que, na idade adulta, recorramos a modelos estereotipados, mais aceitos pela convenção, para ocultar e disfarçar as produções da infância.

[2] O senso estético é a capacidade de apreciar a beleza do que nos rodeia. O ambiente (família, escola, espaço, arquitetura, políticas culturais) influencia, muitas vezes, de maneira inconsciente. Educa-se em um entorno enriquecedor, por isso, é muito importante oferecer grande variedade e qualidade nos ambientes, nos recursos e nos referenciais culturais.

Por outro lado, seria preciso mudar a concepção de Educação Artística hoje presente em sala de aula, valorizando o processo, e não o resultado. Por processo, entendemos formas abertas de fazer que não visam a um único resultado, mas, sim, que são o resultado de testes, de observação e de experimentação.

Se quisermos desenvolver a criatividade na infância, devemos ser capazes de gerar situações que aumentem as possibilidades de meninos e meninas criarem, inventarem e (se) descobrirem. Isso implica incorporar experiências, técnicas, conhecimentos, atitudes, motivações e problemáticas que contribuam para estabelecer um maior número de relações com o mundo que rodeia as crianças. Na nossa área, por exemplo, é importante trabalhar com modelagem em argila e com colagem, conhecer diferentes materiais e suportes para o desenho, mas também a parafusar, a costurar etc. Resumidamente, recursos para fazer isso nos tornam pessoas mais autônomas, flexíveis e criativas. Essa formação amplia nosso pensamento e, com a educação estética, ajuda a valorizar as produções infantis sem antecipar um resultado esperado ou predelineado.

São inúmeras as vozes formadas e autorizadas, como as que nos acompanham neste livro, que reivindicam uma escola que parte do cotidiano e do ambiente próximo da infância. Recuperar o cotidiano, recordam Ángeles e Isabel Abelleira Bardanca (2020), implica que a escola entre em contato com a vida real. Portanto, deve encarregar-se de facilitar oportunidades que permitam às crianças compreenderem o mundo em que vivem e, também, ajudá-las a construir sua própria história.

Todas as histórias surgem em um contexto e fazem sentido dentro dele. Para que a infância seja pensada e contada, é necessário integrar nas salas de aula o meio cultural em que se insere. Só assim poderemos desenvolver uma sensibilidade narrativa com a qual construir nossos mundos e nossas concepções de nós mesmos. Como profissionais, devemos apoiar e estimular as produções das crianças para que criem e explorem fora dos modelos imitativos estereotipados e, assim, descubram as suas formas de expressão próprias e pessoais. Maneiras de pensar e de se pensar.

Projetos e microprojetos

Diversos manuais enfatizam que os projetos devem surgir do interesse dos meninos e das meninas. Desse pressuposto, as escolas têm se enchido de projetos como *piratas*, *príncipes e princesas*, *China* ou *egípcios* que, sob uma aparência infantilizada – não infantil –, atendem a questões do mundo adulto ou de *marketing*. Não é de se admirar que algumas editoras tenham aproveitado o nicho de mercado para publicar livros de projetos que são, na realidade, um compêndio de cartões temáticos com experiências muito limitadas (colar e descolar adesivos, colorir e recortar contornos etc.) que envolvem internalização de estereótipos culturais predefinidos por adultos.

Como professores, devemos aprender a reconhecer quando os interesses das crianças são resultado da influência da mídia (filmes, brinquedos, séries de moda etc.) e quando partem de sua curiosidade natural pelo que as rodeia. Para isso, é necessário escutar com atenção, fazer as perguntas certas e aprofundar-se nas ideias iniciais, a fim de evitar propostas comerciais e de chegar a outros temas que as conectem com o seu entorno e lhes permitam desenvolver a sua criatividade. A escola deve ser um ambiente que proporcione referências diversificadas e de qualidade, contrapondo-se ao inevitável *marketing* infantil presente na mídia e no ambiente familiar.

Dessa forma, os projetos acabam se tornando uma tarefa extra – para as disciplinas do currículo –, que, em geral, é reservada para sessões de um dia por semana durante um semestre. Assim, o projeto deixa de ser uma investigação da infância para se tornar um "evento", um produto desenhado para ser apresentado ao resto da escola. Isso pode resultar em muitos trabalhos sendo concluídos por professores ou familiares, sob pressão, para oferecer à comunidade educacional pesquisas mais "sérias" e "adultas" (embora o que se entenda por "sério" e "adulto" seja a reprodução de estereótipos feitos para agradar a uma comunidade sem formação estética).

Observamos que essa perspectiva esquece a intimidade da investigação infantil, ou seja, o espaço necessário para que as crianças desenvolvam processos criativos por meio da experiência e do prazer, sem a expectativa dos adultos de um produto acabado. Também fortalece na comunidade educativa a crença de que projetos são propostas muito complexas que precisam de grande preparação e, por conseguinte, tornam-se pouco viáveis na ausência de recursos, de apoio e de tempo extra. Diante dessa visão, convocamos propostas mais curtas no tempo, integradas à sala de aula e próximas do contexto da infância, a que chamamos de ***microprojetos***, justamente para desvinculá-los da pressão do projeto e torná-los mais acessíveis ao nosso cotidiano.

Por microprojetos, definimos propostas que ampliam a curiosidade de meninos e meninas em uma área de sua vida: "Como uma mosca voa?", "Como as aranhas tecem suas teias?", "Para que servem as sobrancelhas?". São situações em que professores e professoras os acompanham, dando-lhes materiais, fazendo perguntas, respeitando seus tempos e sua diversidade, e não antecipando um resultado predeterminado. Essas investigações devem começar na primeira infância e continuar em todas as etapas educacionais, embora, muitas vezes, sejam anuladas por uma única verdade, que são os cartões e livros didáticos.

Em geral, o desenho dos microprojetos que realizamos com alunos em formação na Educação Infantil ocorre em duas fases:

- *Montagem inicial*: na qual é apresentado um recurso (um conto, uma pergunta, uma história, um objeto, um passeio pela sala de aula ou pelo pátio) que dá origem a uma motivação para um tema ou aspecto do nosso ambiente e que incentiva atitudes de cuidado em relação a ele.
- *Execução*: elaboração de uma série de processos que partem da experiência própria de meninos e meninas, utilizando técnicas de criação simples (desenho, colagem, modelagem, dramatização, construção etc.), para que possam, a todo momento, expressar, manipular, experimentar e comunicar por meio de desenhos, grafismos, modelagem ou volume, suas ideias e, ao mesmo tempo, construir seus processos criativos.

Em última instância, trata-se de aprender a relacionar os conhecimentos extraídos das vivências e de nutrir o interesse das crianças com técnicas, materiais e significados que lhes permitam realizar investigações pessoais, mas também coletivas, nas quais as vivências e os processos de todas as crianças sejam levados em consideração.

Apresentamos, a seguir, três microprojetos realizados em uma escola de Educação Infantil com meninos e meninas de 5 anos em sessões de 1h30. Cada um deles é composto por uma série de propostas interligadas, que utilizam técnicas e materiais diversos. As oficinas foram desenvolvidas na Galícia, abordando a fauna e a flora locais, a interdependência e a cultura tradicional.

Considerando os desafios da educação formal, em um momento em que expressão e criatividade estão perdendo espaço no currículo, acreditamos que o compartilhamento dessas práticas pode sustentar a importância da criação em projetos que valorizem nosso contexto imediato de forma interdisciplinar, combinando a sensibilidade científica e a narrativa com base em atitudes de cuidado e de respeito por aquilo de que fazemos parte.

Microprojeto 1: O que são os piopardos?[3]

Concebemos esta proposta (Escola Imaxinada, 2020b) para aproximar as lendas da cultura tradicional galega da infância. Nesse caso, referimo-nos aos personagens mitológicos piopardos (seres fantásticos que habitam a floresta e dão sorte a quem os encontra, desde que a pessoa nunca revele sua aparência). Propusemos este projeto como uma possibilidade de criar uma sensibilidade narrativa das duas direções a que Bruner (1997) aponta e nos voltamos aos seguintes objetivos:

- Apoiar o direito das crianças de conhecer os mitos, os contos populares, as histórias e as lendas de sua cultura (ou culturas), que fornecem um contexto e alimentam uma identidade.

[3] N. do E.: ***biosbardos***, no original.

- Oferecer a possibilidade de as crianças imaginarem e criarem histórias e ficções que ajudem a construir outras possibilidades de narrar e de se narrar, outras formas de se apresentar ao mundo e de pertencer a ele.

Começamos a proposta contando a lenda dos piopardos. Com essa ideia de representar um ser que ninguém sabe como é, os meninos e as meninas começaram a trabalhar o barro e os elementos naturais e a imaginar diferentes formas. A modelagem em argila aproxima os processos criativos tridimensionais da infância. É muito importante cuidar de como se apresentam aos demais. Para que as crianças tenham consciência da tridimensionalidade de suas produções, nós devemos colocá-las em um espaço limpo e seguro e deixarmos que se sentem em círculo para que possam visualizar todos os detalhes.

Figura 15.1 - Piopardos.

Adotamos a pergunta que surgiu de uma criança: "*Em que lugar da floresta vivem os piopardos?*", e começamos a imaginar o *habitat* desses seres. Para essa ocasião, os meninos e as meninas desenharam em folhas de acetato transparente, de forma que, utilizando o retroprojetor, pudessem projetar os desenhos na parede, como palco em que colocavam sua criação. Ao mesmo tempo, a figura de barro atuou como uma silhueta em um teatro de sombras, em contraste com as diferentes configurações de cores.

Figura 15.2 - *Habitat* dos piopardos.

Esse novo meio valoriza o aspecto narrativo, em que tanto o impulso gráfico, através do desenho, como as palavras coexistem e se entrelaçam. Salienta-se que tanto desenhar quanto narrar são processos criativos que dão lugar à imaginação, à análise e à exploração (de formas, de cores, de palavras, de significados, de metáforas etc.), num jogo contínuo de construção de histórias, que mistura realidade e imaginação, narrativas pessoais e coletivas.

Continuamos a desenvolver, entre todos os meninos e todas as meninas, um museu de piopardos, que incluía tanto a criação feita de argila quanto os desenhos e as colagens. Para isso, pintaram as esculturas e, em papel, fizeram desenhos de observação dos seus piopardos, para, finalmente, fazer uma exposição com todas as criações.

Foi interessante compartilhar todas as propostas para valorizar não só a diversidade de visões sobre uma mesma ideia ou conceito, mas também – e mais importante – como nos liberta do pensamento único e nos permite reconhecer e valorizar o outro como diferente.

Figura 15.3 - Pintura das esculturas de argila e desenhos de observação.

Microprojeto 2: Por que as flores têm cheiro?

Com este microprojeto (Escola Imaxinada, 2019), queremos aproximar as crianças na Educação Infantil do processo de polinização das flores. É importante esclarecer que nossa abordagem não é tem foco no conteúdo (conhecer as partes da flor ou as fases do processo), mas no cuidado. Em outras palavras, incidimos nas relações entre os diferentes seres vivos (plantas, animais, insetos), destacando a importância da biodiversidade para promover atitudes de cuidado com a natureza.

Uma das nossas linhas de trabalho é o que chamamos de ***educação cívica em biodiversidade***. Diante de um pensamento neoliberal dominante, que oferece uma visão predatória da natureza (e das pessoas), a arte pode nos ajudar a construir outras narrativas sobre pertencimento, cuidado, responsabilidade e memória individual ou coletiva. Desenvolver o sentido estético ajuda as pessoas a valorizarem profundamente o que as rodeia, a observarem e a agirem dentro da diversidade de características presentes nesses locais.

Na montagem inicial, partimos de um recurso (nesse caso, um *Catálogo Ilustrado de Flores*) para fazer perguntas sobre o processo reprodutivo das flores por meio da polinização, tais quais: Por que as flores têm cheiro? Por que são coloridas? Por que os insetos se aproximam delas?

Com base nas perguntas, falamos sobre como o pólen é transportado por diferentes agentes, principalmente o vento e os insetos (abelhas e borboletas, na maioria das plantas com flores), mas também pela água e por animais vertebrados, como ratos, morcegos e pássaros. Todos os polinizadores, tanto insetos quanto animais vertebrados, visitam as flores porque precisam de algo (néctar, pólen ou ambos). Durante a sua visita, o pólen adere ao seu corpo e pode cair acidentalmente no pistilo de outra planta da mesma espécie.

Exploração inicial

Levamos flores para a sala de aula – se a escola tiver um jardim ou uma área verde, é possível recolhê-las com as crianças, selecionando-as com cuidado, sem danificar a planta – e exploramos suas diferentes partes. Nesse processo, também podemos aprimorar o olfato e o tato, que, normalmente, não são elementos muito considerados.

Figura 15.4 - Recriações com flores.

Durante a realização da proposta, observamos como algumas crianças utilizaram as diferentes partes da flor para criar representações de insetos, em uma nova forma de trabalhar com o material que não havíamos proposto de início.

Colagem: as flores mais bonitas do mundo

Apresentamos novos materiais, como cartolinas coloridas, tesouras, papel sulfite e cola, e propusemos a criar flores, com a premissa de que seriam "as flores mais bonitas do mundo" para os insetos. Além desses materiais, usamos as partes das flores. Como professores, devemos estar atentos à exploração do material. Algumas crianças esfregaram as folhas no papel, manchando-o, o que mostra um novo meio gráfico, que, por sua vez, pode dar lugar a outros temas, por exemplo, corantes naturais.

Figura 15.5 - "As flores mais bonitas do mundo".

Modelagem: insetos

Reintroduzimos o processo de polinização, focalizando os insetos como principais agentes de transporte. Usamos argila para criar os diferentes insetos que participam desse processo.

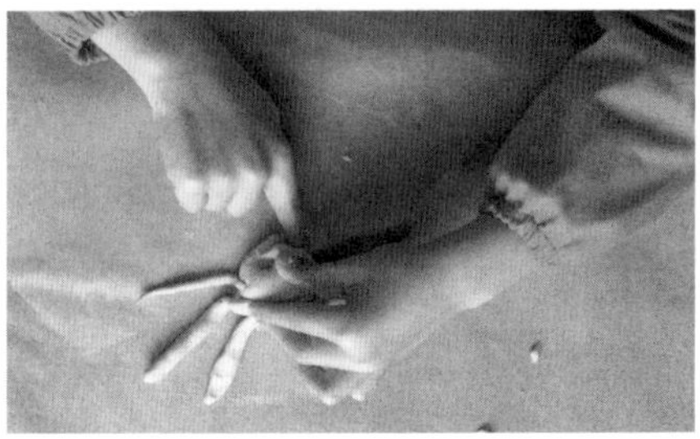

Figura 15.6 - Insetos de argila.

Ação no espaço: um campo de flores

Com as produções situadas no chão, como em um campo de flores, levantamos questões sobre como os insetos viajam de flor em flor para que ocorra a polinização. Os gizes permitem que essas rotas sejam traçadas. Os meninos e as meninas, com seus próprios insetos de argila, percorrem essas linhas e observam como ficam colados com o giz, que simula o pólen.

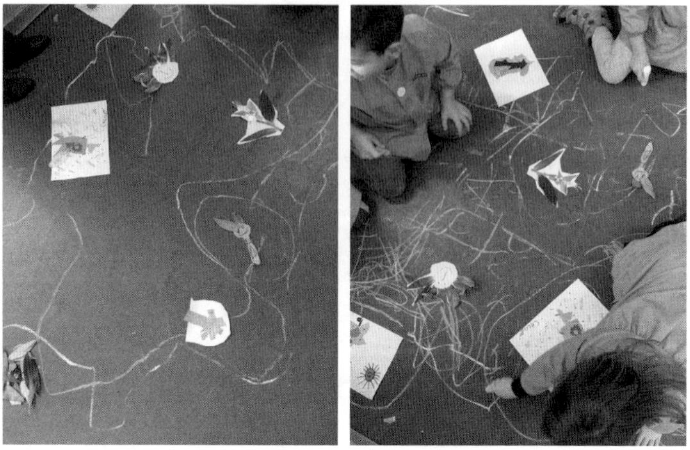

Figura 15.7 - Campo de flores.

Microprojeto 3: Por que as maçãs caem das árvores?

Continuando com propostas que valorizam a biodiversidade, neste microprojeto (Escola Imaxinada, 2020a), quisemos trabalhar o ciclo de vida das árvores. O elemento motivador foram algumas maçãs que trouxemos para a sala de aula: uma verde e outras mais maduras ou que estavam apodrecendo.

Reunidos em grande grupo, começamos a conversar sobre as diferenças entre elas. Logo, as crianças disseram que, com o tempo, a maçã que estava em bom estado apodreceria, até ficar igual às outras. Uma criança chegou a comentar que maçãs podres eram usadas como adubo para o solo.

Desenho de hipóteses

Com base na discussão inicial, propusemos a realização de um "desenho de hipóteses" com a pergunta: "De onde vêm as maçãs?". Para fazer isso, usamos guache como material. Depois de concluído, observamos a diversidade de representações das árvores.

Em geral, usamos o "desenho de hipótese" para iniciar um projeto. Começamos com uma pergunta sobre o que queremos investigar. As hipóteses mostram os limites da nossa experiência e nos mobilizam para expandi-los; elas ajudam a identificar ideias anteriores e a definir ou orientar a investigação. Assim feito, o desenho torna o nosso pensamento imediatamente visível em aspectos difíceis de verbalizar e serve como objeto de reflexão.

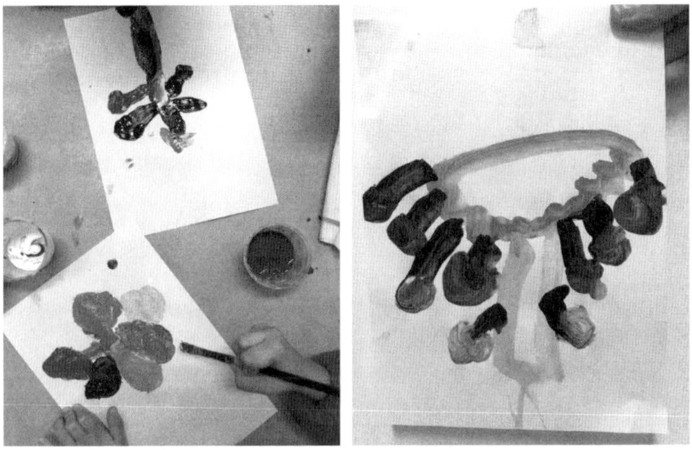

FIGURA 15.8 - "Desenho de hipóteses": maçãs na árvore.

Desenho do movimento das árvores com carvão

Mas como a maçã cai da árvore? As crianças disseram que as maçãs caem com o vento. Então, se soprar muito, vão cair mais. A segunda proposta consistia em um desenho em carvão do movimento das árvores quando elas balançam com o vento e derrubam as maçãs. Nesse caso, estabelecemos dois papéis distintos – um grupo faria o movimento das árvores por indicação do outro, que contaria o que estava acontecendo: "*Agora, venta muito...*", "*Agora, vem um pássaro...*". Em seguida, os papéis foram invertidos.

FIGURA 15.9 - Desenhos em carvão.

Desenho de neblina

Com base na pergunta "O que acontece com as maçãs uma vez que estão no chão?", começamos a terceira proposta. Então, utilizamos a técnica "desenho de neblina" – assim chamamos a técnica de desenho em papel vegetal que, por ser translúcido, permite-nos ver os desenhos quando se sobrepõem, criando uma cena ou uma sequência.

Nessa ocasião, houve desenhos com diferentes representações: árvores, maçãs podres ou caindo das árvores. Com suas produções, contamos uma história, colocando seus desenhos uns sobre os outros. Assim, no conto, a maçã jogada no chão serviu para que nascesse outra árvore.

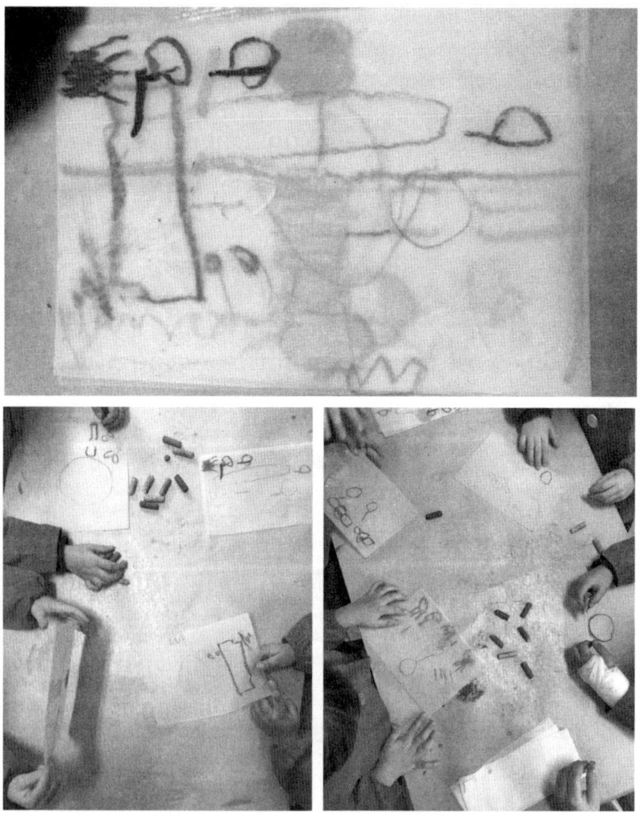

FIGURA 15.10 - "Desenho de neblina": conto da maçã.

Por fim, expusemos todas as nossas produções, a fim de tornar visível a diversidade de processos realizados e de poder retomá-los em outro momento, evitando que as experiências se reduzam a um único resultado. Trata-se de estimular a escuta do outro para compartilhar a descoberta, o respeito às diferenças, a troca de ideias e de opiniões, além de permitir um deslocamento para outras propostas em outros meios (contos, dramatizações, sons, danças, passeios, comidas etc.).

Figura 15.11 - Exposição.

Enfatizamos que, por meio de ***microprojetos***, queremos valorizar o que está próximo, o cotidiano, tudo o que faz parte do contexto infantil. Num momento em que a escola está abandonando as narrativas da infância, devemos resgatá-las por meio da brincadeira e da investigação infantil. A Educação Artística nos oferece uma caixa de ferramentas muito valiosa para criar com base nas experiências que lhes são oferecidas, significados que podem relacionar à sua vida dentro de suas culturas.

A escola deve ser um local em que as crianças possam contar a sua própria história e, para isso, é necessário construir o sentimento de pertencimento, indispensável para que sejam parte ativa da sua comunidade e promovam a transformação social. Em um presente marcado por uma profunda crise socioambiental, conhecer e compreender nosso entorno é essencial para respeitá-lo, amá-lo e transferir essas questões para o futuro. Finalmente, trata-se de expandir o cuidado e o amor por aquilo de que fazemos parte, desde nosso contexto mais próximo (a sala de aula, a escola, a rua) até um mundo que está morrendo. Que nós matamos. Esse é um dos desafios mais importantes que enfrentamos como professores.

Referências

ABELLEIRA BARDANCA, Ángeles; ABELLEIRA BARDANCA, Isabel. ***O pulsar do cotidiano de uma escola da infância***. São Paulo: Phorte, 2020.

AGIRRE, Imanol. ***Teorías y prácticas en educación artística***. Barcelona: Octaedro, 2005.

BRUNER, Jerome. ***La educación, puerta de la cultura***. Madrid: Visor, 1997.

ESCOLA IMAXINADA. Microproxecto: por que caen as mazás das árbores? /¿por qué caen las manzanas de los árboles? ***Escola Imaxinada***, 17 feb. 2020a. Disponível em: https://www.escolaimaxinada.com/post/microproxecto-por-que-caen-as-maz%C3%A1s-das-%C3%A1rbores---por-qu%C3%A9-caen-las-manzanas-de-los-%C3%A1rboles. Acesso em: 07 out. 2021.

ESCOLA IMAXINADA. Microproxecto: por que ulen as flores? / Microproyecto: ¿por qué huelen las flores? ***Escola Imaxinada***, 28 dic. 2019. disponível em: https://www.escolaimaxinada.com/post/microproxecto-por-que-ulen-as-flores---microproyecto-por-qu%C3%A9-huelen-las-flores. Acesso em: 07 out. 2021.

ESCOLA IMAXINADA. Os biosbardos. ***Escola Imaxinada***, 17 nov. 2020b. Disponível em: https://www.escolaimaxinada.com/post/os-biosbardos. Acesso em: 07 out. 2021.

LOWENFELD, Viktor; BRITTAIN, William Lambert. ***Desarrollo de la capacidad intelectual y creativa***. Madrid: Síntesis, 2008.

Sobre a organizadora

Tais Romero

Fundadora da Pedagogia Subjetividade. Pedagoga e Mestra em Educação: Formação de Formadores pela Pontifícia Universidade Católica de São Paulo (PUC-SP). Especialista em coordenação pedagógica em Educação Infantil pela Reggio Children (Itália). Pesquisadora da infância e representante oficial do Jardín Fabulinus (Argentina) no Brasil.

Sobre os autores

Alejandra Dubovik

Professora de Educação Infantil especialista em trabalho com crianças até 3 anos de idade. Participou do curso Rol del Coordinador Pedagógico de las Escuelas de Reggio Emilia ["O papel do coordenador pedagógico em Reggio Emilia", em tradução livre], pela Redsolare Argentina, realizado pela Universidade Di Tella, em Buenos Aires, e pelo Centro Internacional Loris Malaguzzi, em Reggio Emilia, na Itália. Fundadora (1998) e diretora institucional do Jardim de Infância Fabulinus e da Escola Primária e Secundária Antonio Berni, em General Pacheco, na Argentina. Autora em revistas educativas argentinas, como *Vocación Docente*, e espanholas, como *In-fàn-ci-a de 0 a 5 años* e *In-fàn-ci-a Latinoamericana*, de Rosa Sensat. Coautora do livro *El Número a través del Juego* (1992). Também é coautora da revista digital *Territórios de jogo e exploração* e dos livros *Construção e construtividade: materiais naturais e artificiais nos jogos de construção*, *A linha como linguagem: repertório do visível*, publicados pela Phorte Editora.

Participante e ministrante de seminários de formação e capacitação de professores para Educação Infantil, creches, maternais e jardins de infância de gestão pública e privada no âmbito do Ministério da Cultura e da Educação nas seguintes localidades: Buenos Aires e Santa Fé (Argentina), Montevidéu (Uruguai), São Paulo, Rio de Janeiro, Florianópolis, Curitiba, Águas de Lindoia, Vitória e em outras cidades do Brasil.

Alejandra Cippitelli

Professora de Educação Infantil especialista em trabalho com crianças até três anos de idade. Participou do curso Rol del Coordinador Pedagógico de las Escuelas de Reggio Emilia, pela Redsolare Argentina, realizado pela Universidade Di Tella, em Buenos Aires, e pelo Centro Internacional Loris Malaguzzi, em Reggio Emilia, Itália. Diretora e sócia-fundadora do Jardim de Infância Fabulinus e da Escola Primária e Secundária Antonio Berni. Em parceria com Alejandra Dubovik, colaborou com textos nas revistas *In-fàn-ci-a Latinoamericana* e *Territórios de jogo e exploração*, e dos seminários de formação e capacitação de professores para Educação Infantil, creches, maternais e jardins de infância realizados em diversas localidades da Argentina, do Uruguai e do Brasil.

É coautora dos livros *Construção e construtividade: materiais naturais e artificiais nos jogos de construção* e *A linha como linguagem: repertório do visível*, publicados pela Phorte Editora.

Ángeles Abelleira Bardanca
Isabel Abelleira Bardanca

São duas irmãs professoras de Educação Infantil que, desde 2010, compartilham seu trabalho no *blog InnovArte Educación Infantil* em escolas públicas na região da Galícia, Espanha. Foram laureadas em diversas ocasiões por inovação educacional em nível regional (2001-2003); com o Prêmio Mestre Mateo (2011), por suas colaborações educacionais na área audiovisual; com o Prêmio Francisco Giner de los Ríos, pela melhora da qualidade educacional (2012). Além disso, representaram a Espanha para o ciclo de 3 a 6 anos da *I Rede Ibero-Americana de Inovação Educacional na Educação Infantil* (2014). Em 2016, foram agraciadas com o Prêmio Marta Mata de Pedagogia pelo livro *Os fios da infância* (publicado no Brasil pela Phorte Editora). Desempenharam funções na gestão educacional relacionadas à formação permanente, planejamento educacional e inovação educativa, bem como na gestão de centros educacionais. Colaboram regularmente em atividades de formação de professores, bem como na publicação de projetos editoriais e de publicações especializadas em Educação Infantil, como o livro *O pulsar do cotidiano de uma escola da infância*, também publicado pela Phorte Editora.

Beatriz Trueba Marcano

Licenciada em Ciências da Educação e doutora em História da Arte. Trabalhou como professora de Educação Infantil e como consultora de formação de docentes. Na Espanha e em outras localidades da Europa, pesquisou e ministrou sobre a formação em temas relacionados à organização de espaços para a infância, à programação de projetos, às oficinas integradas, à Arte na infância, à brincadeira, aos fantoches na educação, à educação em Reggio Emilia e aos livros ***pop-up*** em âmbito didático. É autora de diversas publicações nesses temas.

Atualmente, além de coordenar oficinas de fantoches e de ministrar cursos de formação, é curadora de exposições nacionais de livros ***pop-up*** e organizadora de oficinas didáticas sobre esses livros e sobre fantoches, compartilhando formações para a introdução destes na escola.

Na área que abrange os fantoches, é coautora do livro *Títeres en el taller: el día a día de un taller de títeres con niños y niñas de 4 a 12 años* ["Fantoches na oficina: o dia a dia de uma oficina de fantoches com meninos e meninas de 4 a 12 anos", em tradução livre], publicado na Espanha pela Octaedro.

Cristiano Rogério Alcântara

Graduado em Pedagogia em Gestão Escolar pelo Centro Universitário de Santo André e em Língua Portuguesa e Literatura Brasileira e Portuguesa pela Universidade de Franca. Mestre em Ciência da Informação pela Escola de Comunicações e Artes (ECA) da Universidade de São Paulo (USP) e doutor em Língua Portuguesa pela Pontifícia Universidade Católica de São Paulo (PUC-SP). Pós-doutorando na PUC-SP, sob a supervisão da professora Vera Maria Nigro de Souza Placco.

Coordenador pedagógico na rede municipal de São Paulo, respondendo pela Divisão da Educação Infantil da cidade de São Paulo. Professor da Faculdade do Educador desde 2018. Líder do Grupo Colaborativo de Estudos e Pesquisa da Formação Continuada Docente (GCOL). Seus estudos são centrados na formação continuada de professores por meio do uso dos Diários de Bordo e da reflexão do fazer para uma Pedagogia da Infância. Pesquisa a mediação da leitura tanto para crianças como para os professores.

Autor do livro *Coordenação pedagógica na infância: a gestão dialogada com os registros*, e coorganizador dos livros *Entre sabores e saberes: experiências e reflexões sobre gestão escolar e formação docente* e *Diário de bordo: instrumento de transformação de professores e gestores da Educação Básica*, todos pela Phorte Editora.

David Altimir

Professor de Educação Infantil na escola pública Taradell, em Barcelona, Espanha.

Gilvania Ferreira Porto

Graduada em Pedagogia. Mestra em Educação Básica pela Universidade Estadual do Rio de Janeiro (UERJ). Especialista em Educação Infantil pela Pontifícia Universidade Católica do Rio de Janeiro (PUC-RJ). Analista na área de Educação no Departamento Nacional do Serviço Social do Comércio (Sesc). Atua na formação continuada de professores em instituições públicas e privadas, realizando cursos, palestras e formações longitudinais para professores e coordenadores pedagógicos.

Javier Francisco Rouco Ferreiro

Trabalha como professor de Educação Infantil desde 1990. Doutor em Pedagogia pela Universidade de Santiago de Compostela (1997). Há mais de uma década, faz parte da Red de Formación Permanente de Profesorado de la Consellería de Educación de la Xunta de Galicia [Rede de Formação Continuada de Professores do Conselho de Educação da Associação da Galícia, em tradução livre] como consultor em Educação Infantil. É professor associado da Faculdade de Ciências de Educação da Universidade da Corunha.

José Luis Rodríguez de la Flor Adánez

É jornalista, com licenciatura em Ciências da Informação e da Comunicação. É documentarista e pesquisador nos temas de Literatura Comparada de Arte e Humor, criação literária e bibliotecas escolares. Sua investigação mais recente gira em torno do bairro de Montmartre nos tempos de Picasso. Tem dado inúmeras conferências e cursos, bem como tem colaborado com vários projetos culturais de ***ayuntamientos*** [prefeituras], universidades e museus, como o Museo Casa Natal Picasso, em Málaga, o Museu Reina Sofía e o Museo Conde Duque, ambos em Madri, entre outros. Fez diversas publicações no campo literário e da didática na Educação.

Atualmente, além de coordenar oficinas de fantoches e de ministrar cursos de formação, é curador de exposições nacionais de livros ***pop-up*** e organizador de oficinas didáticas sobre esses livros e sobre fantoches, compartilhando formações para a introdução destes na escola.

Na área que abrange os fantoches, é coautor do livro ***Títeres en el taller: el día a día de un taller de títeres con niños y niñas de 4 a 12 años*** ["Fantoches na oficina: o dia a dia de uma oficina de fantoches com meninos e meninas de 4 a 12 anos", em tradução livre], publicado na Espanha pela Octaedro.

Mari Carmen Díez Navarro

Professora de Educação Infantil, Especialista em Educação Pré-Escolar e Licenciada em Psicopedagogia. Entre outras obras, autora do livro *Caramelos de violeta*, publicado no Brasil pela Phorte Editora.
Site: carmendiez.com

Maritza Díaz Barón

Antropóloga pesquisadora na área da Antropologia da Infância e da Educação. Cofundadora e diretora do jardim de infância Centro de Expresión Artística Mafalda, em Bogotá, na Colômbia. Professora catedrática do Departamento de Antropologia da Pontifícia Universidade Javeriana.

Montserrat Pedreira Álvarez

Doutora em Educação, mestra em Didática da Matemática e das Ciências e licenciada em Filosofia e Letras (enfoque em Psicologia) pela Universidade Autônoma de Barcelona. Graduada em Educação Infantil. Diplomada em Educação Geral Básica e especialista em Educação Pré-escolar pela Universidade de Barcelona. Publicou diversos artigos e apresentou trabalhos em vários congressos.

Patrícia Romeu

Um tanto quanto curiosa, entusiasta e amante da ousadia existente no ser humano, talvez por esse motivo, interesse-se por uma educação diferente, real e significativa. De modo geral, a educação a encanta, mas não nega que sua paixão resida na primeira infância.

Formada em Magistério, em Pedagogia e pós-graduanda em Alfabetização e Letramento. Foi professora por 14 anos na Educação Infantil e, atualmente, dedica-se ao trabalho com a gestão, coordenando um grupo de professores de Educação Infantil e dos anos iniciais do Ensino Fundamental.

Rodrigo Saballa de Carvalho

Professor do Programa de Pós-Graduação em Educação da Universidade Federal do Rio Grande do Sul (UFRGS), na linha de pesquisa de Estudos sobre Infâncias. Professor da área de Educação Infantil do Departamento de Estudos Especializados (DEE) da Faculdade de Educação da UFRGS. Com pós-doutorado em Educação pela Universidade Federal de Pelotas (UFPEL), mestrado e doutorado em Educação pela UFRGS. Líder do Grupo de Pesquisa em Linguagens, Currículo e Cotidiano de Bebês e Crianças Pequenas (Clique) da UFRGS.

Tona Castell

Professora de Educação Infantil e psicopedagoga. Atualmente, trabalha como assessora técnica docente no Departamento de Educação da Generalidade da Catalunha (Espanha). Também é professora associada da Universidade Autônoma de Barcelona. É autora de diversas publicações educativas. Trabalhou na Educação Infantil em diferentes escolas públicas, coordenou a revista *Infància*, da Associació de Mestres Rosa Sensat, e desenvolveu e ministrou cursos de formação continuada. Sempre esteve vinculada ao âmbito da infância, da tecnologia e da publicação de conteúdos.

Vicente Blanco
Salvador Cidrás

São artistas e professores na área de Expressão Plástica da Universidade de Santiago de Compostela, na Facultad de Formación de Profesorado de Lugo (Espanha). Licenciados em Belas Artes pela Universidad de Vigo e doutores em Belas Artes e em Humanidades, respectivamente. São artistas multidisciplinares, especialistas em vídeo, desenho, escultura e instalação. Sua obra foi exposta individualmente em importantes museus de arte contemporânea: Rainha Sofía (em Madri), Centro Galego de Arte Contemporânea (CGAC, em Santiago de Compostela), Museo de Arte Contemporáneo de Castilla y León (MUSAC, em León). Também participaram de exposições coletivas internacionais: Berlim, Amsterdã, Nova York, Tóquio, Los Angeles etc.

São coordenadores do grupo de inovação educacional Escola Imaxinada, um coletivo composto por distintos profissionais do campo das Artes, Arquitetura, Filosofia, Educação Infantil e Ensino Fundamental I, cujos objetivos são aproximar as escolas de metodologias baseadas nas artes e contribuir para o projeto de espaços e recursos educativos de qualidade nas aulas. São autores do livro *Educar a través da arte: cara a unha escola imaxinada* [*Educar pela arte: rumo a uma escola imaginada*, em tradução livre], em colaboração com Rocío Modia. Suas propostas estão registradas no *blog*: escolaimaxinada.com.

Sobre o Livro
Formato: 16 x 23 cm
Mancha: 11,1 x 17,6 cm
Papel: Offset 90g
nº páginas: 328
1ª edição: 2022

Equipe de Realização
Assistência editorial
Liris Tribuzzi

Edição de texto
Gerson Silva (Supervisão de revisão)
Roberta Heringer de Souza Villar (Preparação do original e copidesque)
Fernanda Fonseca (Revisão)

Editoração eletrônica
Évelin Kovaliauskas Custódia (Projeto gráfico e diagramação)
Fabio Dhead (Capa)

Fotografia
Chepko | iStock (Capa)

Impressão

edelbra
Impressão e Acabamento
E-mail: edelbra@edelbra.com.br
Fone/Fax: (54) 3520-5000
Impresso em Sistema CTP